BIER

Enzyklopädie

BIER

Enzyklopädie

NAUMANN & GÖBEL

BIER
Enzyklopädie

Autor: Berry Verhoef
Übersetzung: Werner Horwath

ISBN 3-625-10345-1

Inhalt

MEURA

Vorwort

Bier spielt im Leben vieler Menschen eine große Rolle, auch wenn es sich dabei nur um einen reinen Durstlöscher handelt, den die meisten ohne weitere Beachtung konsumieren. Dabei sind wir doch in der glücklichen Lage, ohne viel Aufwand aus einer breiten Palette unterschiedlichste Biersorten wählen zu können, die in Gaststätten und normalerweise auch in jedem Supermarkt erhältlich sind. Dennoch greifen die meisten Menschen immer nach demselben Bier. Wir kaufen einen Kasten, der in vielen Haushalten im Keller oder in einer Abstellkammer aufbewahrt wird, und haben meist ein paar Flaschen im Kühlschrank. Der Bierkonsum ist für viele von uns fast schon zur Routine geworden.
Das ist jedoch sehr schade. Nur wenige Menschen kaufen verschiedene Biere zu unterschiedlichen Anlässen, aber gerade dazu wäre Bier wie geschaffen! Die Möglichkeiten sind unbegrenzt: ein erfrischendes Weizenbier an einem warmen Sommertag, eiskalt serviert; überraschte Besucher, denen man anstelle eines Lagerbiers mal ein Ale oder Stout anbietet; oder mal zur Abwechslung ein Duvel, Trappist oder gar ein Barley Wine zusammen mit einem herzhaften Snack!
Bierliebhaber haben es lange nicht so gut wie Weintrinker: Seit langem ist es ganz normal, dass ein Restaurant eine mehr oder weniger ausführliche Weinkarte hat, von der man zwischen trockenen Weiß- oder körperbetonteren Rotweinen wählen kann. Die Bierliebhaber können da nur neidisch werden, denn es gibt fast kein Restaurant, außer in Belgien, das über eine eigene Bierkarte verfügt oder gar ein besonderes Bier zu den bestellten Speisen empfehlen kann. Und dabei hat Bier all die Qualitäten, die als Abrundung verschiedenster Mahlzeiten dienen könnten!
Die Tatsache, dass Bier ein ausgezeichneter Durstlöscher und ein hervorragendes Getränk für eine gemütliche Runde ist, sollte uns doch anspornen, öfter mal ein neues oder anderes Bier auszuprobieren. Es wird also Zeit, dass auch wir die Vielseitigkeit der Biere kennen lernen – und vielleicht können wir Ihnen mit dieser Enzyklopädie einige Inspirationen bieten.

Berry Verhoef

Links: Hopfen wird beim Kochen der Würze zugesetzt, hier in einer der vielen Brauereien des Interbrew-Konzerns.

Einführung

Die Zutaten

Das Braugetreide

Zu den wichtigsten Zutaten von Bier gehört das Braugetreide. Es sorgt für die Stärke und somit für den Zucker, der später zu Alkohol und Kohlendioxid abgebaut wird. Getreide gehört zur Familie der Gräser und tritt in verschiedenen Arten und Qualitäten auf.
Das am häufigsten für Bier verwendete Getreide ist Gerste. Sie besteht zu 60 bis 65 % aus Stärke und bringt einen milden, leicht süßen Geschmack. Im Vergleich zu anderem Getreide enthält die Gerste auch einen hohen Anteil an Enzymen, die für das Gären wichtig sind. Es gibt verschiedene Arten von Gerste und der Brauer hat die schwierige Wahl zwischen zweizeiligen und sechszeiligen Sorten, zwischen Gerste aus Frühjahr- und Winteraussaat, zwischen mährischen und kalifornischen Sorten. Jede bringt ihren eigene, besondere Note und ein Bier, das trotz derselben Brauweise je nach Gerstensorte anders schmeckt.
Die Gerste hat dank ihrer Spelzen für den Brauvorgang den Vorteil, dass sie sich leicht filtern lässt – jedenfalls im Vergleich zu anderen Getreidesorten, die bei der ersten Läuterung nach dem Maischen zusätzliche Schwierigkeiten verursachen können.
Ein weiteres Getreide für die Herstellung von Bier ist Weizen. Es hat jedoch den Nachteil, dass es sich nicht so leicht filtern lässt wie Gerste, und wird daher seltener als Biergrundstoff eingesetzt. Deutsche Weizenbiere und belgische Weißbiere enthalten ungefähr 50 % Weizen, und viele belgische Spezialbiere, wie z. B. die Lambics, enthalten etwa 30 % Weizen. Weizen ist auch ein wichtiges Brotgetreide, so mussten sich früher Brauer und Bäcker über die Aufteilung der Weizenernte einig werden. Weizen bringt einen leicht herberen Geschmack als Gerste, und da es sich schwieriger in Zucker umwandeln lässt, ist es für die Herstellung stärkerer Biere nicht so gut geeignet.
In manchen Ländern wird sehr viel Reis angebaut, während die Böden für die Kultivierung von Gerste nicht geeignet sind. Folglich gibt es dort Reisbier, doch noch weiter verbreitet sind Biere, die Reis als Zusatz verwenden. Durch den Zusatz von Reis wird der Stärkeanteil erhöht, was ein etwas dünneres Bier ergibt.
Auch Mais ist gegenwärtig ein beliebtes Zusatzgetreide, da er in großen Mengen produziert wird und zu einem günstigeren Preis zu haben ist als andere Getreide. Die richtige Verarbeitung von Mais ist jedoch recht schwierig, weil er den Geschmack des Bieres leicht beeinflussen kann. Hafer (Oatmeal Stout), Hirse und Roggen sind Getreidesorten, die in der Brauwelt zwar verschiedentlich anzutreffen sind, jedoch keinen Bestandteil des alltäglichen Brauens bilden.

Biervorräte

Wasser

Heutzutage ist es fast eine Selbstverständlichkeit, jeden Tag mit frischem, sauberem Wasser direkt aus der Leitung versorgt zu werden, daher macht man sich keine Gedanken darüber, welch große Qualitätsunterschiede es beim Brauwasser geben kann. Wasser ist oft gerade gut genug, um Tee oder Kaffee zu kochen, geschweige denn, um Bier zu brauen. Die Härte des Wassers variiert, und auch die Inhaltsstoffe, wie Minerale und Salz, sind in verschieden hohen Anteilen vorhanden. Heutzutage lässt sich die Menge der Inhaltsstoffe größtenteils beeinflussen, früher jedoch blieb den Brauern keine andere Wahl, als das örtliche Wasser zu verwenden. Brauwasser kann man Brunnen, Quellen, Seen

Ein geübtes Auge in der Alfa-Brauerei in Schinnen

und Flüssen entnehmen oder aus Regenwasser, sogar aus Meerwasser gewinnen.
Die Zusammensetzung des Wassers kann den Brauprozess beeinflussen und ein milderes, kräftigeres oder süßeres Bier hervorbringen. Und obgleich der Einfluss des verwendeten Wassers nicht mehr so groß ist wie einst, bleibt es immer noch ein Aspekt, den ein erfahrener Brauer gewissenhaft in Betracht zieht.

Hopfen und Gewürze

Nicht alle Aromen, die ein Brauer seinem Bier zusetzt, sind leicht beeinflussbar, mit Ausnahme der Aromen, die er durch Hopfen und Gewürze erhält. In vielen Fällen lässt es sich ziemlich einfach vorhersagen, welchen Einfluss diese auf das Bier haben; sie können sogar so charakteristisch sein, dass sie die anderen Zutaten noch überlagern.
Hopfen dient als Konservierungsmittel und verleiht dem Bier einen Hauch Bitterkeit, wobei manche Hopfenarten auch leicht ein trockenes Gefühl im Mund hervorrufen können. Hopfen ist eine Kletterpflanze und gehört zur selben Familie wie die Cannabispflanze. Sein lateinischer Name lautet *Humulus lupulus* (*lupulus* bedeutet ‚Wolf'). Zum Brauen wird die unbefruchtete weibliche Blütendolde verwendet. Hopfen kann dem Bier auf verschiedene Weise zugefügt werden; die ganze Hopfendolde verwenden heutzutage nur noch wenige Brauer, die ihr Bier mit der Hand brauen.
Die meisten Brauer verwenden Hopfenextrakt oder Pellets aus Hopfenpulver. Hopfen wächst in gemäßigten bis warmen Klimazonen. Es gibt sehr unterschiedliche Sorten, und auch die Bedingungen, unter denen eine Hopfensorte wächst, können große Qualitätsunterschiede hervorrufen. Biersorten sind häufig mit bestimmten Hopfensorten verbunden: Saazer Hopfen mit Pilsner; Goldings und Fuggles mit zahlreichen englischen Ales.
Gewürze werden von den Deutschen überhaupt nicht verwendet, weil das Reinheitsgebot dies verbietet. Wenn das Bier noch einen Zusatz benötigen sollte, fügt es der Brauer oder der Biertrinker erst kurz vor dem Trinken zu: z. B. gibt er eine Scheibe Zitrone in ein Glas mit kühlem Weizenbier. Der Rest der Welt jedoch – besonders die belgischen Brauer – verfährt da jedoch völlig anders. Sie würzen das Bier häufig mit Koriander, Schalen der Curaçao-Pomeranzen, Ingwer oder Früchten wie Kirschen und Himbeeren. Damit verleihen sie ihren Bieren einen ganz eigenen Charakter und vergrößern die schon vorhandene Vielfalt noch, was durchaus der Mühe wert ist.

Hefe

Hefe hat die Brauer schon seit Jahrhunderten beschäftigt, denn sie ist eine der am wenigsten kontrollierbaren Zutaten beim Brauprozess. Hefe ist ein einzelliger Mikroorganismus. Sie tritt überall auf, doch nur wenige Arten eignen sich für die Vergärung von Gerstenwasser zu Bier. Bevor das Brauen technisiert wurde, entstanden alle Biere durch spontane Gärung, das heißt, dass die wilden Hefen aus der Luft auf die zuckerhaltige Substanz einwirkten. In Afrika, Asien und Südamerika werden viele traditionelle Getränke noch heute auf diese Weise gebraut. In dieser Liste könnte auch Belgien aufgeführt werden, da die Hefe, die Lambic-Biere in echte Biere verwandelt, zu einem Stamm gehört, der im Sennetal beheimatet ist. Die Gärung ist im Grunde nichts anderes als die Zellteilung von Hefe, bei der Zucker in Alkohol und Kohlendioxid gespalten wird. Der Gärungsprozess ist der Schlüssel zu Geschmack und Aroma des Bieres, und es ist für den Brauer von höchster Bedeutung, dass er auf den Geschmack und die Aromen einen gewissen Einfluss nehmen kann. Ein bedeutender Schritt in diese Richtung wurde Ende des 19. Jahrhunderts von Emil Hansen im Laboratorium der Carlsberg-Brauerei unternommen. Hansen gelang es erstmals, eine Kulturhefe zu züchten, die nur aus einem einzigen Hefestamm bestand. Dank dieser Entwicklung können nun Brauer den Brauprozess leichter beeinflussen und ein Bier mit einem gleich bleibenden Geschmack herstellen, wobei sie gleichzeitig sicher sein können, dass kaum eine Produktion durch wilde oder unpassende Hefen vernichtet wird. Die unterschiedlichen Hefestämme, die heute zum Brauen eingesetzt werden, lassen sich in zwei Gruppen einteilen: obergärige Stämme und unter-

gärige Stämme. Vor der Einführung von Kühlmaschinen wurden überall die obergärigen Stämme verwendet. Diese Hefen wirken bei Temperaturen zwischen 15 und 25 °C und schwimmen oben auf dem Bier. Auf diese Weise vergärte Biere bezeichnet man als obergärig. Beispiele dafür sind Ales, Weizenbiere, Stouts und Altbiere. Untergärige Biersorten wurden erstmals in Süddeutschland und in Böhmen hergestellt, doch erst nach der Entwicklung von Kühlgeräten konnten sich untergärige Biere weiter durchsetzen. Untergärige Biere sind weniger infektionsanfällig und führen zu einem etwas dünneren und klareren Ergebnis. Diese Hefen wirken in einem Temperaturbereich zwischen 5 und 10 °C. Die verwendete Hefe ist bei vielen Brauern ein wohlgehütetes Geheimnis, und sie sorgen dafür, dass dieses Geheimnis ihre Brauerei nie verlässt. Gleichzeitig gehen sie auch kein Risiko ein und hinterlegen immer eine Probe ihrer Hefe bei einer externen Hefebank, sodass im Falle einer Hefeinfektion der verwendete Hefestamm sofort wieder gezüchtet und eingesetzt werden kann.

Unten: Das Leffe-Logo verweist auf die Abtei.

Der Brauprozess

Maischen

Während des Maischens werden die festen Bestandteile in Wasser aufgelöst. Dies geschieht in einem Maischbottich. Die Mischung aus geschrotetem Malz und Wasser bezeichnet man in dieser Phase als Maische. Es gibt zwei Methoden, um die Maische auf die erforderliche Temperatur zu bringen.

Beim Infusionsverfahren verwendet der Brauer einen einzigen Maischbottich, in dem er die Maische zunächst auf etwa 50 °C erwärmt. Diese Temperatur wird über eine gewisse Zeit gehalten und danach schrittweise auf zunächst etwa 65 °C und nach einer erneuten Pause auf 75 °C erhöht. Bei 65 °C wird die Stärke in gärungsfähigen Zucker umgewandelt, der später zu einem großen Teil den Alkoholgehalt des Bieres bestimmt. Wird diese Temperatur zu lange gehalten, entsteht ein dünnes Bier mit hohem Alkoholgehalt. Bei 75 °C wird die verbliebene Stärke in gärungsunfähigen Zucker verwandelt, die Vollmundigkeit und Süße des entstehenden Bieres bestimmen. Diese Umwandlung von Stärke in Zucker geschieht durch verschiedene Enzyme; die Temperaturveränderung ist daher wichtig, da manche Enzyme nur bei 65 °C wirken, während andere eine Temperatur von 75 °C benötigen. Wie lange ein Brauer die Maische bei einer bestimmten Temperatur hält, kann das Ergebnis beeinflussen. Bei vielen Brauern sind die Details über Temperaturen und die jeweiligen Zeitspannen ein wohlgehütetes Geheimnis.

Das gleiche Ergebnis, doch mit einer etwas anderen Methode, wird durch das Dekoktionssystem erreicht, bei dem der Brauer nicht nur einen, sondern zwei oder drei Maischbottiche verwendet. Auch hierbei wird die Maische auf 50 °C erwärmt, doch wird nicht die gesamte Maische in einem einzigen Bottich weiter erhitzt, denn ein Drittel wird in einen anderen Bottich gefüllt, wo es zum Kochen gebracht wird. Die kochende Maische wird der verbliebenen Maische wieder zugegeben, wodurch

Rodenbach hat eine ungewöhnliche Vielfalt an Bieren.

Bei der Flaschengärung wird nicht pasteurisiert.

eine Temperaturerhöhung auf rund 65 °C erfolgt. Dieser Prozess wird noch einmal wiederholt, um die Temperatur von 75 °C zu erreichen.

Läutern

Die heiße Maische ist eine trübe Mischung aus Flüssigkeit und Feststoffen. Um die Feststoffe zu entfernen, muss die Maische gefiltert werden. Der Brauer hat dazu entweder einen Läuterbottich, in den er die Maische pumpt, oder der Maischbottich besitzt einen Senkboden. Wenn der Brauer die Flüssigkeit aus dem Maischbottich laufen lässt bilden die noch vorhandenen unlöslichen Malzbestandteile einen sehr feinen Filter, der die abfließende Flüssigkeit klar werden lässt. Die am Boden verbliebenen Malzbestandteile werden mit heißem Wasser übergossen, um auch noch den letzten Malzextrakt herauszulösen. Der nun im Bottich verbliebene Rückstand wird als Treber bezeichnet und als Futtermittel verkauft. Die abgelaufene, klare Flüssigkeit nennt man von nun an Würze.

Kochen

Die in den Kessel oder die Würzpfanne umgefüllte Würze wird nun gekocht. Das Kochen erfüllt mehrere Zwecke. Durch das Ausspülen der unlöslichen Malzbestandteile wurde der Extrakt verdünnt, durch das Kochen wird erreicht, dass die Würze die gewünschte Dichte erhält. Diese Dichte gibt den vorhandenen Zuckergehalt an und wird als Stammwürze bezeichnet. Der Zuckergehalt in der Würze eines durchschnittlichen Pilsners liegt bei ungefähr 12 Gramm pro 100 Gramm Würze. Im EKU 28, einem deutschen Bockbier, sind beispielsweise in 100 Gramm Würze 28 Gramm Zucker enthalten. Dies ist natürlich viel mehr als der oben genannte Durchschnittswert, doch selbst kleine Abweichungen von diesem Wert, wie z. B. 10 Gramm, sind spürbar, wie man es beispielsweise bei tschechischen Bieren schmecken kann, die fast immer mit unterschiedlicher Stammwürze gebraut werden.
Eine weitere und sicher genau so wichtige Aufgabe des Kochens ist das Abtöten der noch vorhandenen Enzyme und Bakterien, wodurch das Bier sterilisiert wird. Der Hopfen wird in unterschiedlichen Stadien des Kochprozesses zugefügt. Hopfen, die wegen ihrer aromatischen Qualitäten ausgesucht sind, werden nur wenige Minuten vor dem Ende des Kochprozesses zugefügt, damit nicht zu viel von ihrem Aroma verloren geht. Die für Bitterkeit sorgenden Hopfen werden zum Beginn des Kochens zugefügt. Die Dauer des Kochprozesses ist unterschiedlich, doch meist beträgt die Kochzeit rund eineinhalb Stunden.

Klären

Auf Grund der Zugabe von Hopfen und der Ausfällung von Proteinen während des Kochprozesses muss die Würze erneut geklärt werden. Diese Klärung kann durch den Hopfenabsatz erfolgen, doch meist wird ein so genannter Whirlpool eingesetzt. Der Brauer lässt die Würze mit hoher Geschwindigkeit in einem Kessel rotieren, wobei sich die verbliebenen Partikel in der Mitte als Trub sammeln. Gleichzeitig fließt die klare Flüssigkeit an der Seite des Kessels ab. Der zurückbleibende Hopfentrub wird als Düngemittel verwendet.

Gären

Um aus der zuckerhaltigen Würze Bier herzustellen, hat uns die Natur die Brauhefe gegeben, wofür wir außerordentlich dankbar sein können. Die geklärte Würze wird durch ein Kühlsystem geleitet, bis sie die gewünschte Temperatur erreicht. Dies sollte so schnell wie möglich erfolgen, um einen eventuellen Bakterienbefall zu verhindern.
Bei der Obergärung wird die Würze auf etwa 15 °C abgekühlt und in den Gärbehälter gefüllt, der offen

oder geschlossen sein kann. Der Brauer startet den Gärungsprozess durch Zugeben der Hefe; dabei werden häufig mehrere Eimer voll Hefe in die Würze gegeben. Die Hefe schwimmt auf der Würze und wandelt den Zucker in Alkohol und Kohlendioxid um. Bei diesem Vorgang liegt die Temperatur zwischen 15 und 25 °C, und die Dauer der ersten Gärung beträgt drei bis sieben Tage. Die schwimmende Hefe wird vom Bier abgeschöpft (ab jetzt kann man von Bier sprechen) und untersucht, ob sie für die Gärung der nächsten Würze noch geeignet ist.
Die Untergärung verläuft im Grunde auf gleiche Weise wie die Obergärung, benötigt jedoch eine niedrigere Temperatur – zwischen 5 und 10 °C –, damit die Hefe aktiv werden kann. Die Gärung verläuft langsamer (in etwa zwei Wochen), doch scheinbar auch gründlicher. Bei diesem Gärungsverfahren sinkt die Hefe langsam nach unten. Einer der Hauptvorteile ist, dass eine geringere Infektionsgefahr besteht und der Vorgang besser vorhersehbar ist. Große Brauereien wollen Überraschungen vermeiden und setzen daher heute mehr auf untergärige Biere – mit Ausnahme der englischen Sorten.

Reifen

Direkt nach der ersten Gärung sind weder untergärige noch obergärige Biere trinkfertig. Sie werden dann in Lagertanks gefüllt, wo sie mindestens eine Woche, in manchen Fällen auch ein Jahr lang reifen. In dieser Zeit lösen sich einige weniger erwünschte Substanzen auf, die bei der ersten Gärung freigesetzt wurden, und gleichzeitig verläuft die Gärung des Restzuckers viel langsamer. Obergärige Biere haben eine Reifedauer von mindestens einer Woche, sie kann jedoch auch ein Jahr betragen. Untergärige Biere müssen bei einer Temperatur von 0 °C mindestens vier Wochen reifen, aber auch hier kann es bis zu einem Jahr dauern. Die Bezeichnung ‚Lager' ist auf die Lagerung reifender Biere zurückzuführen.

Filtrieren

Das Bier kann, muss aber nicht vor dem Abfüllen in Flaschen oder Fässer filtriert werden. Die Entscheidung, ob es filtriert wird oder nicht, hängt vom Geschmack und von dem gewünschten Aussehen des jeweiligen Bieres ab. Filtriertes Bier ist klar und frei von allen ausgefällten Eiweißen und von Hefe. Und es soll, wenn es einmal abgefüllt ist, nicht mehr nachgären. Die Filtrierung kann auch Bestandteile entfernen, die für manche Biere charakteristisch sind, wie es bei den deutschen und belgischen Weizenbieren der Fall ist. Biere, die in der Flasche oder im Fass nachgären sollen, werden ohne Filtrierung abgefüllt, oder sie werden filtriert, dann aber erneut mit Hefe und Zucker versetzt. Es sind fast immer obergärige Biere, die auf diese Weise eine Geschmacksentwicklung erfahren. So hat Flaschenbier, das erst einen Monat alt ist, einen anderen Geschmack als Flaschenbier nach einem Jahr. Häufig erfolgt die Filtrierung, indem das Bier durch ein Kieselgurfilter geleitet wird. Diese Kieselgur besteht aus den pulverisierten Schalen von Organismen, die vor Jahrmillionen die Süßwasserseen bevölkerten.

Pasteurisieren

Bei der nach ihrem Entdecker Louis Pasteur benannten Pasteurisierung wird das Bier kurz erhitzt, um die mikrobiologischen Prozesse im Bier zu unterbrechen. Die Pasteurisierung ermöglicht eine längere Lagerung des Bieres. Jedoch werden Biere, die in der Flasche gären, nicht pasteurisiert. Viele, aber lange nicht alle hellen Lagerbiere werden pasteurisiert. Es gibt Brauer, die die Pasteurisierung als absolute Vernichtung von Bier betrachten und behaupten, dass sie zu viel vom Biergeschmack zerstört. Diese Einstellung haben auch manche große Brauereien, die ihre Biere weltweit verkaufen, was darauf schließen lässt, dass die Pasteurisierung keine Vorbedingung für den Verkauf guter Biere ist. Die Pasteurisierung kann vor der Flaschenabfüllung erfolgen, indem das Bier auf 60 bis 80 °C erhitzt wird, während es durch einen Plattenapparat läuft. Eine andere Methode ist die Tunnelpasteurisierung, bei der das bereits abgefüllte Bier durch einen beheizten Tunnel geleitet wird. Dies dauert rund 20 Minuten.

Die Biersorten

Auch wenn es keine offizielle Klassifikation der Biersorten gibt, werden in der ganzen Welt doch ungefähr die gleichen Sortenbezeichnungen verwendet. Manche Brauereien haben eine sehr genaue Einteilung vorgenommen, wie z. B. beim deutschen Kölsch, für das genau festgelegt ist, wie und sogar wo es gebraut werden muss. Andere dagegen nennen ihre Biere so, wie es ihnen gerade

Der Brauprozess wird heute durch moderne Geräte gesteuert, wie hier in Weihenstephan, Deutschland.

Konische Gärtanks für obergäriges Bier in Weihenstephan

gefällt. Das ursprünglich aus Tschechien stammende Pilsner wird heute überall in der Welt gebraut; diese Biere sind zwar alle untergärig und hell, aber das sind schon alle Übereinstimmungen mit dem Original. Die Briten bezeichnen alles als „Ale“ und die Niederländer gehen „auf ein Pils“. Eigentlich ist es auch nicht so wichtig, wie Biere klassifiziert werden, da in vielen Fällen selbst bei der gleichen Sorte sehr große Geschmacksunterschiede bestehen. Dennoch ermöglicht eine grobe Einteilung, dass der Biertrinker eine Vorstellung von dem Bier hat, das er bekommt, auch wenn er es noch nie zuvor getrunken hat: Wenn man ein Stout bestellt, bekommt man ein kräftiges, dunkles Bier mit einer rauchigen Geschmacksnote und wenig Kohlensäure; bestellt man ein Weißbier, bekommt man ein leicht herbes, helles und ziemlich trübes Bier – diese Reihe lässt sich beliebig fortsetzen.

Eine grobe Einteilung der Biersorten kann nach Art der Gärung erfolgen, auch wenn dies sehr subjektiv ist. Es obliegt dem Brauer, der entscheidet, zu welcher Sorte sein Bier gehört, doch im Endeffekt ist es viel wichtiger, wie dem Biertrinker das Bier schmeckt und wie er es empfindet, und nicht, in welche Schublade sich das Bier stecken lässt.

Obergärung

Ales (Pale/Mild/Bitter/Old Ale/Brown Ale/Barley Wine/IPA), Porter Stout (Dry/Sweet/Milk/ Oatmeal/Imperial), Altbier, Kölsch, Spezialbiere (Trappist/Abteibiere/Bières de garde/Saison/Flämisches Braunbier), Weizenbiere (Blanche/Weizen/Weiße)

Untergärung

Lager (Pilsner/Dortmunder/Malz/Liquor), Wiener, Märzen-/Oktoberfestbier aus München, Dunkel, Bock, Doppelbock, Rauchbier, Schwarzbier

Spontane Gärung

Lambic, Gueuze, Faro, Kriek

Ale

Ale ist ein Oberbegriff für die nach britischer Art gebrauten, obergärigen Biere. Sie sind normalerweise bernsteinfarben, was jedoch nicht unbedingt sein muss, und der Geschmack ist meist bitter bis süß, kann aber auch ins Säuerliche gehen. Die meisten Ales sind ziemlich vollmundig und fruchtig. Ale kann auch als Oberbegriff für obergärige Biere oder als eigene Sorte betrachtet werden, wobei in manchen Teilen der Welt das Wort Ale fälschlich verwendet wird.

Alt

Altbier ist das Bier, das in Deutschland den Übergang zum untergärigen Bier überstanden hat, daher auch der Name Alt. Diese Biere sind obergärig und durchlaufen eine kühle Reifung von drei bis acht Wochen. Sie sind meist von ziemlich dunkler, bronzeartiger Farbe, wenngleich vereinzelt auch hellere Versionen bekannt sind. Das Bier ist recht geschmeidig, leicht bitter und hat oft eine leicht geröstete Note. Es wird kühl getrunken. Der lokale Schwerpunkt des Altbieres ist Düsseldorf.

Amber

Amber ist ein noch junger Name für ein Ale, der sich vor allem auf die Farbe (Bernstein) bezieht. Diese Bezeichnung tragen sowohl belgische Spezialbiere als auch amerikanische Ales.

Barley Wine

Der Begriff Barley Wine („Gerstenwein“) bezieht sich auf sehr starke, obergärige Biere, deren Farbe von hell bis dunkel variieren kann. Die stärksten Versionen britischer Ales werden häufig auch als Barley Wine bezeichnet.

2 000 000 Liter Weihenstephaner Bier reifen in Tanks aus rostfreiem Stahl.

Die Abfüllanlage der Brauerei Bitburger

Belgisches Ale

Belgisches Ale ist eine Entsprechung zu englischem Ale und hat einen ähnlichen Charakter. Belgisches Ale kann jedoch würziger und lebendiger schmecken. Die Belgier bezeichnen ihr Bier als Ale, wenn es bernsteinfarben und obergärig ist und keinen zu hohen Alkoholgehalt aufweist. Belgische Ales eignen sich auch sehr gut anstelle von Bieren nach Pilsner Brauart.

Bock

Der Begriff „Bock" kommt von der niedersächsischen Kleinstadt Einbeck. Bockbiere und auch Doppelbockbiere sind untergärig, haben einen höheren Alkoholgehalt und sind meist durch eine malzige Süße gekennzeichnet. Bockbiere werden meist als Saisonbiere verkauft, wenngleich dies nicht überall der Fall ist.

Dortmunder

Ein Dortmunder unterscheidet sich von einem Pilsner durch die etwas dunklere Farbe, geringere Hopfigkeit und einen weicheren, volleren Geschmack. In Dortmund selbst, wo die Sorte ihren Ursprung hat, wird es nur als „Dortmunder Export" bezeichnet. In den Niederlanden wird die Abkürzung „Dort" verwendet, doch hier ist die Sorte süßer und hat einen höheren Alkoholgehalt.

Duvel

Das Duvel ist ein helles belgisches Bier. Es ist benannt nach dem ersten Bier dieser Art und wird auch als blondes belgisches Starkbier bezeichnet. Duvel ist ein obergäriges, alkoholstarkes Bier voll hopfiger Komplexität. Das Bier wird sowohl kühl als auch mit Raumtemperatur getrunken und verdankt seinen Namen („Teufel") dem ziemlich hohen Alkoholgehalt.

Faro

Faro ist im Grunde ein Lambic (ein Bier mit spontaner Gärung), dem Zucker beigefügt ist, um das säuerliche Bier zu versüßen. Auch Lambic-Mischungen mit süßen, obergärigen Bieren werden als Faro angeboten.

Fruchtbier

Unter Fruchtbier fasst man eine Anzahl von meist belgischen Bieren zusammen, die einen gewissen Fruchtanteil beinhalten. Das Grundbier kann ein Lambic sein, doch meist ist es ein Gueuze oder ein obergäriges Bier. Die Kennzeichnung Gueuze oder Lambic ist auf dem Etikett vermerkt. Am häufigsten werden Kirschen und Himbeeren zugefügt, doch auch alle anderen Früchte sind möglich, wie Apfel, Banane oder schwarze Johannisbeere. Der Geschmack des Bieres ist daher sehr unterschiedlich.

Gueuze

Wird ein reifes Lambic mit einem jungen Lambic verschnitten und die Mischung abgefüllt, entsteht daraus ein süß-saures Bier mit einer größeren Lebendigkeit als das Lambic selbst. Diese Mischung nennt man Gueuze.

Das Abfüllen in der Maasland-Brauerei in Oss, in der niederländischen Provinz Brabant

Das ‚Weihenstephaner Bräustüberl', eines der vielen typisch deutschen Bierlokale

Kölsch

Kölsch ist ein obergäriges Bier mit enger Bindung an die Stadt Köln, nach der es benannt ist (Kölsch bedeutet einfach ‚aus Köln'). Es ist ein helles Bier, leicht und mild, doch mit einem beträchtlichen Kohlensäuregehalt. Der Alkoholgehalt liegt bei rund 5 Vol.-% Manchmal wird auch eine kleine Menge Weizenmalz mitverarbeitet. Kölsch ist eine geschützte Sorte mit genau definierten Zutaten und Braumethoden. Ein besonderes Merkmal des Bieres ist die Fähigkeit, den Magen zu beruhigen.

Lambic

Lambic ist eine besondere Biersorte. Es ist ein Bier mit spontaner Gärung und somit eigentlich ein Vorgänger aller Biere. Die für das Lambic benötigte wilde Hefe ist im belgischen Sennetal südlich von Brüssel anzutreffen. Lambic, das mit 30 % Weizen gebraut wird, ist ein säuerliches Bier das einem langen Reifeprozess in Eichenbottichen unterliegt. Es hat einen niedrigen Alkoholgehalt und in seiner Grundform nur wenige Anhänger, daher wird es meist gesüßt, verschnitten oder mit Früchten zubereitet.

Münchner

Das Münchner ist die bayerische Variante eines Lagers, sowohl in der hellen als auch in der dunklen Form. Die dunkle Version ist unter der einfachen Bezeichnung „Dunkel" bekannt. Das Münchner ist ein leicht malziges Bier mit einem ziemlich neutralen Geschmack.

Pilsner

Ein Pilsner ist ursprünglich ein Bier aus der tschechischen Stadt Plzeň. Es ist immer ein helles, untergäriges Bier mit mäßiger Hopfenbittere und sanftem Malzcharakter. Der Alkoholgehalt liegt zwischen 4,5 und 5,5 Vol.-% Obwohl das Original-Pilsner und auch zahlreiche andere Biere dieser Sorte ziemlich vollmundig sind, werden Pilsner heutzutage meist dünn und neutral gebraut.

Rauchbier

Rauchbiere sind Biere, deren Malz im Rauch über brennendem Holz oder Torf gedarrt wird. Es kann sich dabei um untergärige oder obergärige Biere handeln; ihr Kennzeichen ist immer der rauchige Geschmack. Diese Biersorte ist vornehmlich in Bamberg anzutreffen, doch werden derartige Biere auch in Schottland, Frankreich und Alaska gebraut.

Scottish Ale

Scottish Ale ist ein außerordentlich volles, rundes Bier. Es ist meist recht dunkel, süß und hat einen malzigen, gerösteten Geschmack. Viele Scottish Ales werden in Belgien gebraut.

Spezialbier

Viele der lokalen belgischen Biere lassen sich keiner Sorte zuordnen. Sie werden unter dem Oberbegriff Belgische Ales zusammengefasst, auch wenn sie sehr große Unterschiede aufweisen.

Stout

Stout sollte seinem Namen gerecht werden und einen hohen Grad an Stämmigkeit besitzen. Die angebotenen Sorten sind alle fast schwarz und haben den Geschmack von geröstetem Malz. Es gibt Bitter, Sweet und Dry Stout; allen gemeinsam ist jedoch der feste, cremige Schaum.

Weizenbier

Weizenbier gibt es in der würzigen belgischen Form, die mit ungemälztem Weizen und dem Zusatz von Gewürzen und Orangenschalen gebraut wird. Das Bier hat einen säuerlichen, würzigen Geschmack und ist trüb. Die deutsche Variante wird mit gemälztem Weizen und ohne weitere Zusätze gebraut. Es gibt Versionen, die noch Hefe enthalten und im Glas trüb sind, sowie Versionen, die gefiltert und daher klar sind (Kristallweizen). Weizenbiere müssen nicht unbedingt hell sein. Diese Biere schmecken frisch und herb.

Ein englischer Pub in Paris

Trappist

Es gibt weltweit nur sechs Brauereien, die ihre Biere als Trappistenbier bezeichnen dürfen. Sie stellen alle obergärige Biere her, die den Belgischen Ales und den Barley Wines sehr ähnlich sind.

Flämisches Braunbier

Dieses Bier ist eine obergärige Spezialität aus Belgien. Das rot-braune Bier unterliegt einer Reifedauer von einem Jahr oder mehr und wird dann mit einem jüngeren Bier verschnitten. Auf Grund der langen Lagerung in Eichenfässern nimmt es einen süß-säuerlichen Geschmack an. Der Alkoholgehalt liegt bei 5 Vol.-%

Weißbier

Weißbier ist gleichzusetzen mit Weizenbier. Es gibt einige deutsche Brauereien, die ihr dunkles Weizenbier als Dunkles Weißbier anbieten. Die Verwendung der Bezeichnungen Weizenbier und Weißbier ist in Deutschland regional unterschiedlich.

Die belgische Interbrew-Gruppe hat Brauereien in aller Welt erworben.

YOUNG'S
EXPORT
Alc 5.0% Vol
PREMIUM LAGER
YOUNG'S
PILSNER
Alc 4.0% Vol
CONTINENTAL LAGER

Europa

Dänemark

Dänemark hat rund 5,2 Mio. Einwohner. Als Brauer in einem solch kleinen Land, der expandieren und auf dem internationalen Markt bestehen will, hat man keine andere Wahl als zu exportieren. Die größte Brauereigruppe Dänemarks, die Vereinigten Brauereien von Carlsberg und Tuborg, haben dies zu ihrer Maxime gemacht und sich so zu einer internationalen Gruppe entwickelt, die in über 130 Ländern der Welt präsent ist. Nicht dass die Dänen ihr eigenes Bier verschmähen; im Gegenteil: Sie trinken pro Jahr durchschnittlich 380 Flaschen (Dänen trinken das Bier gerne aus Flaschen), davon kommen 80 % aus einer der beiden oben genannten Brauereien.

Die Geschichte der Carlsberg-Brauerei begann im frühen 19. Jahrhundert, als Jacob Christian Jacobson seine eigene Brauerei in Kopenhagen eröffnete und eine Vorliebe für moderne Technologien und Wissenschaften zeigte. Sein Sohn, Jacob Christian Jacobson Jr., ging zur Spatenbrauerei nach München, zu einer Zeit, als Gabriel Sedlmayr die ersten dunklen Lagerbiere braute. Jacobson brachte diese Kenntnisse nach Dänemark und begann 1846 mit dem Brauen der ersten Lagerbiere. Als Jacobson eine neue Brauerei auf einem Hügel in der Nähe Kopenhagens errichtete, nannte er sie nach seinem Sohn Carl: ‚Carls berg'. Im Jahr 1875 richtete Jacobson ein Labor ein, in dem später Emil Hansen erstmals die Hefe von einem einzigen Stamm züchtete, wodurch eine gleichbleibende Qualität des Bieres ermöglicht wurde. Tuborg nahm den Betrieb erst viel später auf: am 13. Mai 1873 wurde auf Initiative einer Gruppe von Investoren und Bankiers die Brauerei als Teil der „Tuborgs Fabrikker" gegründet, mit dem Ziel, eine große Exportbrauerei zu werden. Die Exporte blieben jedoch hinter den Erwartungen zurück, allerdings entwickelten sich die Verkäufe im Inland weit besser als erwartet. Das heute bekannte, helle Pilsner wurde am 1. Mai 1880 eingeführt. Die Verbindung zwischen den beiden größten dänischen Brauereien wurde bereits 1903 hergestellt, als sie übereinkamen, bis zum Jahr 2000 die jeweiligen Gewinne und Verluste zu teilen. Im Jahr 1970 fusionierten die beiden Betriebe, wobei jedoch jede Brauerei ihre eigene Identität bewahrte.

Tuborg hat immer noch einige Pferdewagen, die für Werbezwecke eingesetzt werden.

Carlsberg Beer

Biersorte:	Pilsner
Alkoholgehalt:	5,5 Vol.-%
Flascheninhalt:	0,25 Liter
Empf. Trinktemperatur:	6–8 °C
Gärung:	Untergärig
Brauer:	Carlsberg-Brauerei, Kopenhagen, seit 1847

Carlsberg Beer ist in aller Welt bekannt.

BESONDERHEITEN
Das in der charakteristischen Flasche mit dem grünen Halsetikett abgefüllte Carlsberg Beer ist in aller Welt bekannt. Die Bezeichnung Pilsner deutet normalerweise darauf hin, dass keine besonderen Geschmacksstoffe enthalten sind. Das gilt auch für dieses Pilsner mit seiner hohen Qualität, seinem vollen Schaum und seiner hellgelben Farbe. Der Geschmack ist vor allem durch die Rundheit leicht süßlichen Malzes und das Hopfenaroma geprägt, dem ein nicht zu herber Nachtrunk folgt.

Carlsberg Ice

Biersorte:	Eisbier
Alkoholgehalt:	5,0 Vol.-%
Flascheninhalt:	0,33 Liter
Empf. Trinktemperatur:	6 °C
Gärung:	Untergärig
Brauer:	Carlsberg-Brauerei, Mönchengladbach (Deutschland)

BESONDERHEITEN
Für den Bierliebhaber, der sich von Aroma und Geschmack überraschen lassen will (sei es bitter, süß oder sauer), hat dieses für den deutschen Markt nach dem deutschen Reinheitsgebot gebraute Eisbier nichts zu bieten, insofern das ursprüngliche Carlsberg-Bier bereits die genannten Geschmackselemente enthielt. Das Eisbier ist ein ausgesprochener Durstlöscher; gut gekühlt ist es ein sanftes Bier, dem nur wenige Biertrinker abgeneigt sein dürften.

Ceres

Biersorte:	Lager
Alkoholgehalt:	6,5 Vol.-%
Flascheninhalt:	0,33 Liter
Empf. Trinktemperatur:	6–8 °C
Gärung:	Untergärig

BESONDERHEITEN
Dieses bernsteinfarbene Bier ist nach dem Roten Erik benannt – einem Wikinger, der Grönland entdeckte – vermutlich um die Stärke zu betonen, die dieses Bier aufweist. Es gibt eine ganze Palette von Geschmacksrichtungen und Aromen, von süß bis bitter, die voll und warm munden. Ceres hat einen langen, sich entfaltenden, bitteren Nachtrunk.

Elephant Beer

Biersorte:	Bockbier
Alkoholgehalt:	7,2 Vol.-%
Flascheninhalt:	0,33 Liter
Empf. Trinktemperatur:	8 °C
Gärung:	Untergärig
Brauer:	Carlsberg-Brauerei, Kopenhagen, seit 1847

BESONDERHEITEN
Heimtückisch – das ist eine Beschreibung, die normalerweise negativ behaftet ist. Für einen Bierliebhaber jedoch stellt sie eine Herausforderung und eine angenehme Überraschung dar. Auf Grund seines malzig-süßen Geschmacks und des reichen Hopfenaromas vermittelt das Bier mit dem Elefanten nicht sofort den Eindruck eines starken Bieres mit hohem Alkoholgehalt. Der Elefant erinnert an das monumentale Elefantentor am Eingang zur Brauerei, das auf jeder Seite von einem lebensgroßen Elefanten getragen wird.

Tuborg Gold Label

Biersorte:	Pilsner
Alkoholgehalt:	5,8 Vol.-%
Flascheninhalt:	0,25 Liter

Mit der Eisbierwelle brachte Carlsberg dieses Bier auf den Markt.

Ceres ist das rote Bier, das nach einem berühmten Wikinger benannt wurde.

Das starke Elephant Beer erinnert an das großartige Elefantentor der Carlsberg-Brauerei.

Das Gold Label von Tuborg

Tuborgs Weihnachtsbier

Das Osterbier von Tuborg

Empf. Trinktemperatur:	6–8 °C
Gärung:	Untergärig
Brauer:	Tuborg-Brauerei, Kopenhagen, seit 1873

BESONDERHEITEN
Gold Label ist eines der bekanntesten Tuborg-Biere, mit heller Farbe, einem ausgeglichenen, vollen, weichen Geschmack und trockenem Nachtrunk. Das Aroma ist hopfig. Dieses Pilsner zählt zu den ersten Premiumbieren der Welt und wird in über 100 Ländern vertrieben.

Tuborg Julebryg

Biersorte:	Saisonbier
Alkoholgehalt:	5,5 Vol.-%
Flascheninhalt:	0,33 Liter
Empf. Trinktemperatur:	8 °C
Gärung:	Untergärig
Brauer:	Tuborg-Brauerei, Kopenhagen, seit 1873

BESONDERHEITEN
Tuborg Julebryg ist ein bernsteinfarbenes Bier, das zu Weihnachten gebraut wird.

Tuborg Pilsner

Biersorte:	Pilsner
Alkoholgehalt:	4,9 Vol.-%
Flascheninhalt:	0,5 Liter
Empf. Trinktemperatur:	6 °C
Gärung:	Untergärig
Brauer:	Tuborg-Brauerei, Mönchengladbach (Deutschland)

BESONDERHEITEN
Dieses nach dem deutschen Reinheitsgebot gebraute Pilsner wird von der deutschen Hannen-Brauerei in Lizenz gebraut. Es ist ein goldgelbes Pilsner mit vielen Anhängern, die vor allem den malzigen Geschmack und das hopfige Aroma schätzen.

Finnland

Die finnische Regierung war lange Zeit gegen Alkohol und somit auch gegen Bier eingestellt. So führte Finnland beispielsweise zu Beginn des 20. Jahrhunderts die Prohibition ein, die 30 Jahre dauerte. Aber auch danach kontrollierte die Regierung weiterhin den Handel mit Alkohol, und auch heute noch unterliegt der Bierhandel strengen Gesetzen. Es dürfen nur die schwächsten Biere beworben werden, und die stärkeren Biere, die mit hohen Verbrauchssteuern belegt sind, können nur zu sehr hohen Preisen in staatlichen Läden gekauft werden. Trotz alledem blieb Bier das liebste Getränk der Finnen, und der jährliche Konsum beläuft sich immer noch auf 80 Liter pro Kopf – also beträchtlich mehr als in Norwegen und Schweden, wo es ähnliche Gesetze gibt.

Lapin Kulta

Biersorte:	Lager
Alkoholgehalt:	5,2 Vol.-%
Flascheninhalt:	0,33 Liter
Empf. Trinktemperatur:	6 °C
Gärung:	Untergärig
Brauer:	Brauerei Oy Hartwall AB, Helsinki

BESONDERHEITEN
Lapin Kulta ist ein goldgelbes Bier mit nicht allzu viel Geschmack. Es ist frisch und durchsichtig und

Lapin Kulta

Dieses Porter stammt aus der ältesten Brauerei Finnlands.

hat ein herbes, leicht säuerliches Aroma. Malz und Hopfen sind nur schwer herauszuschmecken. Das Bier hat auch keinen deutlichen Nachtrunk.

Sinebrychoff Porter

Biersorte:	Porter
Alkoholgehalt:	7,2 Vol.-%
Flascheninhalt:	0,33 Liter
Empf. Trinktemperatur:	10 °C
Gärung:	Obergärig
Brauer:	Sinebrychoff-Brauerei, Kereva, seit 1819

BESONDERHEITEN
Dieses schwarze Porter ist ein volles, rundes, fast öliges Bier mit einem klaren, röstigen Geschmack, einem trockenen, fruchtigen Hintergrund und einem bitteren Finish.

Schweden

Die schwedische Regierung hat den Verkauf von Bier strengen Regeln unterworfen. Es dürfen nur Biere mit einem Alkoholgehalt von weniger als 3,6 Vol.-% frei verkauft werden. Stärkere Biere sind nur in staatlichen Geschäften zu bekommen,

Das schwedische Qualitätslager Spendrup's Old Gold

und das zu exorbitant hohen Preisen. In Folge dessen können schwedische Brauereien keine große Vielfalt anbieten, sodass nur noch drei bedeutende Brauereien übrig geblieben sind. Dennoch haben die Schweden mit einem jährlichen Pro-Kopf-Verbrauch von 65 Litern dem Bier keineswegs den Rücken gekehrt.

Spendrup's Old Gold

Biersorte:	Lager
Alkoholgehalt:	5,0 Vol.-%
Flascheninhalt:	0,33 Liter
Empf. Trinktemperatur:	8 °C
Gärung:	Untergärig
Brauer:	Spendrup's Brauerei, Grängesberg

BESONDERHEITEN
Old Gold ist ein kräftiges Lager, gebraut nach dem deutschen Reinheitsgebot. Es besitzt ein malziges Aroma, ist hopfenbitter und malzig im Antrunk und hat ein trockenes, bitteres Finish.

England

Mehr als in jedem anderen Land der Welt herrschen in England eigene Vorstellungen und Bräuche, die mit Stolz und großem Traditionsbewusstsein gepflegt werden. Und das ist auch gut so, denn als überall in der Welt mit dem Brauen untergäriger, stark kohlensäurehaltiger Biere begonnen wurde, hielten die Engländer an ihren traditionellen Sorten fest.

Mild, Bitter, Pale Ales und Stouts sind von hoher und weniger hoher Qualität, aber fast immer mit einem komplexeren und reicheren Geschmack als die anderen Lagerbiere der Welt. Die Engländer haben ihren eigenen Stil und halten daran fest; oft trinken sie ihre Biere in der vertrauten Umgebung ihrer örtlichen Pubs in Gesellschaft von Freunden. Fremde wundern sich häufig über die lauen, leblosen Pints und lassen sich manchmal gar nicht darauf ein, den wahren Charakter dieser Sorten zu erkunden, die in einer enormen Vielfalt angeboten werden und die eigentlich jeden Bierliebhaber in jedem Land der Welt begeistern könnten.

Die englischen Sorten haben sich im Laufe der Zeit herausgebildet. England hatte beispielsweise keinen eigenen Hopfen, weshalb die ursprünglichen Ales nicht mit Hopfen versetzt wurden. Im Folgenden sind die wichtigsten Sorten aufgeführt.

Bitter

Würde ein Engländer in sein Lokal gehen und es käme kein Bitter aus einem der Zapfhähne, wäre er sicherlich sehr verwundert. Bitter ist bei den Briten tief verwurzelt und zählt noch heute zu den bedeutendsten Biersorten auf der Insel. Die Ursprünge

Shirepferde bei der Arbeit

Bill Hockin, ein Böttcher der Brauerei St. Austell um 1935

des Bitter sind teilweise in der Kolonialzeit zu finden, als stärker gehopftes Bier gebraut wurde, dessen hoher Alkoholgehalt dafür sorgte, dass es auch noch nach einer langen Seereise genießbar war und die Kolonisten nicht auf ihr traditionelles Bier verzichten mussten. Nachfolger dieser Biere sind die zahlreichen Indian Pale Ales (IPA). Es gibt aber noch viele andere Gründe für die Entstehung dieser Sorte, wie z. B. die Züchtung stärkerer Hopfensorten. Heutzutage stellt fast jeder Brauer ein Bitter her, ohne sich viel Gedanken über den Namen des Bieres zu machen. Bitter können daher in sehr vielfältigen Formen auftreten, z. B. als Extra Special Bitter (ESB), Special Bitter, Ordinary oder als eines der vielen anderen Biere mit ihren wohlklingenden Namen.

Mild

Mild ist ein Ale, das den Höhepunkt seiner Beliebtheit zu jener Zeit erlebte, als die Industrialisierung Englands rasch voranschritt. Dieser milde Biertyp war vor allem bei den Arbeitern sehr beliebt, die das gering alkoholhaltige Bier als ‚Stärkungsmittel' tranken, wobei es gleichzeitig auch schonender für das Portmonee war. Die Bezeichnung „mild" bezieht sich jedoch nicht auf den Alkoholgehalt, sondern auf die fehlende Bitterkeit des Hopfens. Mild gibt es in verschiedenen Formen – mit heller und dunkler Farbe, zum Teil fruchtig, andere sind voll und süß, aber niemals bitter.

Sweet Stout

Eine typisch britische Spezialität ist Sweet Stout. Eine Version ist Milk Stout, das seinen vollmundigen, süßen Geschmack durch Zugabe von Milchzucker (Laktose) erhält. Da diese Laktose durch den verwendeten Hopfen nicht abgebaut wird, entsteht ein Bier mit niedrigerem Alkoholgehalt und stärkerer Süße. Diese Biersorte hat ihren Ursprung im England des frühen 20. Jahrhunderts und erfreute sich besonderer Beliebtheit bei den Leuten, die von stärkeren, hopfigeren Biersorten nicht allzu sehr begeistert waren. Das ‚Milch-Image' wurde auch benutzt, um das Bier stillenden Müttern, Kranken und als Stärkung nach schwerer, körperlicher Arbeit anzupreisen.

Der Wagenpark der Unicorn-Brauerei 1937

Die hohen Gebäude der Brauerei von J.W. Lees, errichtet 1867

Neben ein paar großen Braugruppen wie Bass und Carlsberg-Tetley (die sich im Fusionsprozess befinden), Guinness, Scottish Courage und Whitbread gibt es in England zahlreiche unabhängige Brauereien, die eine bedeutende Rolle auf lokaler Ebene spielen und die Pubs der Region mit ihren Bieren versorgen. Diese Pubs gehören oft den Brauern oder sie sind vertraglich gebunden, das Bier eines bestimmten Brauers zu kaufen. Die Brauer bieten ihre Biere auch nationalen Großhändlern an, die den weiteren Vertrieb ermöglichen. Im Folgenden ist eine Reihe unabhängiger Brauereien aufgeführt, von denen glücklicherweise im ganzen Land noch viele anzutreffen sind.

Lees

Bei J.W. Lees ist man stolz auf die Ursprünge und die Tradition. Die Geschichte der Brauerei begann 1828, als John Willie Lees, ein Stoffproduzent im Ruhestand, auf dem heutigen Brauereigelände eine Brauerei gründete. Lees profitierte vom industriellen Wachstum im Nordwesten des Landes, und die steigende Nachfrage nach seinen Bieren bestärkte ihn darin, ein neues Brauhaus zu errichten. So entstand 1876 die neue, hypermoderne Brauerei. Bis heute ist Lees ein Familienbetrieb, den mehrere Nachkommen des Brauereigründers führen. Das Brauen erfolgt nach traditionellen Methoden, unterstützt von moderner Technologie. Ein Drittel der Fassbiere wird in Eichenfässer abgefüllt, die der firmeneigene Böttcher noch von Hand herstellt. J.W. Lees Manchester braut folgende Biere: GB Mild, Moonraker, Golden Original Lager, Edelbrau Strong Lager, Greengate und Bitter.

Robert Cain & Company

Der junge Robert Cain, Gründer der Brauerei

An seinem 18. Geburtstag hängte Robert Cain, geboren 1826, seine Seemannskluft an den Nagel und kaufte einen kleinen Pub in Liverpool, wo er bald durch seine selbst gebrauten Ales bekannt wurde. Im Jahr 1858 erwarb er die frühere Brauerei in der Stanhope Street, wo sich heute, nach einer Unterbrechung von fast 70 Jahren, wieder der Hauptsitz der Brauerei Robert Cains befindet. Die Gesellschaft braut nun mit Bedacht auf Tradition und Qualität Dark Mild, Traditional Bitter, Formidable Ale und, dreimal im Jahr, Superior Stout.

Die im viktorianischen Stil gebaute Turmbrauerei

Robinson's

Frederic Robinson Ltd.'s Unicorn-Brauerei in Stockport ist eine der größeren Familienbrauereien Englands, deren Geschichte bis in das Jahr 1865 zurückreicht, als Frederic Robinson begann, im Pub seines Vaters, dem Unicorn Inn, eigenes Bier zu brauen. Durch Expansion und Übernahmen konnte die Brauerei überleben und so wird sie auch heute noch von Nachfahren ihres Gründers geführt. Robinson's ist eine moderne Firma, die Familientradition mit den neuesten Braumethoden vereint. Die Biere der Brauerei sind Old Tom, Frederics, Hartleys XB, Hatters Mild, Robinson's Best Bitter und Old Stockport Bitter.

Frederic Robinson und seine Gemahlin Emma

St. Austell

Walter Hicks, geboren 1829, begann seine Laufbahn als Mälzer und Weinhändler. Um 1867 kaufte er das leere London Inn und errichtete auf dem zugehörigen Grundstück eine Dampfbrauerei, die später als ‚Tregonissy House' bekannt wurde. Ab 1869 braute Hicks hier seine Ales. Da St. Austell sich rasch entwickelte und Hicks der einzige Brauer der Stadt war, erfuhr seine Brauerei einen starken Aufschwung. Im Jahr 1893 erwarb er ein weiteres Grundstück und errichtete eine neue Brauerei, die bis heute in Betrieb ist. Weitere Gründe für das Bestehen der Brauerei St. Austell sind ihre Unabhängigkeit und die Tatsache, dass sie immer in Familienbesitz geblieben ist. Zu den Bieren der Brauerei gehören Bosuns Bitter, Tinners Ale, Hicks Special Draught, Duchy Best Bitter, Wreckers Premium Bitter, Light Ale, Brown Ale, Duchy Ale, Smugglers Strong Ale, Prince's Ale Special Barley Wine und sogar ein Lagerbier, das Export Gold.

Der Böttcher der Brauerei St. Austell

Tollemache & Cobbold

Diese Brauerei, deren Geschichte bis ins Jahr 1723 zurückgeht, ist besser bekannt unter der Bezeichnung Tolly Cobbold. Es war Thomas Cobbold, der seine erste Brauerei in Harwich gründete. Zu jener Zeit hat sich jedoch die Qualität des Wassers in Harwich immer mehr verschlechtert, so dass er Wasser aus Ipswich heranschaffen musste, wo seine Familie Zugang zu klarem Quellwasser hatte. Im Jahr 1746 beschloss er, sein Bier in der Nähe dieser Quelle zu brauen und zog nach Ipswich, wo er die noch heute bestehende und in Betrieb befindliche Brauerei im viktorianischen Stil errichten ließ. Nach jahrelangen informellen Fusionsgesprächen schlossen sich die Familien Tollemache und Cobbold schließlich 1957 zusammen. Tolly Cobbold blieb ein Familienbetrieb bis 1970, wurde dann jedoch von der Ellerman Group übernommen. Brent Walker erwarb die Brauerei 1989, schloss die Brauerei in Ipswich und verlegte die Bierproduktion in die Lion-Brauerei nach Hartpool. Am 14. Juli 1990 wurde der Betrieb nach einer erfolgreichen Akquisition des Managements von Tolly Cobbold jedoch wieder in der Brauerei von Ipswich aufgenommen. Heute wird Fass- und Flaschenbier in großen Mengen von der Cliff-Brauerei geliefert, sodass 1996 die Feierlichkeiten zum ‚250-jährigen Bestehen der Brauerei in Ipswich' begangen werden konnten. Die Biere der Brauerei sind Tolly Mild, Cobbold's IPA, Tolly Bitter, Tolly Original Best Bitter, Tolly's Old Strong, Tollyshooter, Tolly Brown Ale, Tolly Light Ale, Cobnut Brown Ale und Cobbold's Cardinal.

Vaux

Cuthbert Vaux, geboren 1813, begann schon 1830 zusammen mit seinem Partner und späteren Schwager mit dem Brauen von Bier, gründete seine eigene Brauerei in Sutherland aber erst 1837. Heute ist die Vaux Group eine der größten unabhängigen Brauereien mit über 8000 Angestellten. Zu den Bieren von Vaux gehören Ward's Best Bitter, Ward's Classic, Lorimer's Best Scotch, Double Maxim, Samson, Waggle Dance, Vaux Mild und Vaux Light. Vaux braut auch mehrere Biere in Lizenz und betreibt den Großhandel für andere ausländische Biere.

Wadworth & Company, Wiltshire

Henry Alfred Wadworth war zwar erst 22, als er 1875 die frühere Northgate-Brauerei übernahm, doch hatte er schon damals eine sechsjährige Erfahrung in der Braukunst. Als Geschäftsmann war er dagegen noch sehr unerfahren, weshalb er seine Laufbahn als Eigentümer mit einem Verlust begann; doch schon nach dem zweiten Jahr hatte er aus seinen Erfahrungen gelernt und erwirtschafte, nicht zuletzt wegen der hohen Qualität seiner Biere, Gewinn. Nach zehn erfolgreichen Jahren reichten die Kapazitäten nicht mehr aus und er entwarf die charakteristische Turmbrauerei, in der er die Bierproduktion aufnahm. Damals existierte noch kein Stromnetz, und die Brauerei war auf ihre eigene Dampfmaschine angewiesen, um neben der

Die Brauerei Tollemache & Cobbold

Die Wadworth-Brauerei

menschlichen Arbeitskraft auch noch andere Energie einsetzen zu können. Dank der Architektur des Brauereigebäudes konnte man auch auf die Schwerkraft zurückgreifen. Wadworth ist die einzige Brauerei in England, die immer noch offene Kupferkessel zum Kochen der Würze benutzt. Wadworth ist eine traditionelle Brauerei, die darauf beharrt, dass nur die Kombination von Zutaten, Braukunst, Braumethode und Charakter des Brauhauses selbst ein Bier hervorzubringen vermag, das die Bezeichnung ‚Wadworth' tragen darf.
Die einzigen Zugeständnisse, um den wachsenden Anforderungen gerecht zu werden, sind die modernen Gär- und Lagertanks, die in die Brauerei integriert wurden. Für den Brauprozess selbst wird immer noch die alte Technologie angewandt und so muss manchmal zwei Mal am Tag angesetzt werden. Im Jahr 1974 holte Wadworth wieder ‚Pferde und Karren' aus dem Stall, um die lokalen Pubs zu beliefern. Neben der Erfüllung ihrer traditionellen Aufgabe und für ein tägliches Mahl und zwei Pints 6x Best Bitter treten vier Shirepferde auch bei verschiedenen Veranstaltungen auf. Der gegenwärtige Brauereidirektor ist ein Enkel des Partners und späteren Schwagers des Brauereigründers, somit ist die Brauerei noch heute ein unabhängiges Familienunternehmen.

Young's

Die Geschichte der Ram-Brauerei im südlichen Londoner Distrikt Wandsworth reicht bis 1581 zurück, als laut Dokumenten aus dem ‚Ram Inn' das Bier von Humphrey Langridge gebraut wurde. Im Jahr 1675 gehörte die Brauerei der Familie Draper, die sie 1786 an Thomas Tritton veräußerte, dessen Nachfahre sie 1831 wiederum an die Partner Charles Allen Young und Anthony Fothergill Bainbridge verkaufte. Diese Partnerschaft wurde 1883 aufgelöst und Charles Florence Young, der Sohn des Brauereigründers, führte den Betrieb von nun an alleine. Obwohl die Brauerei heute nicht mehr im Familienbesitz ist, steht ein Young – der Urur-enkel des Brauereigründers – an der Spitze des heutigen Betriebes.
Zusätzlich zur bestehenden traditionellen Braumethode wendet Young's auch mehrere moderne

Abfüllen der Fässer

Kupferkochkessel von Young's

Technologien an. Rostfreier Stahl und automatisierte Steuerpulte stehen Seite an Seite neben der ältesten, noch heute betriebenen Dampfmaschine ihrer Art und mehr als 20 Pferden, die täglich Londoner Pubs mit Bier versorgen.

6x

Biersorte:	Bitter
Alkoholgehalt:	4,3 Vol.-%
Flascheninhalt:	0,5 Liter
Empf. Trinktemperatur:	8–10 °C
Gärung:	Obergärig
Brauer:	Wadworth & Co., Northgate Brauerei, Wiltshire, seit 1875

BESONDERHEITEN
Volles, dunkel bernsteinfarbiges Bier mit einem malzigen, fruchtigen Aroma und vollem, fruchtigen Geschmack, gefolgt von einem bitteren Nachtrunk.

Das braune 6x von Wadworth

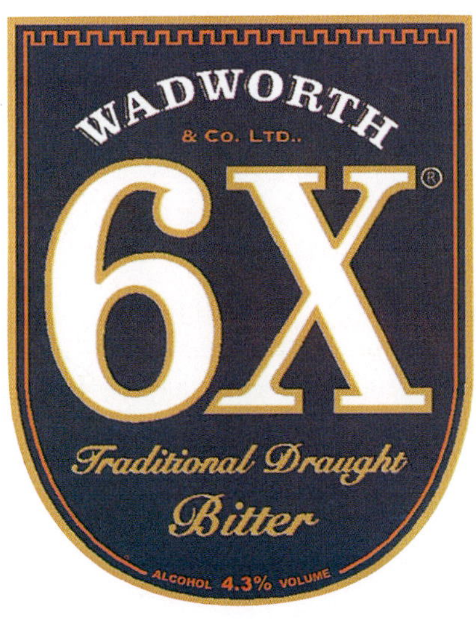

Greene King's robustes Abbot Ale

Ballards ‚göttliches' Bier

Banks's hieß früher Banks's Mild

Abbot Ale

Biersorte:	Ale
Alkoholgehalt:	5,0 Vol.-%
Flascheninhalt:	0,33 Liter
Empf. Trinktemperatur:	10 °C
Gärung:	Obergärig
Brauer:	Brauerei Greene King, Bury St. Edmunds, Suffolk, seit 1799

BESONDERHEITEN
Abbot Ale ist ein fruchtiges Ale mit einem bittersüßen Nachtrunk.

Alesman

Biersorte:	Bitter
Alkoholgehalt:	3,7 Vol.-%
Flascheninhalt:	0,50 Liter
Empf. Trinktemperatur:	8–10 °C
Gärung:	Obergärig
Brauer:	Green Bottle Ltd., Worth-Brauerei, Keighley

Alesman ist ein leichtes Bitter

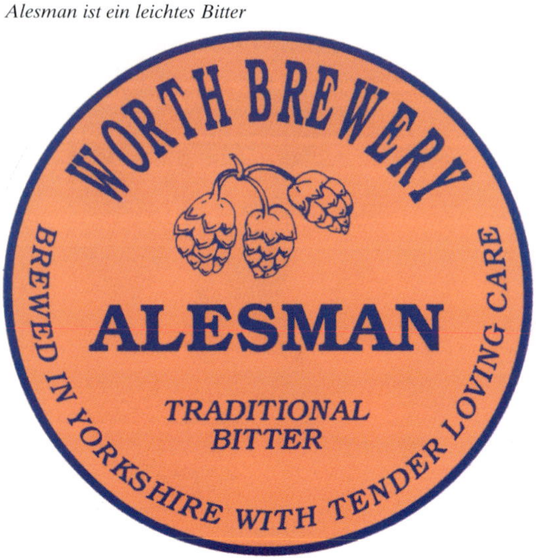

BESONDERHEITEN
Alesman ist ein leichtes Bitter mit einem sich entfaltenden, trockenen Nachtrunk und leicht fruchtigem Aroma.

Ballards Divine

Biersorte:	Ale
Alkoholgehalt:	9,6 Vol.-%
Flascheninhalt:	0,275 Liter
Empf. Trinktemperatur:	10 °C
Gärung:	Obergärig
Brauer:	Ballards-Brauerei, Nyewood Petersfield, Hampshire, seit 1980

BESONDERHEITEN
Divine ist ein starkes Winterbier, das nur aus natürlichen Zutaten hergestellt wird. Es hat ein stark fruchtiges Aroma, ist von tief rotbrauner Farbe und besticht durch vollen, süßsauren Geschmack. Divine gärt in der Flasche nach.

Banks's

Biersorte:	Ale – Mild
Alkoholgehalt:	3,5 Vol.-%
Doseninhalt:	0,50 Liter
Empf. Trinktemperatur:	8–10 °C
Gärung:	Obergärig
Brauer:	Banks's-Brauerei, Wolverhampton, West Midlands, seit 1875

BESONDERHEITEN
Banks's hieß früher Banks's Mild, heute nennt es

der Brauer nur noch Banks's, vielleicht weil dieses Bier das erfolgreichste Produkt der Brauerei ist. Es hat eine rötliche Farbe und einen charakteristischen Geschmack. Banks's ist nicht besonders voll, besticht aber durch einen angenehmen Geschmack. Der Nachtrunk ist kurz leicht bitter.

Banks's Bitter

Biersorte:	Bitter
Alkoholgehalt:	3,8 Vol.-%
Flascheninhalt:	0,50 Liter
Empf. Trinktemperatur:	8–10 °C
Gärung:	Obergärig
Brauer:	Banks's-Brauerei, Wolverhampton, West Midlands, seit 1875

BESONDERHEITEN

Banks's Bitter ist ein hellbraunes Bier mit einem angenehmen, malzigen Geschmack, einem hopfigen Aroma und einem bitter-süßen Nachtrunk.

Bass Pale Ale

Biersorte:	Ale
Alkoholgehalt:	5,0 Vol.-%
Flascheninhalt:	0,33 Liter
Empf. Trinktemperatur:	6–8 °C
Gärung:	Obergärig
Brauer:	Bass Brewers Limited, Burton-upon-Trent

BESONDERHEITEN

Zutaten: Pale-Ale-Malz, Kristallmalz; Challenger-Hopfen, Goldings-Hopfen, Northdown-Hopfen. Bass ist die größte Brauereigruppe in England; ihr Markenzeichen ist das rote Dreieck auf der Flasche. Die ursprüngliche Version des Pale Ale war ungefiltert, unpasteurisiert und gärte in der Flasche nach. Diese Merkmale sind heute nicht mehr vorhanden, dennoch ist es ein Ale von ausgezeichneter Qualität mit einem deutlich fruchtigen Aroma und malzigem Geschmack.

Best Bitter

Biersorte:	Ale
Alkoholgehalt:	3,8 Vol.-%
Flascheninhalt:	0,50 Liter
Empf. Trinktemperatur:	6 °C
Gärung:	Obergärig
Brauer:	T & R Theakston, Masham, seit 1827

BESONDERHEITEN

Theakston's Best Bitter ist nicht besonders schwer; es hat eine helle Farbe und sein Charakter macht dieses Bitter zu einem recht süffigen Bier. Der neutrale Geschmack wird im Aroma von etwas Hopfen begleitet, der Nachtrunk ist leicht bitter.

Bishop's Finger

Biersorte:	Ale
Alkoholgehalt:	5,4 Vol.-%
Flascheninhalt:	0,50 Liter
Empf. Trinktemperatur:	10 °C
Gärung:	Obergärig
Brauer:	Brauerei Shepherd Neame, Faversham, Kent, seit 1698

BESONDERHEITEN

Die Brauerei Shepherd Neame gilt als älteste Brauerei in England. Das Bier wird nur mit vermälzter Gerste und Hopfen aus Kent hergestellt. Es ist ein dunkles, bernsteinfarbenes, trockenes Bier mit vollem Körper, leicht malzig und bitter, aber dennoch nicht durchdringend.

Das Bitter der Brauerei Wolverhampton & Dudley

Das rote Dreieck zeigt: Es ist ein Bass-Bier.

Theakston gehört zum Bierkonzern Scottish Courage.

Gebraut in der alten, traditionsreichen Brauerei Shepherd Neame

Bishop's Tipple, the

Biersorte:	Ale
Alkoholgehalt:	6,5 Vol.-%
Flascheninhalt:	0,33 Liter
Empf. Trinktemperatur:	8–10 °C
Gärung:	Obergärig
Brauer:	Brauerei Gibbs Mew, Salisbury, seit 1898

BESONDERHEITEN
Ein bernsteinfarbenes Bier mit etwas mehr Stärke als das durchschnittliche Ale. Gibbs Mew besteht darauf, dass The Bishop's Tipple ursprünglich vom Meisterbrauer im Gedenken an die Ordination von George Reindorp als Bischof von Salisbury gebraut wurde.

Bob's Gold

Biersorte:	Ale
Alkoholgehalt:	4,7 Vol.-%
Flascheninhalt:	0,50 Liter
Empf. Trinktemperatur:	10 °C
Gärung:	Obergärig
Brauer:	Ruddles-Brauerei, Langham Oakham, Rutland, seit 1858

BESONDERHEITEN
Ruddles' Premium Ale ist fruchtig mit einem trockenen Hintergrund.

Das kräftige Bishop's Tipple

Bob's Gold wird nur mit Gold-Hopfen gebraut.

Gezapftes Bier für zu Hause: Boddington's Draught

Bombardier kommt von der großen, unabhängigen Brauerei Charles Wells.

Das starke Ale vom „alten W.H. Brakspear"

Boddington's Draught

Biersorte:	Bitter
Alkoholgehalt:	3,8 Vol.-%
Doseninhalt:	0,44 Liter
Empf. Trinktemperatur:	6–8 °C
Gärung:	Obergärig
Brauer:	Boddington, Whitbread Beer Co., Manchester

BESONDERHEITEN

Boddingtons Draught, in Dosen gefüllt, ist mit einer Kapsel versehen, der beim Öffnen der Dose Gas entströmt. Das verleiht dem Bitter den Charakter von gezapftem Bier.

Bombardier Premium Bitter

Biersorte:	Bitter
Alkoholgehalt:	4,3 Vol.-%
Flascheninhalt:	0,5 Liter
Empf. Trinktemperatur:	8–10 °C
Gärung:	Obergärig
Brauer:	Brauerei Charles Wells, Bedford, seit 1876

BESONDERHEITEN

Bombardier ist ein bernsteinfarbenes Bier mit Zitrus und Malz im Aroma und einem bitteren, trockenen Nachtrunk.

Brakspear Strong Ale

Biersorte:	Ale
Alkoholgehalt:	5,0 Vol.-%
Flascheninhalt:	0,33 Liter
Empf. Trinktemperatur:	10 °C
Gärung:	Obergärig
Brauer:	Brauerei W.H. Brakspear, Henley-on-Thames, Oxfordshire, seit 1779

BESONDERHEITEN

Dieses braune, starke Ale hat einen fruchtigen, bitteren Geschmack mit Anklängen von dunklem Malz, einen trockenen Hintergrund und einen langen, sich entfaltenden, bitteren Nachtrunk.

Bulldog

Biersorte:	Ale

Das Bulldog von Courage

Alkoholgehalt:	6,3 Vol.-%
Flascheninhalt:	0,275 Liter
Empf. Trinktemperatur:	10 °C
Gärung:	Obergärig
Brauer:	Courage Ltd., Staines, Middlesex

BESONDERHEITEN

Bulldog wurde ursprünglich für den belgischen Markt gebraut. Es ist ein fruchtiges und leicht süßliches Bier mit einem etwas trockenen Hintergrund.

Bullion

Biersorte:	Bitter
Alkoholgehalt:	4,7 Vol.-%
Flascheninhalt:	0,5 Liter
Empf. Trinktemperatur:	8–10 °C
Gärung:	Obergärig
Brauer:	Brauerei Old Mill, Snaith, Yorkshire, seit 1983

BESONDERHEITEN

Dunkel, bernsteinfarben, mit einem malzigen Geschmack und hopfigem Aroma. Die Brauerei wurde 1983 in einer 200 Jahre alten Getreidemühle errichtet.

Bullion wird in einer alten Getreidemühle gebraut.

Burston Strong Pale Ale

Biersorte:	Ale
Alkoholgehalt:	6,2 Vol.-%
Flascheninhalt:	0,5 Liter
Empf. Trinktemperatur:	10 °C
Gärung:	Obergärig
Brauer:	Brauerei Marston, Thompson & Evershed, Burton-on-Trent, seit 1843

BESONDERHEITEN

Marston ist der einzige Brauer in England, der noch heute eine traditionelle Gärmethode anwendet, den so genannten ‚Union Room'. Dass Marston dieser Methode treu bleiben will, bewies er mit den jüngsten Investitionen, die nötig waren, um diese Gärmethode weiter nutzen zu können. Das bernsteinfarbene S.P.A. hat einen fruchtigen Geschmack, ist süßlich und mundet außergewöhnlich sanft und freundlich, was es mit dem hohen Alkoholgehalt von 6,2 Vol.-% auch heimtückisch macht.

Marstons ungewöhnlich vergärtes Bier

Cain's Formidable Ale

Biersorte:	Ale
Alkoholgehalt:	5,0 Vol.-%
Flascheninhalt:	0,50 Liter
Empf. Trinktemperatur:	8–10 °C
Gärung:	Obergärig
Brauer:	The Robert Cain-Brauerei, Liverpool

BESONDERHEITEN

Das dunkelblonde Formidable Ale hat einen star-

Formidable Ale und Superior von Robert Cain

ken, hopfenbitteren Geschmack mit einem langen, trockenen Nachtrunk.

Cain's Superior Stout

Biersorte:	Stout
Alkoholgehalt:	4,8 Vol.-%
Flascheninhalt:	0,5 Liter
Empf. Trinktemperatur:	8 °C
Gärung:	Obergärig
Brauer:	The Robert Cain-Brauerei, Liverpool

BESONDERHEITEN
Dieses sehr dunkle, milde Bier wird vor allem durch seinen Geschmack nach geröstetem Malz charakterisiert. Cain leert dreimal im Jahr den Braukessel, um das Superior Stout zu brauen.

Cardinal Ale

Biersorte:	Ale
Alkoholgehalt:	5,2 Vol.-%
Flascheninhalt:	0,33 Liter
Empf. Trinktemperatur:	10 °C
Gärung:	Obergärig
Brauer:	Brauerei Tollemache & Cobbold, Ipswich, Suffolk, seit 1723

BESONDERHEITEN
Tolly Cobbold's Cardinal ist ein bernsteinfarbenes Ale mit einem vollen, leicht malzigen, markanten Geschmack.

Corn Beer

Biersorte:	Ale
Alkoholgehalt:	6,5 Vol.-%
Flascheninhalt:	0,55 Liter
Empf. Trinktemperatur:	8–10 °C
Gärung:	Obergärig
Brauer:	Brauerei King & Barnes, Horsham, seit 1850

BESONDERHEITEN
Diese Familienbrauerei hat eine große Auswahl von Saisonbieren, eine davon ist dieses Maisbier, das im Monat April ausgeschenkt wird. Das Maisbier enthält 40 % Mais. Dies bedingt die helle Farbe und das fruchtige, süßliche Aroma. Das Aprilbier hat einen hohen Alkoholgehalt und gärt in der Flasche nach.

Cripple Dick

Biersorte:	Spezialbier

Tolly Cobbold's bernsteinfarbenes Cardinal Ale

Das Maisbier von K&B wird für den Monat April gebraut.

Die Zutaten von Cripple Dick sind süß und kräftig.

Alkoholgehalt:	11,7 Vol.-%
Flascheninhalt:	0,275 Liter
Empf. Trinktemperatur:	10 °C
Gärung:	Obergärig
Brauer:	Brauerei St. Austell, St. Austell, Cornwall, seit 1851

BESONDERHEITEN

Cripple Dick ist ein tief rotbraunes Bier mit einem süßen, alkoholischen Aroma. Der süße Geschmack wird von einem beträchtlichen Alkoholgehalt begleitet, der ein wärmendes Gefühl im Mund verursacht.

Dark Ruby Mild

Biersorte:	Mild Ale
Alkoholgehalt:	6,0 Vol.-%
Flascheninhalt:	0,275 Liter
Empf. Trinktemperatur:	8–10 °C
Gärung:	Obergärig
Brauer:	Brauerei Sarah Hughes, Sedgley, seit 1920

BESONDERHEITEN

Sarah Hughes braute ihr Dark Ruby Mild etwa um 1920. Dieses starke Bier, das auf Grund der schwachen Hopfenbittere als Mild bezeichnet wird, hatte nach der schweren körperlichen Arbeit jener Zeit einen besonderen Stärkungseffekt. Das Mild war auch günstiger zu bekommen als andere Biere, was seine Beliebtheit bei den schlecht bezahlten Arbeitern erklärt. Das Dark Ruby braut heute der Enkel von Sarah Hughes im Beacon Hotel, einem Brauereipub. Das Bier gärt in der Flasche nach und muss einige Zeit vor dem Ausschank ruhig gestellt werden, damit der Satz absinken kann. Das intensive dunkle Bier hat einen malzigen Geschmack, ist vollmundig und besitzt ein reiches, fruchtiges Aroma.

Dogs Bollocks

Biersorte:	Ale
Alkoholgehalt:	6,5 Vol.-%
Flascheninhalt:	0,33 Liter
Empf. Trinktemperatur:	8–10 °C
Gärung:	Obergärig
Brauer:	Wychwood-Brauerei, Witney, Oxfordshire

BESONDERHEITEN

Dogs Bollocks ist ein angenehmes, rundes Bier mit einem süßlichen, malzigen Geschmack. Das Etikett warnt: ‚Dangerously drinkable' (Gefährlich zu trinken). Und das stimmt!

Früher von Sarah Hughes, heute von ihrem Enkel gebraut.

‚Dangerously drinkable'

Der 1000. Brauvorgang brachte dieses Exmoor Gold hervor.

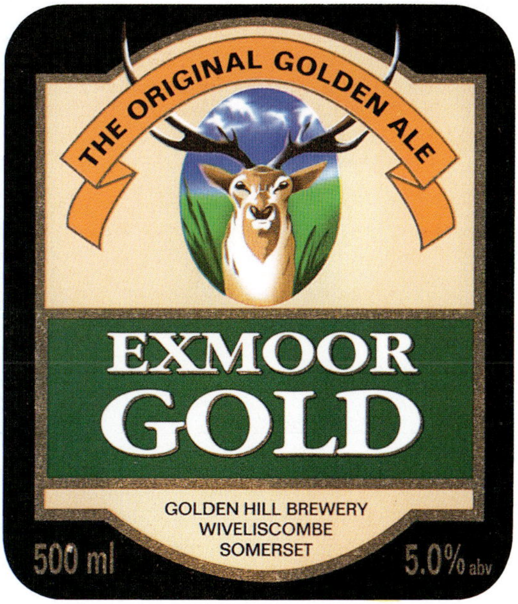

Exmoor Gold

Biersorte:	Ale
Alkoholgehalt:	5,0 Vol.-%
Flascheninhalt:	0,5 Liter
Empf. Trinktemperatur:	8–10 °C
Gärung:	Obergärig
Brauer:	Exmoor Ales Ltd., Brauerei Golden Hill, Wiveliscombe, Somerset, seit 1980

BESONDERHEITEN

Seit 1980 ist Exmoor Ales in der alten Hanock-Brauerei untergebracht, die seit 1805 in Betrieb ist. Exmoor Gold wurde zur Feier des tausendsten Brauvorgangs von Exmoor Ale gebraut. Seit damals hat das Gold einen festen Platz in der Brauereipalette. Es ist ein goldfarbenes Ale, gebraut aus einer einzigen Malzart, hat ein malziges Aroma und einen runden, süß-malzigen Geschmack mit einem hopfigen Hintergrund.

Fargo

Biersorte:	Ale
Alkoholgehalt:	5,0 Vol.-%
Flascheninhalt:	0,5 Liter
Empf. Trinktemperatur:	8–10 °C
Gärung:	Obergärig
Brauer:	Charles Wells Ltd., The Eagle-Brauerei, Bedford, seit 1876

BESONDERHEITEN

Fargo ist das Flaggschiff von Charles Wells und

Fargo ist das Flaggschiff der Charles-Wells-Brauerei.

wurde im Sommer 1994 wieder eingeführt. Man bekommt es mit einem Zapfsystem, sodass man das typische ‚Pub-Gefühl' nach Hause holen kann. Es ist ein leichtes, bernsteinfarbenes Bier mit einem reichen, aromatischen Geschmack und einem Anflug von Malzigkeit. Der bitter-süße Hintergrund löst sich in einem trockenen Finish auf.

Farmers Glory

Biersorte:	Ale
Alkoholgehalt:	4,5 Vol.-%
Flascheninhalt:	0,5 Liter
Empf. Trinktemperatur:	8–10 °C
Gärung:	Obergärig
Brauer:	Wadworth & Co., Northgate-Brauerei, Wiltshire, seit 1875

Das dunkle Farmers Glory von Wadworth

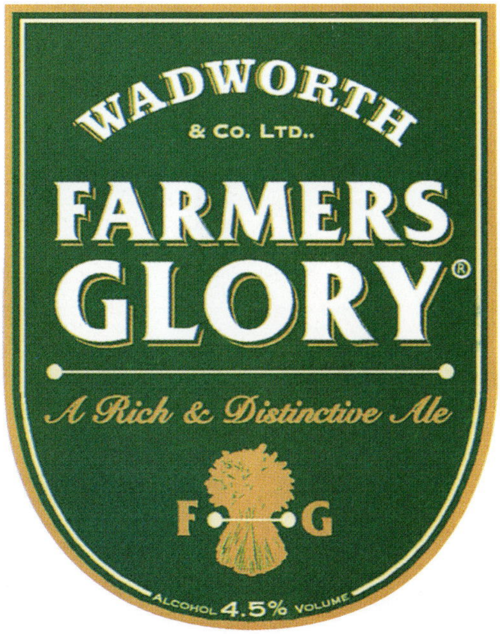

BESONDERHEITEN
Dunkles Bier mit einem leicht malzigen Aroma und einem hopfigen Geschmack, dem ein hopfiger, kurz bitterer Nachtrunk folgt. Farmers Glory hat einen trockenen Hintergrund.

Das 150-jährige Bestehen wurde so gefeiert.

Firebox

Biersorte:	Bitter
Alkoholgehalt:	6,0 Vol.-%
Flascheninhalt:	0,5 Liter
Empf. Trinktemperatur:	10 °C
Gärung:	Obergärig
Brauer:	RCH-Brauerei, West Hewish, Somerset

BESONDERHEITEN
Firebox ist ein rötliches, in der Flasche nachgärendes Bier.

Freeminer Bitter

Biersorte:	Bitter
Alkoholgehalt:	4,0 Vol.-%
Flascheninhalt:	0,5 Liter
Empf. Trinktemperatur:	10 °C
Gärung:	Obergärig
Brauer:	Freeminer-Brauerei, Coleford, Gloucestershire, seit 1992

BESONDERHEITEN
Freeminer Bitter ist ein hopfenbitteres Ale mit einem Ansatz blumiger Noten und einem sehr trockenen Nachtrunk.

Fuggles Imperial

Biersorte:	Ale
Alkoholgehalt:	5,5 Vol.-%
Flascheninhalt:	0,5 Liter
Empf. Trinktemperatur:	10 °C
Gärung:	Obergärig
Brauer:	The Castle Eden-Brauerei, Durham

BESONDERHEITEN
Fuggles Imperial wird komplett mit dem ‚Draughtflow-System' ausgeliefert. Diese schwimmende

‚Bottle conditioned' Ale – ein Ale mit Flaschengärung

Freeminer Bitter

Fuggles Imperial, komplett mit dem ‚Draughtflow-System'

Kugel bewirkt, dass das Bier genau so aus der Flasche fließt wie aus einem englischen Zapfhahn. Das Ergebnis ist ein schöner, hoher und kompakter Schaum, der das Bier sehr cremig munden lässt. Der Name Fuggles stammt von Richard Fuggle, der 1875 von Kent aus seinen Hopfen vertrieb. Dieses Bier wird nur mit Fuggle-Hopfen gebraut, der ein hopfenbitteres Aroma verleiht. Das Aroma wird von einem angenehmen Geschmack und einem ziemlich trockenen Nachtrunk begleitet.

Fuller's 1845

Biersorte:	Ale
Alkoholgehalt:	6,3 Vol.-%
Flascheninhalt:	0,5 Liter
Empf. Trinktemperatur:	10 °C
Gärung:	Obergärig
Brauer:	Fuller, Smith & Turner's Griffin-Brauerei, Chiswick, London

BESONDERHEITEN
Die Herren Fuller, Smith und Turner gingen ihre Partnerschaft 1845 ein. 150 Jahre später brauten ihre Nachfahren zum Gedenken dieses in der Flasche nachgärende Ale. Das Bier hat ein fruchtiges Aroma und einen malzig-fruchtigen Geschmack mit einem trockenen Hintergrund.

Gold Label

Biersorte:	Ale – Barley Wine
Alkoholgehalt:	10,9 Vol.-%
Flascheninhalt:	0,18 Liter
Empf. Trinktemperatur:	10–12 °C
Gärung:	Obergärig
Brauer:	Whitbread-Brauerei, London

BESONDERHEITEN
Gold Label ist ein sehr starkes Bier, das in unverkennbare, kleine Flaschen abgefüllt wird. Die Bezeichnung Barley Wine („Gerstenwein") auf dem Etikett kann fälschlicherweise zu Vergleichen mit Wein führen, die jedoch abgesehen vom Alkoholgehalt nicht angebracht sind.

Graduate

Biersorte:	Ale
Alkoholgehalt:	5,2 Vol.-%
Flascheninhalt:	0,5 Liter
Empf. Trinktemperatur:	10 °C
Gärung:	Obergärig
Brauer:	Morrels-Brauerei, Oxford, seit 1782

BESONDERHEITEN
Die Morrels-Brauerei blieb seit ihrer Gründung in Familienbesitz und ist heute die älteste Brauerei in Oxford. Die Brauerei produziert ein malziges Bier mit Röstmalzaroma und einem bitteren Finish.

Harvest Ale

Biersorte:	Ale
Alkoholgehalt:	4,5 Vol.-%
Flascheninhalt:	0,55 Liter
Empf. Trinktemperatur:	8 °C
Gärung:	Obergärig
Brauer:	Brauerei King & Barnes, Horsham, seit 1850

BESONDERHEITEN
King & Barnes stellt dieses Harvest Ale („Ernte-Ale") für den Monat September her. In diesem Monat wird die neue Ernte für das obergärige, in der Flasche nachgärende Bier verwendet.

Barley Wine von Whitbread

Das Graduate der Familie Morrel

September ist Erntemonat bei K&B.

Tom Paine aus Harveys Familienbrauerei

Harveys Tom Paine

Biersorte:	Ale
Alkoholgehalt:	5,5 Vol.-%
Flascheninhalt:	0,5 Liter
Empf. Trinktemperatur:	10 °C
Gärung:	Obergärig
Brauer:	Harvey & Son, Sussex

BESONDERHEITEN

Diese Familienbrauerei wurde im 18. Jahrhundert von John Harvey gegründet. Das bernsteinfarbene Ale ist leicht malzig mit einem trockenen, hopfenbitteren Hintergrund und einem malzigen Aroma.

Henry's Original I.P.A.

Biersorte:	Ale
Alkoholgehalt:	3,8 Vol.-%
Flascheninhalt:	0,5 Liter
Empf. Trinktemperatur:	10 °C
Gärung:	Obergärig
Brauer:	Wadworth & Co., Northgate, Wiltshire, seit 1875

BESONDERHEITEN

IPA steht für Indian Pale Ale, was auf die koloniale Vergangenheit Großbritanniens verweist. Es ist ein dunkles Bier mit vorwiegend malzigem Geschmack.

Indian Pale Ale von Wadworth

Hi Summer

Biersorte:	Ale
Alkoholgehalt:	3,2 Vol.-%
Flascheninhalt:	0,5 Liter
Empf. Trinktemperatur:	8 °C
Gärung:	Obergärig
Brauer:	Green Bottle Ltd., Worth, Keighley, seit 1992

BESONDERHEITEN

Hi Summer ist eines der vielen Saison- und Spezialbiere der Worth-Brauerei. Die meisten davon haben außergewöhnliche Etiketten mit gleichsam ausgefallenen Namen wie Winter Blues 5,2 Vol., Harvest Festival 4,5 Vol., Ruggie's Russet Nectar 7,6 Vol., Queen of May 3,2 Vol., Owlcotes Special Ale 3,9 Vol. oder Santa Toss 8,1 Vol., um nur einige zu nennen.

Hop & Glory

Biersorte:	Ale
Alkoholgehalt:	5,0 Vol.-%
Flascheninhalt:	0,5 Liter
Empf. Trinktemperatur:	10 °C
Gärung:	Obergärig
Brauer:	Ash Vine-Brauerei/Pub, Trudoxhill, Somerset, seit 1987

BESONDERHEITEN

Bernsteinfarbenes, in der Flasche nachgärendes

Saisonbier von Green Bottle

Bier. Dieses Winter Ale hat einen bitter-süßen Geschmack mit einem komplexen Aroma, das Frucht, Malz und Hopfen umfasst.

Imperial Russian Stout

Biersorte:	Imperial Stout
Alkoholgehalt:	10,0 Vol.-%
Flascheninhalt:	0,17 Liter
Empf. Trinktemperatur:	12–15 °C
Gärung:	Obergärig
Brauer:	Courage Ltd., John Smith's Brauerei, Tadcaster

BESONDERHEITEN
Imperial Russian Stout ist ein dunkles, starkes Bier. Es hat einen sirupartigen, gerösteten Geschmack. Die Bezeichnung ‚Russian' stammt vermutlich aus der Zeit, als dieses Stout in das Zarenreich exportiert wurde. Das Bier war damals genau wie heute unpasteurisiert und ungefiltert. Auf dem Etikett ist der Jahrgang angegeben. Das Stout erfährt eine Geschmacksentwicklung.

Imperial Stout

Biersorte:	Stout
Alkoholgehalt:	7,0 Vol.-%
Flascheninhalt:	0,33 Liter
Empf. Trinktemperatur:	10 °C
Gärung:	Obergärig
Brauer:	Samuel Smith Old Brewery, Tadcaster, N. Yorkshire, seit 1758

BESONDERHEITEN
Das Imperial Stout ist ein sehr dunkles Bier mit einem süßlichen, gerösteten Malzgeschmack, einem Anflug von Alkohol und einem ziemlich trockenen Finish mit kirschig-fruchtiger Note.

Jigsaw

Biersorte:	Weizenbier
Alkoholgehalt:	4,8 Vol.-%
Flascheninhalt:	0,5 Liter
Empf. Trinktemperatur:	8 °C
Gärung:	Obergärig

Hop & Glory wird in einem Braupub gebraut.

Das dunkle und starke Export-Stout

Das starke Stout aus ‚The Old Brewery'

Das Puzzle („Jigsaw“) der Salopian-Brauerei

John Bull Bitter

John Smith's Bitter

Brauer:	The Salopian Brewing Company, Shrewsbury, seit 1995

BESONDERHEITEN
Jigsaw ist ein obergäriges, dunkles Weizenbier. Es gärt in der Flasche nach und hat einen dunklen, süßen Kaffeegeschmack.

John Bull Bitter

Biersorte:	Bitter
Alkoholgehalt:	4,5 Vol.-%
Flascheninhalt:	0,33 Liter
Empf. Trinktemperatur:	8 °C
Gärung:	Obergärig
Brauer:	Brauerei Ind Coope, Burton-on-Trent

BESONDERHEITEN
Leicht malziges, fruchtiges Ale mit einem trockenen Hintergrund und einem kurzen, leicht bitteren Nachtrunk.

John Smith's Bitter

Biersorte:	Bitter
Alkoholgehalt:	4,0 Vol.-%
Flascheninhalt:	0,44 Liter
Empf. Trinktemperatur:	8 °C
Gärung:	Obergärig
Brauer:	Brauerei John Smith, Tadcaster, N. Yorkshire, seit 1758

BESONDERHEITEN
Dieses dunkle, bernsteinfarbene Bitter von John Smith ist in ganz England bekannt. Es hat einen malzigen Geschmack mit einem hopfenbitteren Aroma und einen bitteren, trockenen Nachtrunk.

King & Barnes Festive Ale

Biersorte:	Ale
Alkoholgehalt:	5,3 Vol.-%
Flascheninhalt:	0,55 Liter
Empf. Trinktemperatur:	8–10 °C
Gärung:	Obergärig
Brauer:	Brauerei King & Barnes, Horsham, West Sussex, seit 1850

BESONDERHEITEN
Festive Ale gärt in der Flasche nach. Es ist ein dunkles Bier mit rotem Schimmer und fruchtigem Aroma. Der Geschmack ist komplex mit Malz-, Frucht- und Hopfennoten, gefolgt von einem malzigen Nachtrunk.

Das Festive Ale von K&B

King & Barnes produziert auch dieses Old Porter.

King & Barnes Old Porter

Biersorte:	Porter
Alkoholgehalt:	5,5 Vol.-%
Flascheninhalt:	0,55 Liter
Empf. Trinktemperatur:	10 °C
Gärung:	Obergärig
Brauer:	Brauerei King & Barnes, Horsham, West Sussex, seit 1850

Sussex Bitter von K&B

BESONDERHEITEN
Sehr dunkles Bier, süßlich, mit einem Aroma und Geschmack von Röstmalz.

King & Barnes Sussex Bitter

Biersorte:	Bitter
Alkoholgehalt:	3,5 Vol.-%
Flascheninhalt:	0,275 / 0,55 Liter
Empf. Trinktemperatur:	8–10 °C
Gärung:	Obergärig
Brauer:	Brauerei King & Barnes, Horsham, West Sussex, seit 1850

BESONDERHEITEN
Braunes Bitter mit einem malzigen Geschmack und bitterem Nachtrunk.

Lancashire Strong Brown Ale

Biersorte:	Ale
Alkoholgehalt:	5,0 Vol.-%
Flascheninhalt:	0,5 Liter
Empf. Trinktemperatur:	10 °C
Gärung:	Obergärig
Brauer:	Brauerei Daniel Thwaites, Blackburn, Lancashire, seit 1807

BESONDERHEITEN
Daniel Thwaites war der Gründer der Brauerei, die heute von einem direkten Nachfahren geleitet wird. Dieses starke, braune Ale ist ein mildes Bier mit einem runden Geschmack, leicht süßlich, mit einem Anflug von geröstetem Malz und einer sehr dunklen Farbe.

London Pride

Biersorte:	Bitter
Alkoholgehalt:	4,1 Vol.-%
Flascheninhalt:	0,5 Liter
Empf. Trinktemperatur:	8–10 °C
Gärung:	Obergärig

Das außerordentlich milde Lancashire Strong Brown Ale

Brauer:	Fuller, Smith & Turner's, Griffin, Chiswick, London

BESONDERHEITEN
London Pride ist ein ausgeglichenes Bier mit einem malzigen, hopfigen Geschmack.

Mackeson Stout

Biersorte:	Stout
Alkoholgehalt:	3,0 Vol.-%
Doseninhalt:	0,275 Liter
Empf. Trinktemperatur:	6–8 °C
Gärung:	Obergärig
Brauer:	Whitbread-Brauerei, London

BESONDERHEITEN
Der Behälter auf dem Etikett stellt eine Milchkanne dar, wie sie früher für frische Milch verwendet wurde. Dies soll jedoch nicht heißen, dass im Bier Milch enthalten ist, sondern Laktose. Mackeson Stout ist ein sehr dunkles Bier, das außerordentlich voll und sanft mundet. Das Stout hat einen niedrigen Alkoholgehalt und einen leicht süßlichen Grundgeschmack, der etwas Röstmalz enthält. Das Aroma weist einen Anflug von Schokolade auf, der Nachtrunk ist trocken und frisch. Damit der Körper im Bier bleibt, wird es nicht filtriert, allerdings wird es pasteurisiert.

Der Stolz Londons, ‚London Pride‘

Mackeson Stout von Whitbread

Minsterley Ale

Biersorte:	Ale – Bitter
Alkoholgehalt:	4,5 Vol.-%
Flascheninhalt:	0,5 Liter
Empf. Trinktemperatur:	8 °C
Gärung:	Obergärig
Brauer:	The Salopian-Brauerei, Shrewsbury, Shropshire, seit 1995

BESONDERHEITEN
Bernsteinfarbenes Bitter, in der Flasche nachgärend. Minsterley ist ein mildes Bitter, trockenhopfig, mit einem malzigen Antrunk und einem leicht bitteren Nachtrunk. Im Aroma ist ein Hauch Fruchtigkeit enthalten.

Das milde Bitter Minsterly

Kräftiges dunkles Ale von Daleside

Morocco Ale

Monkey Wrench

Biersorte:	Ale
Alkoholgehalt:	5,3 Vol.-%
Flascheninhalt:	0,5 Liter
Empf. Trinktemperatur:	6–8 °C
Gärung:	Obergärig
Brauer:	Daleside-Brauerei, Starbeck, Harrogate, seit 1988

BESONDERHEITEN
Starkes, dunkelbraunes Ale mit Röstmalzaroma, einem fruchtigen, bitter-süßen Geschmack und bitteren Nachtrunk.

Morocco Ale

Biersorte:	Ale
Alkoholgehalt:	5,5 Vol.-%
Flascheninhalt:	0,5 Liter
Empf. Trinktemperatur:	8 °C
Gärung:	Obergärig
Brauer:	Daleside-Brauerei, Harrogate, N. Yorkshire, seit 1988

BESONDERHEITEN
Morocco Ale mundet trocken. Es hat einen leichten Röstmalzgeschmack, gefolgt von einem kurzen, leicht bitteren Nachtrunk.

Newcastle Brown Ale

Biersorte:	English Brown Ale
Alkoholgehalt:	4,5 Vol.-%
Flascheninhalt:	0,33 Liter
Empf. Trinktemperatur:	6–8 °C
Gärung:	Obergärig
Brauer:	Newcastle-Brauerei, Newcastle-upon-Tyne, seit 1930

BESONDERHEITEN
„I'm just gan doon the road to take the dog for a walk" („Ich geh' mal kurz mit dem Hund Gassi") sagen die Männer von Newcastle zu ihren Frauen, wenn sie am Abend das Haus verlassen. Aus diesem Grund trägt dieses Brown Ale den Beinamen ‚The dog' (‚Der Hund'). Es zählt zu den am meisten verkauften Flaschenbieren. Die dunkle Bernsteinfarbe und der nussige Geschmack sind das Ergebnis des Verschnitts eines starken, dunklen Ale mit einem leichteren Ale.

‚Der Hund' von Newcastle

Das starke Norman's Conquest

Oatmeal Stout mundet seidig-sanft.

Das helle Old Brewery Ale

Norman's Conquest

Biersorte:	Ale
Alkoholgehalt:	7,0 Vol.-%
Flascheninhalt:	0,33 Liter
Empf. Trinktemperatur:	8–10 °C
Gärung:	Obergärig
Brauer:	Cottage Brewing Company, West Lydford, Somerset, seit 1993

BESONDERHEITEN
Zwei Jahre nach Inbetriebnahme der Brauerei wurde dieses Bier mit dem CAMRA-Preis als ‚Bestes Bier Großbritanniens 1995' ausgezeichnet. Das verhalf diesem dunklen, fruchtigen und leicht hopfenbitteren Ale zu einen beträchtlichen Aufschwung.

Oatmeal Stout

Biersorte:	Stout
Alkoholgehalt:	5,0 Vol.-%
Flascheninhalt:	0,55 Liter
Empf. Trinktemperatur:	10 °C
Gärung:	Obergärig
Brauer:	Samuel Smith Old Brewery, Tadcaster, seit 1758

BESONDERHEITEN
Welch ein Glück, dass die Engländer niemals eine Art ‚Reinheitsgebot' eingeführt haben! Es hätte uns sicherlich solch besondere Biersorten wie diese verwehrt. Oatmeal (Hafermehl) ist eine Zutat, die als nahrhaft galt und daher diesem Stout beigegeben wurde. Der Haferanteil ist nicht hoch, da Hafer beim Brauprozess häufig Schwierigkeiten verursacht. Das Ergebnis ist ein sehr dunkles Stout mit einem vollen, runden Geschmack vor dem Hintergrund von süßem geröstetem Malz. Samuel Smith hat ein sehr mildes, süffiges Bier mit einem leicht trockenen Nachtrunk und einem Aroma von Bitterschokolade geschaffen.

Old Brewery Pale Ale

Biersorte:	Ale
Alkoholgehalt:	5,0 Vol.-%
Flascheninhalt:	0,55 Liter
Empf. Trinktemperatur:	8 °C
Gärung:	Obergärig
Brauer:	Samuel Smith Old Brewery, Tadcaster, seit 1758

BESONDERHEITEN
Das Bier wird ohne Zusätze und aus reinem Quellwasser von dieser kleinen, unabhängigen Brauerei produziert, in der die Holzfässer immer noch vom hauseigenen Böttcher hergestellt werden.

Old Devil

Biersorte:	Ale
Alkoholgehalt:	4,7 Vol.-%
Flascheninhalt:	0,5 Liter
Empf. Trinktemperatur:	8 °C
Gärung:	Obergärig
Brauer:	Wychwood-Brauerei, Witney, seit 1983

BESONDERHEITEN
Leicht bernsteinfarbenes Bier mit einem bitteren, trockenen, sich entfaltenden Geschmack und fruchtigem Nachtrunk.

Old Hooky

Biersorte:	Ale
Alkoholgehalt:	4,6 Vol.-%

Der Name ist irreführend.

Old Hooky aus der Familienbrauerei Hook Norton

Old Nick ist der Barley Wine der Ram-Brauerei.

Flascheninhalt:	0,5 Liter
Empf. Trinktemperatur:	8–10 °C
Gärung:	Obergärig
Brauer:	The Hook Norton-Brauerei, Hook Norton, Oxon, seit 1849

BESONDERHEITEN

Die Hook Norton-Brauerei wurde 1849 von John Harris gegründet und wird immer noch von der Familie betrieben. Old Hooky ist ein gelbbraunes Bier mit einem fruchtigen Geschmack und hopfig-malzigem Aroma, das ein fruchtiger, hopfenbitterer Nachtrunk abrundet.

Old Nick

Biersorte:	Ale – Barley Wine
Alkoholgehalt:	6,8 Vol.-%
Flascheninhalt:	0,275 Liter
Empf. Trinktemperatur:	10 °C
Gärung:	Obergärig
Brauer:	Young & Co., Ram-Brauerei, Wandsworth, London, seit 1675

BESONDERHEITEN

Old Nick ist für die Young-Brauerei vor allem ein Exportprodukt. Das rotbraune Bier hat einen bitter-süßen Geschmack, vermittelt ein warmes Gefühl im Mund und hat ein reiches, fruchtiges Aroma.

Old Peculier

Biersorte:	Old Ale
Alkoholgehalt:	5,6 Vol.-%
Flascheninhalt:	0,33 Liter
Empf. Trinktemperatur:	8–10 °C
Gärung:	Obergärig
Brauer:	T & R Theakston, Masham, seit 1827

BESONDERHEITEN

Old Peculier ist ein sehr dunkles Bier mit einem vollen, jedoch mild fruchtigen, süßlichen Geschmack.

Old Speckled Hen

Biersorte:	Ale
Alkoholgehalt:	5,2 Vol.-%

Dieses „sonderbare" Old Ale stammt von T&R Theakston.

Old Speckled Hen ist das Flaggschiff von Morland.

Das Old Thumper aus der Ringwood-Brauerei

Das Old Timer ist von Oktober bis März erhältlich.

Flascheninhalt:	0,5 Liter
Empf. Trinktemperatur:	10 °C
Gärung:	Obergärig
Brauer:	Morland-Brauerei, Abingdon, Oxfordshire, seit 1711

BESONDERHEITEN
Das Flaggschiff einer der ältesten unabhängigen Brauereien Englands. Old Speckled Hen hat einen süßen Antrunk, der komplexe Geschmack enthält Karamell, Röstmalz und Hopfen; der Nachtrunk ist trocken und leicht bitter.

Old Thumper

Biersorte:	Ale
Alkoholgehalt:	5,6 Vol.-%
Flascheninhalt:	0,33 Liter
Empf. Trinktemperatur:	8–10 °C
Gärung:	Obergärig
Brauer:	Ringwood-Brauerei, Ringwood, Hampshire, seit 1978

BESONDERHEITEN
Old Thumper ist ein bernsteinfarbenes Ale mit einem runden, süßen, fruchtigen Geschmack und einem trockenen, hopfenbitteren Hintergrund.

Old Timer

Biersorte:	Ale
Alkoholgehalt:	5,8 Vol.-%
Flascheninhalt:	0,5 Liter
Empf. Trinktemperatur:	10 °C
Gärung:	Obergärig
Brauer:	Wadworth & Co., Northgate-Brauerei, Wiltshire, seit 1875

BESONDERHEITEN
Old Timer ist ein bernsteinfarbenes Saisonbier, das nur von Oktober bis März erhältlich ist. Es hat ein fruchtiges, malziges Aroma mit einem vollen, runden Geschmack und einem malzigen, trockenen Finish.

Old Winter Ale

Biersorte:	Ale
Alkoholgehalt:	5,3 Vol.-%
Flascheninhalt:	0,5 Liter
Empf. Trinktemperatur:	10–12 °C
Gärung:	Obergärig
Brauer:	Fuller, Smith & Turner PLC, Griffin-Brauerei, London

BESONDERHEITEN
Ein obergäriges Saisonbier.

Pedigree Bitter

Biersorte:	Ale
Alkoholgehalt:	4,5 Vol.-%
Flascheninhalt:	0,57 Liter
Empf. Trinktemperatur:	8 °C
Gärung:	Obergärig
Brauer:	Marston, Thompson & Evershed, Burton-upon-Trent

BESONDERHEITEN
Pedigree Bitter hat einen ausgeprägten Malz- und Hopfengeschmack und einen trockenen, leicht bitteren Nachtrunk.

Pitchfork

Biersorte:	Bitter
Alkoholgehalt:	4,3 Vol.-%
Flascheninhalt:	0,5 Liter

Nur in der Winterzeit zu haben

Pedigree Bitter von Marston, Thompson & Evershed

In der Flasche nachgärendes Pitchfork

Empf. Trinktemperatur:	10 °C
Gärung:	Obergärig
Brauer:	RCH-Brauerei, West Hewish, Somerset, seit 1983

BESONDERHEITEN
Pitchfork ist ein mit Hefe abgefülltes Bitter. Es ist von goldgelber Farbe, scharf und direkt trocken und bitter. Es ist ein kräftiges, im Mund perlendes Bier.

Scorpion Lager

Biersorte:	Lager
Alkoholgehalt:	5,0 Vol.-%
Flascheninhalt:	0,275 Liter
Empf. Trinktemperatur:	5 °C
Gärung:	Untergärig
Brauer:	The Scorpion Island Brewing Company Limited

BESONDERHEITEN
Ein helles, neutrales Lagerbier.

Snapdragon

Biersorte:	Ale – Kräuterbier
Alkoholgehalt:	4,5 Vol.-%
Flascheninhalt:	0,5 Liter

Scorpion

Schmecken Sie die fünf chinesischen Gewürze heraus.

Speculation Ale wird mit Hefe abgefüllt.

Empf. Trinktemperatur:	10 °C
Gärung:	Obergärig
Brauer:	The Salopian-Brauerei, Shrewsbury, Shropshire, seit 1995

BESONDERHEITEN
Snapdragon ist ein in der Flasche nachgärendes Bier, das mit fünf chinesischen Gewürzen versetzt ist. Die zweite Gärung lässt ein perlendes Bier mit einer etwas trüben Bernsteinfärbung entstehen. Das Bier hat ein fruchtiges Aroma und einen würzigen, markanten Geschmack mit einem trockenen Hintergrund.

Speculation Ale

Biersorte:	Ale
Alkoholgehalt:	4,7 Vol.-%
Flascheninhalt:	0,5 Liter
Empf. Trinktemperatur:	10 °C
Gärung:	Obergärig
Brauer:	Freeminer-Brauerei, Coleford, Gloucestershire, seit 1992

BESONDERHEITEN
Speculation Ale ist ein Bier mit Flaschengärung. Es ist ein handwerkliches Bier, das mit Englischem Malz, ganzen Hopfendolden, einer obergärigen Ale-Hefe und Wasser vom brauereieigenen Brunnen hergestellt wird. Das Bier schmeckt abgerundet mit einem malzigen Charakter und einer starken Hopfenbittere im Finish.

Spitfire

Biersorte:	Ale
Alkoholgehalt:	4,7 Vol.-%
Flascheninhalt:	0,5 Liter
Empf. Trinktemperatur:	10 °C
Gärung:	Obergärig
Brauer:	Brauerei Shepherd Neame, Faversham, Kent, seit 1698

BESONDERHEITEN
Dieses bernsteinfarbene Bier ist ein obergäriges, in der Flasche nachgärendes Ale. Der Hefesatz sollte beim Servieren in der Flasche bleiben. Spitfire hat

Spitfire von Shepherd Neame ruft Erinnerungen an die Royal Air Force wach.

ein fruchtiges Aroma und einen starken, bittereren Nachtrunk.

St. George's Best

Biersorte:	Ale
Alkoholgehalt:	4,2 Vol.-%
Flascheninhalt:	0,55 Liter
Empf. Trinktemperatur:	10 °C
Gärung:	Obergärig
Brauer:	Brauerei Tollemache & Cobbold, Ipswich, Suffolk, seit 1723

BESONDERHEITEN
St. George's Best von Tolly Cobbold ist ein trockenes, hopfenbitteres Bier mit einem hopfigen Aroma und einem vollen, bitteren Nachtrunk.

St. Peters's Golden Ale

Biersorte:	Ale
Alkoholgehalt:	4,7 Vol.-%
Flascheninhalt:	0,5 Liter
Empf. Trinktemperatur:	8–10 °C
Gärung:	Obergärig
Brauer:	St. Peters-Brauerei, St. Peter, South Elmham, Suffolk

BESONDERHEITEN
Das Auffallendste an diesem Golden Ale ist zweifelsohne seine Flasche. Die grüne, ovale Halbliterflasche lässt eher eine Spirituose als ein Bier vermuten. Und mit dem kleinen Halsbooklet hat die St. Peters-Brauerei einen weiteren Trumpf im Ärmel. In der Flasche befindet sich ein dunkelgelbes Bier mit malzigem Aroma und einem malzigen, hopfigen Geschmack, das ziemlich dünn mundet und einen kurzen, bitteren Nachtrunk vermittelt.

Summer Lightning

Biersorte:	Ale
Alkoholgehalt:	5,0 Vol.-%
Flascheninhalt:	0,55 Liter
Empf. Trinktemperatur:	10 °C
Gärung:	Obergärig
Brauer:	Hop-Back-Brauerei, Salisbury, seit 1987

BESONDERHEITEN
Summer Lightning ist ein obergäriges Bier mit einer zweiten Gärung in der Flasche. Das helle Bier hat ein frisches, hopfiges Aroma und einen malzigen Geschmack mit einem trockenen, bitteren Nachtrunk.

Tetley's Bitter

Biersorte:	Bitter
Alkoholgehalt:	3,8 Vol.-%
Doseninhalt:	0,44 Liter
Empf. Trinktemperatur:	6–8 °C
Gärung:	Obergärig
Brauer:	Brauerei Joshua Tetley, Leeds, Yorkshire, seit 1822

BESONDERHEITEN
Die Dose mit dem Bitter besitzt ein ‚Widget', eine Zapfsystemimitation dieser Brauerei. Durch dieses System erhält das Bier einen festen, cremigen Schaum, der auf dem hellbraunen, milden Bier schwimmt. Das Bier hat einen malzigen Geschmack, ein hopfenbitteres Aroma und einen trockenen, bitteren Nachtrunk.

Theakston XB

Biersorte:	Ale
Alkoholgehalt:	4,5 Vol.-%

Das hopfige St. George's Best

Die auffallende grüne, ovale Flasche von St. Peters

In der Flasche nachgärendes Bier aus der Hop-Back-Brauerei

Tetley's Bitter mit einem ‚Widget'

Das trockene XB von T&R Theakston

Flascheninhalt:	0,55 Liter
Empf. Trinktemperatur:	10 °C
Gärung:	Obergärig
Brauer:	T&R Theakston, Masham, seit 1827

BESONDERHEITEN

XB ist von einer schönen, tiefen Bernsteinfarbe. Das Bier ist fruchtig, mit einem leicht süßlichen Geschmack und einem kurzen, bitteren Nachtrunk. Auffallend ist die Trockenheit dieses Ale. Es ist ein besonderes Erlebnis, wenn man nach mehr als einem halben Liter Flüssigkeit immer noch einen unglaublich trockenen Mund verspürt. Doch das macht nichts – dieses Bier schmeckt nach mehr.

Thomas Hardy's Ale

Biersorte:	Ale
Alkoholgehalt:	12,0 Vol.-%
Flascheninhalt:	0,33 Liter
Empf. Trinktemperatur:	12–15 °C
Gärung:	Obergärig
Brauer:	Eldridge Pope & Co. PLC, Dorchester

BESONDERHEITEN

Thomas Hardys Ale ist ein obergäriges, in der Flasche nachgärendes Bier. Laut Aussage des Brauers verbessert sich der Geschmack des Bieres bei einer Lagertemperatur von 12 °C mindestens 25 Jahre lang, außerdem sollte man es frühestens nach fünf Jahren trinken. Der im 19. Jahrhundert lebende

Eines der stärksten Ales in England von Thomas Hardy

Schriftsteller Thomas Hardy, nach dem das Bier benannt ist, beschrieb die Farbe des Dorchesterbiers als „strahlend wie ein Sonnenuntergang im Herbst“. Der Jahrgang ist auf der Flasche angegeben.

Titanic Stout

Biersorte:	Stout
Alkoholgehalt:	4,5 Vol.-%
Flascheninhalt:	0,5 Liter
Empf. Trinktemperatur:	12 °C
Gärung:	Obergärig
Brauer:	Titanic-Brauerei, Stoke-on-Trent, seit 1985

BESONDERHEITEN
Dieses sehr dunkle Stout wird mit Hefe abgefüllt. Der Geschmack erinnert an geröstetes Malz.

Waggle Dance

Biersorte:	Ale
Alkoholgehalt:	5,0 Vol.-%
Flascheninhalt:	0,55 Liter
Empf. Trinktemperatur:	8 °C
Gärung:	Obergärig
Brauer:	Vaux-Brauereien, Sunderland

BESONDERHEITEN
Waggle Dance wird mit Honig gebraut, es hat eine dunkelgelbe Farbe, einen malzigen, bitteren Geschmack und einen trockenen Nachtrunk.

Wheat Mash

Biersorte:	Ale – Weizenbier
Alkoholgehalt:	4,5 Vol.-%
Flascheninhalt:	0,55 Liter
Empf. Trinktemperatur:	6–8 °C
Gärung:	Obergärig
Brauer:	King & Barnes Limited, Horsham, seit 1850

BESONDERHEITEN
Wheat Mash ist ein helles Saisonbier, das um den Monat April gebraut wird. Diese Familienbrauerei wird noch heute von der Familie King geführt. Wheat Mash ist obergärig und gärt in der Flasche nach.

Whitbread Pale Ale

Biersorte:	Ale
Alkoholgehalt:	5,7 Vol.-%
Flascheninhalt:	0,25 Liter
Empf. Trinktemperatur:	8–10 °C
Gärung:	Obergärig
Brauer:	The Whitbread Beer Company, London, seit 1742

BESONDERHEITEN
Whitbread ist eine der großen ‚Nationals‘ mit über 3800 Pubs. Die Flagge von Whitbread weht auch über Castle Eden, Boddingtons, Flowers and verschiedenen Braupubs.

Winter Holiday

Biersorte:	Ale
Alkoholgehalt:	5,0 Vol.-%
Flascheninhalt:	0,5 Liter
Empf. Trinktemperatur:	10 °C
Gärung:	Obergärig
Brauer:	Lakeland Brewing Co., Cartmel Fell, Cumbria

BESONDERHEITEN
Winter Holiday ist ein gelbbraunes Bier mit Fla-

Am Flaschenboden des Titanic liegt der Hefesatz.

Waggle Dance, mit Honig gebraut

Weizenbier für April

Das Pale Ale des großen Whitbread-Konzerns

Worth Best Bitter

schengärung. Der Satz muss beim Servieren in der Flasche bleiben. Es ist ein lebendiges Bier mit einem trockenen, leicht fruchtigen Geschmack und einem Anflug von dunklem Malz. Der Nachtrunk ist leicht bitter.

Worth Best Bitter

Biersorte:	Bitter
Alkoholgehalt:	4,5 Vol.-%

Das lebendige Winter Holiday

Flascheninhalt:	0,5 Liter
Empf. Trinktemperatur:	10 °C
Gärung:	Obergärig
Brauer:	Green Bottle Ltd., Worth-Brauerei, Keighley, seit 1992

BESONDERHEITEN
Bernsteinfarbenes Ale mit einem fruchtigen Aroma, einem malzigen, bitteren Geschmack und einem sich entfaltenden, hopfenbitteren Nachtrunk.

Irland

Schon allein aufgrund der geographischen Nähe zu England unterlag die Geschichte Irlands sehr stark englischen Einflüssen. Irland ist Guinness und Guinness ist Irland, und die Harfe auf dem Guinness-Etikett zählt zu den Wahrzeichen des Landes. Trotzdem wurde diese schwarze Biersorte ursprünglich in London entwickelt. Arthur Guinness, der Sohn von Richard Guinness, einem Verwalter, erbte 100 Pfund, die er in eine kleine Brauerei im Ort Leixlip der Grafschaft Kildare investierte. Im Jahr 1759 zog er nach Dublin, wo er eine stillgelegte Brauerei für eine Jahresmiete von 45 Pfund erwarb. Zu jener Zeit war der Biermarkt auf Ales beschränkt, die anfangs auch bei Guinness als einzige

Biere gebraut wurden. Erst 1770 braute Guinness sein erstes Porter. Die einschneidendste Entscheidung traf er jedoch 1799, als er die gesamte Produktion auf Porter umstellte. Damals war Porter eine typisch Londoner Sorte, weshalb Guinness einen Brauer aus London anheuerte. Zunächst wurden zwei Porters gebraut, das X und das XX. Letzteres wurde später in Extra Stout Porter umbenannt. Für die britischen Kolonien wurde auch eine Exportversion produziert. Diese stärkere und hopfenreichere Version konnte die langen Reisen viel besser überstehen und erhielt den Namen Guinness Foreign Extra Stout.
Das irische Steuersystem, bei dem das verwendete Malz und nicht die Stärke des Bieres versteuert wurde, brachte Arthur Guinness II auf die Idee, mit gerösteter Gerste zu experimentieren. Diese Zugabe verlieh dem Guinness den Röstgeschmack, die Bittere und die Trockenheit, die das Bier weltweit berühmt gemacht hat. Die Bezeichnung Porter verschwand schließlich von den Etiketten und die fast 20 Versionen sind heute als Stouts bekannt. Die Verbreitung von Guinness hat mehrere wichtige Gründe: Zuallererst natürlich die Qualität und die Ausstrahlung des schwarzen Bieres, dazu eine starke Auswanderungswelle der irischen Bevölkerung, die dafür sorgte, dass irisches Bier in alle Teile der Welt gelangte. Der Erste Weltkrieg machte in England Energiesparmaßnahmen notwendig, während die Iren davon nicht betroffen waren. Dies hatte zur Folge, dass die Engländer kein Malz rösten durften, wodurch der englische Markt für das schwarze Bier aus Irland geöffnet wurde. Die wachsende Beliebtheit von Guinness, die nach dem Ersten Weltkrieg zur größten Brauerei der Welt geworden war, wurde durch die Prohibition in den USA gestoppt. Die Brauerei gehört immer noch zu den 25 größten der Welt – eine eindrucksvolle Leistung für eine Brauerei dieser Art, mit den Wurzeln in einem kleinen Land wie Irland und mit einer solch außergewöhnlichen Biersorte wie dem Hauptprodukt. Etwa 50 % des Bierkonsums in Irland entfallen auf Stouts. Neben Guinness gibt es noch zwei weitere bedeutende Stout-Produzenten, Beamish und Murphy, beide mit Sitz in Cork im Süden des Landes.

Beamish Irish Stout

Biersorte:	Stout
Alkoholgehalt:	4,2 Vol.-%
Doseninhalt:	0,44 Liter
Empf. Trinktemperatur:	8–10 °C
Gärung:	Obergärig
Brauer:	Beamish & Crawford, Cork, seit 1795

BESONDERHEITEN
Beamish Stout ist das beliebteste Bier der irischen Brauer. Man bekommt es mit einem „Zapfsystem“, wodurch es seinen cremigen Schaum erhält. Es wird aus verschiedenen Malzsorten hergestellt, unter anderem mit Weizenmalz und gerösteter Gerste. Beamish gehört zur australischen Brauerei Foster's.

Guinness Draught

Biersorte:	Stout
Alkoholgehalt:	4,1 Vol.-%
Doseninhalt:	0,44 Liter
Empf. Trinktemperatur:	4–8 °C
Gärung:	Obergärig
Brauer:	Brauerei Arthur Guinness, Dublin, seit 1759

BESONDERHEITEN
Draught Guinness ist eine Version des schwarzen Bieres, das dem Zapfbier am nächsten kommt. Die Dose enthält eine Kapsel, der beim Öffnen CO_2 entströmt. Auf diese Weise bekommt man

Die Zapfimitation von Beamish

Guinness für die Kolonisten im entfernten Indien

Guinness Draught aus der Dose

denselben cremigen Schaum, wie er beim Zapfen in den Pubs entsteht.

Guinness Foreign Extra Stout

Biersorte:	Stout
Alkoholgehalt:	7,5 Vol.-%
Flascheninhalt:	0,33 Liter
Empf. Trinktemperatur:	4–8 °C
Gärung:	Obergärig
Brauer:	Brauerei Arthur Guinness, Dublin, seit 1759

BESONDERHEITEN
Foreign Extra Stout ist ein pasteurisiertes Bier mit Nachgärung in der Flasche. Dieses stärkere, schwarze Bier wurde für den Export in die britischen Kolonien gebraut und hat daher einen etwas höheren Alkoholgehalt.

Guinness Special Edition

Biersorte:	Stout
Alkoholgehalt:	5,0 Vol.-%
Flascheninhalt:	0,5 Liter
Empf. Trinktemperatur:	8 °C
Gärung:	Obergärig
Brauer:	Brauerei Arthur Guinness, Dublin, seit 1759

BESONDERHEITEN
Special Edition ist eine Version des weltberühmten Stouts, die für Winterabende gebraut wird.

Guinness Special Export Stout

Biersorte:	Stout
Alkoholgehalt:	8,0 Vol.-%
Flascheninhalt:	0,33 Liter
Empf. Trinktemperatur:	10–12 °C
Gärung:	Obergärig
Brauer:	Brauerei Arthur Guinness, Dublin, seit 1759

BESONDERHEITEN
Special Export Stout ist eine etwas stärkere Version mit viel Fruchtigkeit und einer leichten Süße. Ausgesucht von John Martin und daher in Belgien erhältlich.

Guinness Stout

Biersorte:	Stout
Alkoholgehalt:	5,0 Vol.-%
Flascheninhalt:	0,33 Liter

Die Sonderausgabe eines Guinness

Dieses Bier entspricht der Vorliebe der Belgier für stärkere Biere.

Es wird auch eine spezielle Version für Deutschland gebraut, die dem Reinheitsgebot entspricht.

Smithwick's Kilkenny

Murphy's Irish Red

Empf. Trinktemperatur:	10 °C
Gärung:	Obergärig
Brauer:	Brauerei Arthur Guinness, Dublin, seit 1759

BESONDERHEITEN
Für den Kontinent braute Guinness diese Version ganz nach den Regeln des deutschen Reinheitsgebots. Die geröstete Gerste wird durch geröstetes Malz ersetzt, was den Charakter des Bieres jedoch ein bisschen verfälscht.

Kilkenny

Biersorte:	Ale
Alkoholgehalt:	5,0 Vol.-%
Flascheninhalt:	0,33 Liter
Empf. Trinktemperatur:	6–8 °C
Gärung:	Obergärig
Brauer:	Brauerei Smithwick and Sons, Kilkenny, seit 1710

BESONDERHEITEN
Kilkenny ist ein malziges, leicht fruchtiges, obergäriges Bier von rötlicher Farbe. Die Brauerei wurde 1710 von John Smithwick an der Stelle des Klosters St. Francis gegründet. Die Klostermauern stehen immer noch inmitten der modernen Brauerei, die inzwischen von Guinness übernommen wurde.

Murphy's Irish Red

Biersorte:	Ale
Alkoholgehalt:	5,0 Vol.-%
Flascheninhalt:	0,33 Liter
Empf. Trinktemperatur:	6–8 °C
Gärung:	Untergärig
Brauer:	Murphy-Brauerei, Cork, seit 1856

BESONDERHEITEN
Diese Brauerei gehört heute zur Heineken-Gruppe. Das goldgelbe Irish Red enthält nur natürliche Zutaten.

Schottland

Im weiten, dünn besiedelten Schottland, und da besonders in den Lowlands, wird in großem Maße Gerste angebaut. Auch wenn der Bierliebhaber in diesem Getreide den Grundstoff für liebliches, malziges Ale sieht, weiß der Whiskyliebhaber, dass Schottland der weltgrößte Produzent dieses stärkeren Tropfens ist. Auf der anderen Seite sieht man in Schottlands kühlem, feuchten Klima selten Hopfen wachsen, weshalb die Schotten diese mit hohen Importpreisen behaftete Zutat nur sparsam verwenden.

Heather Ale

Schottland ist ein Land der Mythen und Legenden, und das gilt auch für die Bierbegeisterung der Bevölkerung in den Schottischen Highlands. Es ist sehr wahrscheinlich, dass Heather Ale seit fast 4000 Jahren gebraut wird. Es gibt eine Geschichte über einen Pikten-Häuptling, die in jene Zeit zurückgeht, als in Schottland verschiedene Völker, unter anderem die keltischen Pikten, lebten. Die Pikten waren für nur zwei Dinge bekannt: ihre Steingravuren, die noch heute an vielen Orten bewundert werden können, und ihre Braukunst. Als die Pikten von einem schottischen König unterworfen wurden,

Fraoch Heather Ale wird mit Heideblüten gebraut.

forderte dieser den Häuptling auf, ihm das Geheimnis ihres Bieres zu verraten. Der Häuptling stimmte unter der Bedingung zu, dass der König den in Gefangenschaft gehaltenen Häuptlingssohn möglichst schnell und schmerzlos töten lassen sollte. Der König warf daraufhin den Häuptlingssohn von einem Felsen ins Meer und wandte sich dem Häuptling zu, der schwor, das Geheimnis des Heather Ale werde mit ihm sterben. Er warf sich auf den schottischen König, und beide Männer stürzten vom Felsen. Zur Zeit der britischen Eroberung Schottlands im frühen 18. Jahrhundert wurde die Verwendung von Zutaten neben Malz und Hopfen sogar verboten. Da Hopfen in Schottland nicht wächst, waren die Schotten schon allein des Bieres wegen von den Briten abhängig. Doch fügten sich die Schotten nicht immer der britischen Unterdrückung und brauten ihr Heather Ale fröhlich weiter.

Das Rezept für das alte Getränk kam jedoch erst 1986 wieder ans Tageslicht, als eine Frau den Heimbräu-Laden von Scott und Bruce Williams betrat und um Hilfe für die Herstellung von *leann fraoch* bat, für das sie ein altes Rezept dabei hatte. Das Rezept war in einem alten schottischen Dialekt verfasst und nachdem sie es für Bruce übersetzt hatte, erklärte er ihr, dass er für das Brauen des Getränkes etwa sieben Stunden benötigte. Die Frau kaufte jedoch nur eine gewöhnliche Brauausrüstung und ließ das Rezept zurück. Bruce wurde auf das Rezept neugierig und probierte es einfach aus. Er war von dem Geschmack des Gebräus selbst überrascht, ließ auch seine Freunde kosten und begann schließlich 1992 mit der kommerziellen Produktion. Zunächst wurde das Heather Ale in der kleinen Brauerei West Highland in Argyll gebraut, doch schon 1993 musste man in die größere Brauerei von Maclay & Co. in Alloa umziehen – beide Orte befinden sich in dem Gebiet, in dem die Pikten einst siedelten.

Traquair House

Traquair House ist eines der ältesten noch bewohnten Häuser in Schottland. Viele schottische Landesherren waren hier ein Mal oder mehrere Male zu Gast, und als die schottische Queen Mary 1566 zu Besuch kam, wurde hier bereits Bier ge-

Die Gärung erfolgt immer noch in Eichenfässern im alten Traquair House.

Das „80 Shilling“ aus der Edinburgher Caledonian-Brauerei

Das braune, malzige Black Douglas Ale

In Deuchars IPA sind die Zutaten in ausgewogenem Verhältnis zugefügt.

braut. Im Jahr 1739 wurde ein 200-Gallonen (etwa 900-Liter-) Kupferkessel unter dem Dach des Brauhauses installiert, und man braute Bier für das Haus und die Arbeiter. Um 1800 ist die Brauerei wohl in Vergessenheit geraten, doch 150 Jahre später wurde sie von Peter Maxwell Stuart wieder entdeckt. Die Ausrüstung, die er vorfand, war immer noch in einem guten Zustand, und er konnte ohne größere Instandsetzungen wieder mit dem Brauen beginnen. Das Bier wird mit Quellwasser aus dem Tweed Valley, mit englischem Gerstenmalz und East Kent Goldings-Hopfen ohne Enzyme oder Konservierungsmittel hergestellt. 60 % dieses Bieres werden heute für Großbritannien und 40 % für den Export gebraut.

80/- Export Ale

Biersorte:	Ale
Alkoholgehalt:	4,1 Vol.-%
Flascheninhalt:	0,5 Liter
Empf. Trinktemperatur:	8–10 °C
Gärung:	Obergärig
Brauer:	The Caledonian Brewing Company, Edinburgh, seit 1869

BESONDERHEITEN

80/- (sprich: Eighty Shilling) bezeichnet den Steuersatz, der für ein Fass dieses Bieres erhoben wurde. Bei der Bestellung eines Pints wurde daher einfach immer nach einem „80 Shilling“ verlangt. 80/- ist von roter Bernsteinfarbe und hat einen malzigen, süßlichen Geschmack mit einem komplexen Hopfen- und Fruchtaroma, gefolgt von einem bitteren Nachtrunk. Die Caledonian-Brauerei ist die einzige in Großbritannien, die ihr Bier in großen, offenen Kupferkesseln braut, die direkt mit Gas befeuert werden. Die Brauerei wurde 1869 von George Lorimer und Robert Clarck gegründet. Im Jahr 1919 übernahm sie die Brauerei Vaux aus Sunderland, und 1987 wurde sie vor einer drohenden Schließung von einem Management Buy-out Team aufgekauft.

Black Douglas

Biersorte:	Ale
Alkoholgehalt:	5,2 Vol.-%
Flascheninhalt:	0,5 Liter
Empf. Trinktemperatur:	8 °C
Gärung:	Obergärig
Brauer:	Broughton Ales Brewery, Broughton The Borders, seit 1980

BESONDERHEITEN

Dunkles, rubinrotes Ale mit einem milden, vollen, malzigen Geschmack. Das Bier ist benannt nach Sir James Douglas, einem Krieger des mächtigen Douglas-Clans im alten Schottland.

Deuchars I.P.A.

Biersorte:	Ale
Alkoholgehalt:	4,4 Vol.-%
Flascheninhalt:	0,5 Liter
Empf. Trinktemperatur:	10 °C
Gärung:	Obergärig
Brauer:	The Caledonian-Brauerei, Edinburgh, seit 1869

BESONDERHEITEN

Deuchars IPA ist von goldgelber Farbe, hat einen leicht malzigen Geschmack mit einem trockenen Hintergrund und einen Anflug von Hopfenbittere. Dieses Ale von Caledonian hat einen vollen Körper, ist frisch und sehr ausgewogen.

Eighty Shilling Export Ale

Biersorte:	Ale
Alkoholgehalt:	4,0 Vol.-%
Flascheninhalt:	0,5 Liter

Das „80 Shilling“ von Maclay, ebenfalls ein Export Ale

Empf. Trinktemperatur:	10 °C
Gärung:	Obergärig
Brauer:	Maclay & Co. Ltd., Thistle-Brauerei, Alloa, seit 1830

BESONDERHEITEN
Dieses Ale wird in direkt befeuerten Kesseln mit unbehandeltem Wasser aus dem brauereieigenen Brunnen gebraut. Es ist ein leichtes Ale, das voll und cremig mundet, mit einem bitter-süßen Geschmack, einem komplexen Aroma und einem trockenen, leicht bitteren Nachtrunk.

Fraoch Heather Ale

Ale	
Alkoholgehalt:	5,0 Vol.-%
Flascheninhalt:	0,5 Liter
Empf. Trinktemperatur:	8–10 °C
Gärung:	Obergärig
Brauer:	Heather Ale Limited, Glasgow, seit 1992

BESONDERHEITEN
Fraoch (gälisch für Heide) ist ein leichtes, obergäriges Bier, das nach einer 4000 Jahre alten Tradition mit Heideblüten hergestellt wird. Es hat ein blumiges Aroma, einen vollen, würzigen Geschmack mit fruchtiger Note und einen trockenen, sich entfaltenden Nachtrunk.

Schottische Geschichte in Glas

Gillespie’s Malt Stout

Biersorte:	Stout
Alkoholgehalt:	4,0 Vol.-%
Doseninhalt:	0,44 Liter
Empf. Trinktemperatur:	8–10 °C
Gärung:	Obergärig
Brauer:	Scottish & Newcastle, Edinburgh

BESONDERHEITEN
Malt Stout wird mit einem ‚Tapstream System™‘ angeboten, das für einen cremigen Schaum sorgt – als käme es aus einem echten Zapfhahn.

Gordon Finest Gold

Biersorte:	Ale
Alkoholgehalt:	10,0 Vol.-%
Flascheninhalt:	0,33 Liter
Empf. Trinktemperatur:	6–8 °C
Gärung:	Obergärig
Brauer:	Brauerei McEwan Fountain, Edinburgh

BESONDERHEITEN
Gordon Finest Gold wird in Schottland für John Martin gebraut und nach Belgien exportiert. Es ist ein helles, starkes Bier.

Malt Stout Draught mit dem ‚Tapstream System'

Schottisches, helles Ale, für Belgien gebraut

Das runde, süße Highland Scotch Ale

Gordon Highland Scotch Ale

Biersorte:	Ale
Alkoholgehalt:	8,6 Vol.-%
Flascheninhalt:	0,33 Liter
Empf. Trinktemperatur:	10 °C
Gärung:	Obergärig
Brauer:	Brauerei McEwan Fountain, Edinburgh

BESONDERHEITEN

Dieses Bier wird auf dem französischen Markt als ‚Douglas' und nicht als Gordon verkauft. Es ist ein von John Martin ausgesuchtes Bier, d.h. es wird auf dem belgischen Markt angeboten. Das Bier ist von brauner Farbe und hat einen cremefarbenen Schaum. Es bietet einen vollen Körper und ist süß mit einem fruchtigen Geschmack. Der hohe Alkoholgehalt verbirgt sich hinter der Süße.

Greenmantle

Biersorte:	Ale
Alkoholgehalt:	3,9 Vol.-%
Flascheninhalt:	0,5 Liter
Empf. Trinktemperatur:	8 °C
Gärung:	Obergärig
Brauer:	Brauerei Broughton Ales, Broughton The Borders, seit 1980

BESONDERHEITEN

Greenmantle ist ein leicht bittersüßes Bier mit einem vorwiegend malzigen Charakter und einem durch Fruchtigkeit und etwas Hopfen bestimmten Aroma.

Old Jock

Biersorte:	Ale
Alkoholgehalt:	6,7 Vol.-%
Flascheninhalt:	0,5 Liter
Empf. Trinktemperatur:	15 °C
Gärung:	Obergärig
Brauer:	Brauerei Broughton Ales, Broughton The Borders, seit 1980

BESONDERHEITEN

Old Jock ist nach den schottischen Soldaten der Highlands und Lowlands benannt. Diese Männer

Greenmantle ist nach einem Buch von John Buchan benannt.

Ein typisch schottischer Soldat, ‚Old Jock'

Das traditionell gebraute Schiehallion

Scotch Ale van Maclay

sind seit Jahrhunderten als ‚Jocks' bekannt. Es ist mit einem Verweis auf Stärke gebraut und hat einen süßlichen Geschmack. Aroma und Nachtrunk sind fruchtig.

Schiehallion

Biersorte:	Lager
Alkoholgehalt:	4,8 Vol.-%
Flascheninhalt:	0,5 Liter
Empf. Trinktemperatur:	8–12 °C
Gärung:	Untergärig
Brauer:	Harviestoun-Brauerei, Dollar, seit 1985

BESONDERHEITEN
Schiehallion wird in einer kleinen Brauerei nach traditioneller Methode gebraut. Das Ergebnis ist ein helles, leicht trübes Bier mit fruchtigem Aroma, einem malzigen, bitteren Geschmack und bittersüßem Nachtrunk.

Scotch Ale

Biersorte:	Ale
Alkoholgehalt:	5,0 Vol.-%
Flascheninhalt:	0,5 Liter
Empf. Trinktemperatur:	8 °C
Gärung:	Obergärig
Brauer:	Maclay & Co. Ltd., Thistle-Brauerei, seit 1830

BESONDERHEITEN
Gebraut mit Wasser aus dem brauereieigenen Brunnen.

Traquair House ale

Biersorte:	Ale
Alkoholgehalt:	7,2 Vol.-%
Flascheninhalt:	0,33 Liter
Empf. Trinktemperatur:	10–15 °C
Gärung:	Obergärig
Brauer:	Brauerei Traquair House, Innerleithen, seit 1965

BESONDERHEITEN
Dieses dunkle Ale hat einen bitteren Geschmack und wird mit Quellwasser, Pale-Ale-Malz, gerösteter Gerste, East Kent Goldings-Hopfen und Hefe

Dunkles, kräftiges Ale von Traquair House

gebraut. Das Ale wird zu unterschiedlichen Fleischgerichten und als Zutat für Obstkuchen und Pudding empfohlen.

Traquair Jacobite Ale

Biersorte:	Ale
Alkoholgehalt:	8,0 Vol.-%
Flascheninhalt:	0,33 Liter
Empf. Trinktemperatur:	10–12 °C
Gärung:	Obergärig
Brauer:	Brauerei Traquair House, Innerleithen, seit 1965

BESONDERHEITEN
Jacobite Ale ist ein starkes, dunkelbraunes, obergäriges Bier, das aus Malz, Quellwasser, Hopfen, Hefe und Gewürzen hergestellt wird. Obwohl Traquair House keine Konservierungsmittel verwendet, ist dieses Bier fast zehn Jahre haltbar.

Deutschland

Deutschland ist ein Land der Biertrinker. Kein anderes Land der Welt kann im Verhältnis zur Bevölkerung so viele Brauereien aufweisen wie Deutschland. Jede Stadt und selbst viele Dörfer haben mindestens eine Brauerei, es gibt sogar einige kleine Dörfer, in denen mehrere Brauereien anzutreffen sind. Insgesamt zählt man in Deutschland mehr als 1300 Brauereien, von denen sich die Hälfte in Bayern befindet. Und wohlgemerkt – diese Zahl beträgt etwa ein Drittel aller Brauereien der Welt! Die Deutschen sind für ihre Biervorliebe berühmt – der durchschnittliche Konsum beläuft sich auf fast 140 Liter pro Kopf und Jahr, was sie hinter den Tschechen, die 157 Liter trinken, den zweiten Platz belegen lässt; demgegenüber stünden die Süddeutschen alleine betrachtet mit 240 Liter pro Kopf und Jahr einsam an der Spitze.

Doch die Deutschen trinken nicht jedes Bier. Ein Amerikaner oder Niederländer zum Beispiel trinkt mehr oder weniger alle Biere, die seinem Geschmack entsprechen, gleich wie oder wo es gebraut wurde; Deutsche dagegen haben eine besondere Vorstellung von Qualität und Herkunft des Bieres. Für die Deutschen muss ein Bier nach dem deutschen *Reinheitsgebot* gebraut sein und, obwohl der Europäische Gerichtshof dies als protektionistische Maßnahme eingestuft hat, bleiben die Deutschen weitgehend den nach diesen 1516 eingeführten Regeln gebrauten Bieren treu; außerdem sind hier auch noch lokale Belange von großer Bedeutung. Tschechische Biere werden ebenfalls nach dem Reinheitsgebot gebraut und erfreuen sich daher in Deutschland auch wachsender Beliebtheit. Während ein weltweiter Trend zu Zusammenschlüssen und Übernahmen besteht, haben die lokalen Interessen in Deutschland dazu beigetragen, dass viele kleine, unabhängige Brauereien weiter bestehen können. Es gibt jedoch auch schon große nationale Unternehmen, und es werden im 21. Jahrhundert sicher nicht alle kleinen Brauereien überleben, doch im Vergleich zu den Nachbarstaaten

Viel Brauchtum und viel Bier gibt es auf dem Oktoberfest.

König Ludwig I. von Bayern vor der ersten bayerischen Weißbierbrauerei, in der heute die Schneider Weisse gebraut wird

wird Deutschland auch weiterhin eine völlig andere Bierkultur beibehalten.

Oktoberfest

Jedes Jahr Mitte September steht München Kopf. In einem großen Bierzelt auf der Theresienwiese sticht der Oberbürgermeister der Stadt das erste Fass mit Festbier an und eröffnet das größte Volksfest der Welt mit den Worten: „Ozapft is'!" Dem folgt 16 Tage lang, bis zum ersten Sonntag im Oktober, Volksfeststimmung, wobei riesige Mengen Bier und Münchener Spezialitäten verzehrt werden. Das Oktoberfest geht zurück auf die Hochzeit von König Ludwig I. von Bayern mit Prinzessin Therese. Das Volk feierte dieses Ereignis mit einem Pferderennen auf der Theresienwiese, doch im Lauf der Jahre wurde dieser Brauch von rund 5 Mio. Liter Bier, riesigen Bierzelten und gewaltigen Mengen Schweinswürstel, Hendl, Schweinshaxen und gebratenen Ochsen verdrängt. Am ersten Oktoberfestsamstag findet der Einzug der Festwirte und Brauereien statt, der von Blaskapellen und bayerischen Trachtengruppen begleitet wird. Am nächsten Tag folgt der Trachten- und Schützenzug durch München, an dem auch zahlreiche ausländische Trachtengruppen teilnehmen. Das Oktoberfest ist keine rein deutsche Angelegenheit mehr: das Ereignis wird von Journalisten und Kamerateams aus der ganzen Welt begleitet.
Das in den Zelten ausgeschenkte Bier wird alleine für diesen Anlass gebraut und kommt aus den sechs großen Münchener Brauereien – Biere anderer Brauereien werden nicht zugelassen. Selbst Prinz Luitpold, ein direkter Nachfahre der bayerischen Königsfamilie, hat mit seinen Bieren keinen Zugang zur „Wies'n", obwohl er schon seit Jahren gegen das Monopol der sechs ortsansässigen Brauereien protestiert, das auf alten Privilegien beruht.

Reinheitsgebot

Wenn man im Supermarkt ein Glas Erdbeermarmelade kauft, sieht man auf dem Etikett, welche Inhaltsstoffe enthalten sind. Bezeichnungen wie ‚mindestens 40 % Erdbeeren' und von der EU zugelassene Konservierungsstoffe bzw. komplizierte

Codes sollen den Verbraucher vor teilweise skrupellosen Produzenten schützen. Heutzutage wird diese Art Verbraucherschutz vom Staat geregelt, doch kann man sich leicht vorstellen, dass dies in weniger fortschrittlichen Zeiten nicht immer möglich gewesen ist. Im 15. Jahrhundert befasste sich der Bayerische Hof bereits mit den Zutaten, die viele Brauereien für ihre Biere verwendeten, und das nicht ganz ohne Grund. Die Brauer färbten oft ihr Bier mit Pech, Ruß oder Kalk, und zusätzlich zum Getreide verarbeiteten sie Bohnen und Erbsen. Selbst tierische Zutaten waren möglich. Im Jahr 1516 erließ der bayerische Herzog Wilhelm IV. ein Gesetz, mit dem das Brauen von Bier eingeschränkt wurde. Das Gesetz legte nicht nur die zulässigen Zutaten fest, sondern auch Preise und Handelsbeschränkungen. Im Lauf der Zeit haben sich die beiden letzten Punkte beträchtlich verändert, doch der erste Teil, der als so genanntes Reinheitsgebot bekannt wurde, ist noch heute – 500 Jahre später – eine strikt einzuhaltende Vorgabe zum Schutz des Verbrauchers. Für das Bier sind nur Gerste (oder Weizen), Hopfen und Wasser zugelassen; 1516 war die Wirkung der Hefe noch unbekannt. Das Reinheitsgebot wurde jedoch erst nach dem Zweiten Weltkrieg von Bayern auf die ganze Bundesrepublik Deutschland ausgedehnt, nur für den Osten des Landes (die ehemalige DDR) war es nicht zwingend. Dies erwies sich nach der Wiedervereinigung als zusätzliches Problem für die ostdeutschen Brauereien, da die Biertrinker in den westlichen Bundesländern deren Biere zunächst nicht zu schätzen wussten.
Im Jahr 1987 führten französische Brauer aus der Gegend um Straßburg, angeführt von Michel Debus, einen Prozess gegen die deutsche Regierung, um den deutschen Protektionismus zu verbieten, der im Reinheitsgebot seine Grundlage hatte. Der Europäische Gerichtshof gab dem Franzosen Recht, doch bis heute hat dieser Rechtsspruch noch keine erkennbaren Auswirkungen gezeigt.
Die Biersorten in Deutschland sind sehr vielfältig. Es gibt sowohl obergärige als auch untergärige Biersorten, die oft sowohl als helle als auch als dunkle Versionen vorkommen.

Alt

Das Altbier ist eine der Sorten, die den Wechsel der meisten Brauer zu untergärigen Bieren überlebt hat. Zu dieser vor allem um Düsseldorf bekannten Sorte gehören dunkle, obergärige Biere, die kalt reifen. Diese Kaltreifung findet bei Temperaturen zwischen 0 und 8 °C statt und dauert drei bis acht Wochen. Bestellt man in der Düsseldorfer Altstadt ein Bier, bekommt man meist ein Altbier, da dieses dunkle Bier mit einem Alkoholgehalt von knapp 5 Vol.-% ein Alltagsbier ist, dessen Marktanteil sich auf rund 30 % beläuft. Altbier wird in der Altstadt immer noch in Brauereigaststätten hergestellt, wo das Bier oft aus einem Fass ohne Kohlensäuredruck gezapft wird. Altbiere sind nicht aufdringliche Biere und zeichnen sich durch Eigenschaften wie Bittere, Malzigkeit und Fruchtigkeit aus, wenngleich keine dieser Eigenschaften überwiegt. Altbiere werden in vielen Teilen der Welt nachgeahmt – manchmal erfolgreich, oft aber auch nicht.

Die Privatbrauerei Diebels ist auf Altbier spezialisiert.

Ein typischer Kölsch-Kranz mit 20-cl-Gläsern

Kölsch

Das goldgelbe Kölsch ist eine echte Kölner Spezialität, die durch präzise Verträge festgelegt ist. Nach mehreren Prozessen wurde zunächst 1980 der Begriff Kölsch geschützt, sodass heute mit nur wenigen Ausnahmen, die bereits zuvor bestanden, diese obergärige Spezialität den Namen Kölsch nur tragen darf, wenn sie wirklich in Köln gebraut wurde. Im Jahr 1985 unterzeichneten 24 Brauereien, die dieses Kölner Bier brauten, die auf Pergament ausgefertigte Kölsch-Konvention, die diese Biersorte im Detail festlegt. Kölsch ist ein obergäriges Bier. Es ist von goldgelber Farbe, mild und perlend, und hat eine fruchtige, manchmal leicht säuerliche Note. Hopfen sticht nicht besonders hervor, doch verleiht er dem Bier eine gewisse Trockenheit.
Die Stammwürze ist normal, und der Alkoholgehalt liegt bei rund 5 Vol.-% Kölsch ist für seine Magenfreundlichkeit bekannt. Es wird normalerweise in kleinen einfachen 20–cl-Gläsern in typischen Kölsch-Kränzen serviert.

Dortmunder Typ

Dortmund verdankt seinen Namen dem Flüsschen Dort, das hier in die Ruhr mündet. Die Stadt ist Standort einer bedeutenden Kohle- und Stahlindustrie mit einem hohen Arbeiteranteil. Diese bildeten einen sicheren Kundenstamm für die Dortmunder Brauereien, die so ihre Biere entwickeln konnten und Dortmund zu einer der bedeutendsten Bierstädte Deutschlands werden ließen. Als die Dortmunder Biere in ganz Deutschland und auch in anderen Ländern bekannt wurden, bezeichnete man diese Sorten als ‚Export'. Das lokale Interesse an Dortmunder ging dann jedoch zurück, da die Sorte aus irgend einem Grund die neue Arbeiterschaft, die sich nach dem Niedergang der Kohle- und Stahlindustrie ansiedelte, nicht besonders ansprach. Die großen Brauereien in Dortmund stellen diese Sorte immer noch her, bezeichnen das Bier heute jedoch als ‚Export'. In Ländern wie den Niederlanden, Japan und den USA ist die Bezeichnung „Dortmunder" oder kurz „Dort" immer noch anzutreffen, doch entsprechen diese Biere nicht immer ganz dem Original. Dortmunder Export ist ein helles, untergäriges Bier. Es hat einen leicht dunkleren Farbton als Pilsner, eine etwas höhere Stammwürze und einen Alkoholgehalt von knapp über 5 Vol.-% Ein Dortmunder sollte kräftig, malzig, nicht zu hopfig und nur mäßig kohlesäurehaltig sein.

Rauchbier

Rauchbier ist eine Spezialität, die fast nur noch in Bamberg anzutreffen ist. Hier wird das zum Brauen verwendete Malz im Rauch über brennendem Holz gedarrt, was dem Bier seinen rauchigen Geschmack verleiht. Dieser Geschmack bedeutete beinahe das Ende dieser Biersorte, nachdem man andere Methoden entwickelt hatte, um das Malz zu erhitzen. Einige wenige Brauer blieben jedoch bei dieser Methode, und heute gilt das Rauchbier sogar als Spezialität. Rauchbier ist untergärig und hat einen dunklen, bisweilen fast schwarzen Farbton.

Weizenbier

Weizenbier, manchmal auch Weißbier genannt, hat eine lange und vor allem eine königliche Geschichte. Im 15. Jahrhundert verschafften sich die damals herrschenden Aristokraten das Monopol, für ihr Bier Weizen zu verwenden. Die königliche Familie ließ Hofbräuhäuser errichten, die für sie Weizenbier produzierten. Der Verkauf dieser Biere war ihnen garantiert, indem die Wirte zur Abnahme des Bieres verpflichtet wurden. Erst im 19. Jahrhundert gab die königliche Familie ihr Monopol ab. Weizenbier erlebte daraufhin eine lange Flaute, und zu Beginn des 20. Jahrhunderts gab es nur noch eine Hand voll Brauereien, die es produzierten. Erst in den letzten zwei Jahrzehnten erfreut sich das Weizenbier wieder wachsender Beliebtheit, jetzt jedoch vor allem beim jüngeren Publikum.

Das frühere Weisse Bräuhaus in München

Inzwischen hat das Bier in Bayern einen Marktanteil von über 25 %. Weizenbiere sind obergärig und werden meist mit einem gewissen Hefeanteil abgefüllt, was dem Bier seine charakteristische Lebendigkeit nach einer zweiten Gärung in der Flasche verleiht. Es gibt jedoch auch Versionen ohne Hefe. Das in der Flasche nachgärende Weizenbier wird als ‚Hefeweizen' oder ‚Hefeweißbier' bezeichnet, während man die Version ohne Hefe ‚Kristallweizen' nennt. Eine dritte Version ist das ‚Dunkle Hefeweißbier' – selbst wenn diese Begriffskombination zunächst nicht passend erscheinen. Vor Wintereinbruch wird noch eine weitere Weizenbierversion gebraut: das etwas stärkere ‚Weizenbock'.

Dunkel

Die ersten untergärigen Biere waren nicht, wie oft vermutet, die helle Version des tschechischen Pilsner Urquell, sondern sie waren dunkel. Der erste Brauer, der die kalte Gärung und Reifung verstand und konsequent anwandte, war Gabriel Sedlmayer II. von der noch heute bestehenden Spatenbrauerei. Die dunklen Biere werden vor allem in Bayern und Franken gebraut, jedoch nicht mehr in den Mengen wie noch vor dem Zweiten Weltkrieg. Ihnen wurde von den hellen Versionen der Rang abgelaufen. ‚Dunkel' wird für lokale Absatzmärkte von vielen kleinen und nur einigen größeren Brauereien, wie Spaten oder Kaltenberg, hergestellt.

Bock

Eine Biersorte mit einer deutlich regionalen Herkunft ist Bockbier, das seinen Ursprung in Einbeck hatte. Einbeck ist eine Kleinstadt in Niedersachsen, südlich von Hannover, wo schon seit dem 14. Jahrhundert gebraut wird. Die Bürger dieser Stadt erwarben das Braurecht, von dem sie mit ihren Brauhäusern umfangreichen Gebrauch machten. Viele dieser Brauhäuser besaßen keine eigenen Kessel für die Aufbewahrung des Gebräus. Daher gab es in Einbeck einen Gemeinschaftskessel, der von Haus zu Haus getragen wurde; aus diesem Grund wurden hohe Tore errichtet, wie man sie

Beck's Brauerei mit dem Schiff, das den Export symbolisiert

noch heute in der Altstadt sehen kann. Blickt man weiter nach oben, sieht man die Lüftungslöcher in den Dachgeschossen, wo die Einbecker ihr Malz zum Darren auslegten. Die Zuteilung des Braukessels wurde alljährlich bei einem Frühlingsfest ausgelost. Einbeck lag an einer wichtigen Handelsroute, was den Verkauf der Einbecker Biere erleichterte. Da die Biere über große Entfernungen transportiert wurden, machte man sie stärker und sie enthielten mehr Alkohol und Hopfen als die normalen Biere. Heutzutage haben Bockbiere einen abgerundeten, malzigen Geschmack, einen Alkoholgehalt zwischen 6 und 8 Vol.-%, sind untergärig und hell- bis dunkel-bernsteinfarben.

Beck & Co

Die Heimatstadt der Brauerei Beck & Co. ist Bremen. Mit einem Absatz von mehr als fünf Mio. Hektoliter Bier gehört Beck zu den größeren deutschen Brauereien. In Deutschland ist Beck zwar sehr bekannt, doch vor allem ist die Brauerei für die große Biermenge berühmt, die von Bremen aus in alle Welt geliefert wird. Das Exportbewusstsein ist in dieser Brauerei tief verwurzelt und war seit ihrer Gründung am 27. Juni 1873 eines der Hauptziele der Firma, das durch die zwei Weltkriege beinahe zunichte gemacht worden wäre.
Heute ist Beck in rund 100 Ländern der Welt vertreten.

Conrad Binding, Gründer der Binding-Brauerei

Bindings breite Angebotspalette

Binding

Der Binding-Konzern ist eine der größten Brauereigruppen in Deutschland und vereint etwa 25 Tochtergesellschaften, wie die Dortmunder Actien Brauerei, das Erbacher Brauhaus, die Berliner Kindl Brauerei, die Radeberger Brauerei, die Krostitzer Brauerei und auch die tschechische Krusovice. Die einzelnen Brauereien haben eine unabhängige Unternehmensführung, verfolgen aber ein gemeinsames Ziel. Der Konzernumsatz beläuft sich auf rund 1,8 Mrd. DM. Der Gründer der Binding-Brauerei war Conrad Binding, der 1870 die kleine Brauerei Ehrenfried Glock in Frankfurt erwarb, die in jener Zeit einen Ausstoß von 1500 Hektoliter Bier hatte. Im Jahr 1884 wurde die Brauerei von einem Einmannbetrieb in eine Aktiengesellschaft umgewandelt, um eine breitere Kapitalbasis zu schaffen. Die Brauerei gehörte inzwischen zu den größeren Brauereien in Deutschland.
Die Binding-Gruppe zeichnet sich durch eine breite Produktpalette aus. Dazu gehören alkoholfreie Biere, Diätbiere, Bockbiere, Weizenbiere, ein Altbier, Pilsner, Lager, ein Eisbier, Radler (ein Gemisch aus Bier und Limonade) und ein im irischen Stil gebrautes Stout. „Für jeden Geschmack das richtige Bier" – so der Wahlspruch der Brauerei.

Die imposante Brauerei von ‚Bitte ein Bit'

Bitburger

Den ersten Schritt hin zum Bitburger Konzern unternahm 1817 Johan Peter Wallenborn, als er im Alter von 33 Jahren eine Brauerei in Bitburg gründete. Wallenborn starb 1839 und hinterließ die Brauerei seiner Gemahlin. Als deren Tochter Elisabeth 1842 Ludwig Bernard Simon heiratete, übertrug sie ihm die Brauerei. Theobald Simon, der Sohn von Ludwig Bernard, übernahm die Brauerei schließlich im Jahr 1876. Theobald war von den Techniken und wissenschaftlichen Fortschritten der damaligen Brauindustrie fasziniert. Schließlich war er es, der die Brauerei in einen kommerziellen Betrieb umwandelte. Im Jahr 1883 braute Bitburger sein erstes Pilsner, woraufhin der Betrieb 1911 in Konflikt mit Pilsner Urquell geriet, die die Deutschen vor Gericht brachte, um zu verhindern, dass auch sie die Bezeichnung Pilsner benutzten. Dieser Antrag wurde jedoch 1913 zurückgewiesen und von nun an durfte jeder den Namen Pilsner benutzen. Am Ende des Zweiten Weltkriegs war die Brauerei fast völlig zerstört, und alle Kräfte mussten aufgebracht werden, damit 1945 das erste Bier wieder fließen konnte. In den ersten Nachkriegsjahren durfte in Deutschland aufgrund der Engpässe bei den Zutaten kein gewöhnliches Bier gebraut werden, weshalb sich die Deutschen bis 1949 mit einer Art ‚Dünnbier' zufrieden geben mussten. Im Jahr 1973 erreichte Bitburger die magische ‚1 Mio. Hektoliter-'-Marke. Sie erwarb 1979 Gerolsteiner Brunnen, 1991 die Köstritzer Schwarzbierbrauerei, die Schultheiss-Brauerei in Weissenthurm 1993 und 1997 die polnische Brauerei Browar Szczecin. Im Jahr 1995 produzierte die Bitburger Brauerei Theo Simon mehr als 4 Mio. Hektoliter Bier, und bis heute ist sie immer noch im Familienbesitz.

Diebels

Die Geschichte der Familienbrauerei Diebels ist nicht durch königliche Interventionen, ausgebombte Gebäude oder große Sorten gekennzeichnet. Der Gründer der Brauerei war Josef Diebels, der im Alter von 32 Jahren seine eigene Brauerei in Issum errichtete. Im Lauf der Zeit ist die Brauerei beständig gewachsen – außer in den Nachkriegsjahren, doch auch diese Phase konnte Diebels ohne größeren Schaden überstehen. Um 1968 wurde Diebels eine der ersten Brauereien, die für ihre obergärigen Biere senkrechte, zylindrische Gärtanks einsetzte. Im Jahr 1970 ging die Familienbrauerei dazu über, sich auf Altbier zu spezialisieren. Dass dies ein Schritt in die richtige Richtung war, beweisen die Statistiken der Marktanteile der Brauerei: Im Bereich Altbier weist Diebels einen Marktanteil von ungefähr 60 Prozent auf, was einer Menge von 1,5 Mio. Hektoliter entspricht.

Jever

In der ostfriesischen Stadt Jever befindet sich trotz der Randlage des Ortes eine Brauerei, die fast 1,5 Mio. Hektoliter Pilsner produziert, das fast in ganz Deutschland als das bittere, trockene Jever bekannt ist. Die Brauerei wurde 1848 von der Familie König als eine Familienbrauerei gegründet. Im Jahr 1867 wurde der Betrieb von Theodor Fetköter erworben. Der jetzige Eigentümer, die Bavaria-St.Pauli-Brauerei, übernahm den bis dahin als kleine Familienbrauerei geführten Betrieb und machte daraus ein modernes Unternehmen. Zum Angebot von Jever gehören das Pilsner, ein leichtes Bier (alkoholarm) und das alkoholfreie Fun Jever.

Josef Diebels, Gründer der Diebels-Brauerei

Die Glastürme des Friesischen Brauhauses zu Jever

Nostalgie in der Köstritzer Schwarzbierbrauerei

Köstritzer

Diese Schwarzbierbrauerei ist eine der vielen Brauereien, die aus westdeutscher Sicht hinter dem Eisernen Vorhang verschwand – genau so wie das Schwarzbier, das zu jener Zeit nur gebraut werden konnte, wenn die Kapazität nicht für das Brauen gewöhnlicher Biere benötigt wurde. Nach der deutschen Wiedervereinigung wurden viele Brauereien der ehemaligen DDR von westlichen Unternehmen aufgekauft. Bitburger, und vor allem Dr. Axel Simon, ein Nachfahre des Brauereigründers, erkannte ein hohes Potential für Schwarzbier und übernahm die Brauerei. Nach den ersten notwendigen Investitionen in Technologie, Ausrüstung und Verkaufsmanagement wurde der ehemals staatliche Betrieb in ein modernes Unternehmen umgewandelt. Heute werden jährlich fast 300 000 hl Schwarzbier produziert, die in ganz Deutschland und in 22 anderen Ländern verkauft werden. Dieser Erfolg ist zweifelsohne das Ergebnis einer effektiven Marketingstrategie, doch auch eines hochwertigen Produktes, das gut zum Geist und Stil der modernen Zeit passt.

Küppers

Diese 1893 gegründete Brauerei ist stolz darauf, die jüngste und zugleich auch noch die größte Kölsch-Brauerei zu sein und nun schon seit rund 30 Jahren beim Kölner Braustil den Ton anzugeben. Im Jahr 1914 zog die Brauerei in die Alteburger Straße, wo noch heute gebraut wird, wenngleich in einem neuen Gebäude, das 1965 hier errichtet wurde. Das erste Kölsch braute Küppers erst 1962. Das Unternehmen hat jedoch als erste Brauerei das Kölner Bier in Flaschen abgefüllt und war daher in der Lage, den Markt zu erobern, wo auf das Unternehmen derzeit 40 % des gesamten Kölsch-Absatzes entfallen. Im Jahr 1991 übernahm die niederländische Grolsch-Gruppe die Brauerei und verkaufte sie bereits 1994 wieder an Brau und Brunnen, die damals größte Brauereigruppe in Deutschland. Das Kölner Bier von Küppers enthält einen geringen Weizenanteil und schmeckt leicht süßlich.

Maisel's

Mit einem Ausstoß von einer halben Million Hektoliter Bier ist die Brauerei Gebrüder Maisel zwar nicht die größte Brauerei, doch im Segment der Weizenbiere unbestritten eine der wichtigsten. Maisel's nahm den Betrieb 1887 auf, als die Brüder Hans und Eberhardt die Familienbrauerei in Bayreuth gründeten. Das für jene Zeit typische, rote Backsteingebäude beherbergt heute ein Brauerei- & Büttnerei-Museum, das alljährlich Tausende von Besucher anzieht und somit die Tradition bewahrt hat. Nach über einem Jahrhundert seit der Gründung ist Maisel's wieder unter der Leitung von zwei Brüdern, Hans und Oscar Maisel. Die Produktpalette bietet neben den bekannten Weizenbieren wie

Die jüngste und größte Kölsch-Brauerei

Maisel's Weizenbier ist in ganz Deutschland bekannt.

Das moderne Brauhaus von Schneider & Sohn

Maisel's Weisse auch das Maisel's Edelhopfen Diät-Pilsner und das Kritzenthaler alkoholfreie Pilsner.

Schneider Weisse

Diese Famileinbrauerei in Kelheim gibt sich noch heute gerne ‚Münchnerisch'. Hier pachtete Georg Scheider I. 1855 das königliche ‚Weisse Hofbräuhaus München' von König Max II. Damals lag das Braumonopol für Weizenbier bei den bayerischen Monarchen, weshalb es in Hofbrauereien gebraut wurde. Als die Beliebtheit von Weizenbier immer weiter zurückging, gaben die Monarchen ihr Monopol auf. Georg Schneider machte davon dankbaren Gebrauch und erwarb 1872 die Brauerei zusammen mit den Braurechten und konzentrierte sich, zusammen mit seinem Sohn, auf die Produktion von Weizenbieren. Das Weißbier gewann aber bald doch wieder an Beliebtheit, und die Brauerei in München wurde zur größten Weißbierbrauerei in Süddeutschland. In dieser erfolgreichen Zeit kauften Schneider & Sohn mehrere andere Weizenbierbrauereien auf, unter anderem 1928 diese in Kelheim, die zu den ältesten in Bayern gehörte. Als der Hauptbetrieb in München 1944 bei einem Bombenangriff zerstört wurde, verlagerte man die Produktion nach Kelheim. Seit seiner Gründung wurde das Unternehmen von Georg Schneider geführt – allerdings von fünf verschiedenen. Eine Ausnahme bildete die Zeit von 1905–1927, als die Witwe von Georg Schneider III, Mathilde, den Betrieb erfolgreich führte. Inzwischen steht die Betriebsübernahme durch den sechsten Georg bevor, der jedoch schon jetzt einen wichtigen Beitrag zur Familientradition geleistet hat: 1995 wurde Georg VII. geboren.

Schultheiss

Die Schultheiss-Gruppe ist ein Zusammenschluss von einerseits zwei früheren ostdeutschen Brauereien, der Berliner Pilsner-Brauerei in Berlin und der Oderland-Brauerei in Frankfurt/Oder, sowie andererseits der Schultheiss-Brauerei aus dem Westen Berlins. Diese Gruppe wiederum ist eine Tochtergesellschaft des großen deutschen Konzerns Brau und Brunnen. Die Gruppe hat große Summen in die veralteten Brauereien investiert und

Das 1988 in Betrieb genommene Brauereigelände v. Schultheiss

Die Brauerei Weihenstephan mit der Fakultät

bildet heute eine moderne Organisation mit einem Jahresausstoß von mehr als 3 Mio. Hektoliter. Der größte Absatz von Schultheiss-Bier erfolgt auf lokaler Ebene. Zu den Bieren dieser Gruppe gehören die obergärige Schultheiss Original Berliner Weisse, das Schultheiss Diät-Schankbier, Schultheiss Pilsener, Schultheiss Lager Schwarz, Aecht Patzenhofer Premium Pilsener, Spitzkrug Märkisches Pils und Berliner Pilsener.

Weihenstephan

Im bayerischen Freising erwarb die Benediktinerabtei unter Abt Arnold die Rechte, Bier zu brauen und es in der Stadt zu verkaufen. Dies geschah bereits 1040, was die Bayerische Staatsbrauerei zur ältesten Brauerei der Welt macht. Im Jahr 1803 eignete sich der Staat, der kurz darauf zum Königreich erhoben wurde, diese Braurechte zusammen mit dem gesamten Besitz der Weihenstephaner Abtei an. Die ‚Königlich Bayerische Staatsbrauerei Wei-

Rauchbier aus Bamberg

Hefeweissbier vom Alpirsbacher Kloster

Ein altes Lagerbier aus einer alten Brauerei

henstephan, trägt zwar nicht mehr das ‚Königlich' im Namen, doch ist das königliche Wappen noch immer auf jedem Etikett zu sehen, das die Brauerei verlässt. Weihenstephan ist in erster Linie für seine Weizenbiere, aber auch für die zur Brauerei gehörenden Forschungseinrichtungen bekannt. Jedes Jahr werden von den rund 100 Angestellten mehr als 200 000 Hektoliter Bier gebraut.

Aecht Schenkerla Rauchbier

Biersorte:	Rauchbier
Alkoholgehalt:	4,8 Vol.-%
Flascheninhalt:	0,5 Liter
Empf. Trinktemperatur:	6–8 °C
Gärung:	Untergärig
Brauer:	Heller Brauerei, Bamberg, seit 1678

BESONDERHEITEN

Eine bekannte Spezialität aus Bamberg ist das Rauchbier. Für dieses Bier wird das Gerstenmalz über brennendem Buchenholz gedarrt. So entsteht der rauchige Geschmack dieses dunklen Bieres.

Alpirsbacher Kloster Hefeweissbier

Biersorte:	Weizenbier
Alkoholgehalt:	5,2 Vol.-%
Flascheninhalt:	0,5 Liter
Empf. Trinktemperatur:	6–8 °C
Gärung:	Obergärig
Brauer:	Alpirsbacher Klosterbräu, C. Glauner, seit 1880

BESONDERHEITEN

Alpirsbacher wird nach dem Reinheitsgebot mit dem brauereieigenen, unbehandelten Quellwasser gebraut. Das in der Flasche nachgärende Weizenbier reift in den Kellern unter dem Glockenturm des 1095 gegründeten Klosters. Der Geschmack des hellgelben Bieres ist frisch-fruchtig.

Alt Münchener Dunkelgold

Biersorte:	Lagerbier – Münchener
Alkoholgehalt:	5,5 Vol.-%
Flascheninhalt:	0,5 Liter
Empf. Trinktemperatur:	8 °C
Gärung:	Untergärig
Brauer:	Hofbräu München, München, seit 1589

Das Bockbier der Klosterbrauerei Andechs

BESONDERHEITEN
Dunkle Biere dieser Art gab es schon vor Einführung der hellen, untergärigen Biere. HB braut dieses Alt Münchener nach dem Reinheitsgebot. Das mittelbraune Bier hat einen vollen, malzigen Geschmack.

Andechs Doppelbock Dunkel

Biersorte:	Bockbier
Alkoholgehalt:	7,1 Vol.-%
Flascheninhalt:	0,5 Liter
Empf. Trinktemperatur:	10–12 °C
Gärung:	Obergärig
Brauer:	Klosterbrauerei Andechs, Andechs

BESONDERHEITEN
Dunkles Bockbier, gebraut nach dem Reinheitsgebot. Andechser Bier gehört zu den letzten noch übrig gebliebenen Klosterbieren in Deutschland, bei denen das Brauen immer noch in den Händen der Mönche liegt.

Andechser Weissbier

Biersorte:	Weizenbier
Alkoholgehalt:	5,1 Vol.-%
Flascheninhalt:	0,5 Liter
Empf. Trinktemperatur:	6–8 °C
Gärung:	Obergärig
Brauer:	Klosterbrauerei Andechs, Andechs

BESONDERHEITEN
In der Flasche nachgärendes Klosterbier, nach dem Reinheitsgebot gebraut.

Im Kloster gebrautes Weizenbier

Aventinus

Biersorte:	Weizenbier
Alkoholgehalt:	8,0 Vol.-%
Flascheninhalt:	0,5 Liter
Empf. Trinktemperatur:	10–12 °C
Gärung:	Obergärig
Brauer:	Weißbierbrauerei G. Schneider & Sohn, Kelheim, seit 1872

BESONDERHEITEN
Aventinus ist ein starkes, obergäriges, in der Flasche nachgärendes Bier. Dieses dunkle, fast rubinrote Weizenbier wird nach dem Reinheitsgebot gebraut. Die Brauerei stellt Weizenstarkbier seit 1907 her und war damit eine der ersten in Bayern. Der Name Aventinus kommt von dem Namen einer Straße in München, wo die Brauerei ursprünglich gestanden hat.

Die starke Weizenbierversion von Schneider & Sohn

100 % Weizenmalzbier, Bavaria Weitz

Das Exportbier aus Bremen

Silbernagels Bellheimer mit Hefe

Bavaria Weitz

Biersorte:	Weizenbier
Alkoholgehalt:	5,3 Vol.-%
Flascheninhalt:	0,5 Liter
Empf. Trinktemperatur:	6–8 °C
Gärung:	Obergärig
Brauer:	Familienbrauerei Eder, Großostheim

BESONDERHEITEN
Bavaria Weitz soll das erste Weizenbier sein, das nur aus Weizenmalz besteht.

Beck's

Biersorte:	Pilsner
Alkoholgehalt:	5,0 Vol.-%
Flascheninhalt:	0,33 Liter
Empf. Trinktemperatur:	6 °C
Gärung:	Untergärig
Brauer:	Brauerei Beck & Co., Bremen

BESONDERHEITEN
Ein helles, nach dem Reinheitsgebot gebrautes Pilsner. Beck's hat einen neutralen Geschmack mit einem leicht malzigen Aroma und ist für ein „Weltbier" wie geschaffen.

Bellheimer Weiz'n Bräu Hefe-Weizen

Biersorte:	Weizenbier
Alkoholgehalt:	5,4 Vol.-%
Flascheninhalt:	0,5 Liter
Empf. Trinktemperatur:	6–8 °C
Gärung:	Obergärig
Brauer:	Brauerei K. Silbernagel, Bellheim

BESONDERHEITEN
In der Flasche nachgärendes Weizenbier, nach dem Reinheitsgebot gebraut.

Bellheimer Weiz'n Bräu Kristall

Biersorte:	Weizenbier
Alkoholgehalt:	4,9 Vol.-%

Kristallklares Weizenbier aus Bellheim

Ein Teil von Schultheiss: Berliner Pilsener

Flascheninhalt:	0,5 Liter
Empf. Trinktemperatur:	6–8 °C
Gärung:	Obergärig
Brauer:	Brauerei K. Silbernagel, Bellheim

BESONDERHEITEN
Klares, helles Weizenbier, nach dem Reinheitsgebot gebraut.

Berliner Pilsener

Biersorte:	Pilsner
Alkoholgehalt:	5,0 Vol.-%
Flascheninhalt:	0,5 Liter
Empf. Trinktemperatur:	6 °C
Gärung:	Untergärig
Brauer:	Berliner Pilsner Brauerei, Berlin, seit 1842

BESONDERHEITEN
Der Ursprung dieser Brauerei befindet sich im Ostteil der Stadt. Die Gesellschaft wurde 1902 als Brauerei Gabriel und Richter gegründet. Heute ist sie ein Teil der Schultheiss-Gruppe. Dieses, nach dem Reinheitsgebot gebraute Pilsner hat einen hohen Gehalt an Kohlensäure, was das helle Bier besonders lebendig macht.

Binding Lager

Biersorte:	Lager
Alkoholgehalt:	4,5 Vol.-%
Doseninhalt:	0,5 Liter
Empf. Trinktemperatur:	6–8 °C
Gärung:	Untergärig
Brauer:	Binding-Brauerei, Frankfurt, seit 1870

Das helle Lager von Binding

BESONDERHEITEN
Binding Lager ist ein helles Bier mit einem frischen, neutralen Geschmack und einem runden, malzigen Aroma.

Bitburger Premium Pils

Biersorte:	Pilsner
Alkoholgehalt:	4,6 Vol.-%
Flascheninhalt:	0,3 Liter
Empf. Trinktemperatur:	6–8 °C
Gärung:	Untergärig
Brauer:	Bitburger Brauerei, Theo Simon, Bitburg, seit 1817

BESONDERHEITEN
Bitburger gehört zu den am meisten verkauften Pilsnern in Deutschland. Es ist nach dem Reinheitsgebot gebraut, hat einen milden Malzcharakter und eine angenehme Hopfenbittere. Das Premium Pils wird nicht pasteurisiert.

Bläck Mäx

Biersorte:	Schwarzbier
Alkoholgehalt:	4,9 Vol.-%
Flascheninhalt:	0,5 Liter
Empf. Trinktemperatur:	6–8 °C
Gärung:	Untergärig
Brauer:	Brauerei Moritz Fiege, Bochum, seit 1878

Das milde Bläck Mäx von Moritz Fiege

BESONDERHEITEN
Bläck Mäx ist ein sehr dunkles Schwarzbier mit einem eigenen, frischen Geschmack. Es weist nicht den bitteren, gerösteten Geschmack auf, den die Farbe vermuten lässt, sondern eher eine klare Frische, die zusammen mit der fehlenden Kohlensäure ein mildes Bier mit einem Hauch Bittere im Nachtrunk ergibt. Es wird nach dem Reinheitsgebot gebraut.

Bölkstoff

Biersorte:	Pilsner
Alkoholgehalt:	4,9 Vol.-%
Flascheninhalt:	0,33 Liter
Empf. Trinktemperatur:	6–8 °C
Gärung:	Untergärig
Brauer:	Gilde-Brauerei, Hannover

BESONDERHEITEN
Ein helles, nach dem Reinheitsgebot gebrautes Pilsner, bekannt geworden durch die „Werner“-Comics.

Bolten Alt

Biersorte:	Altbier
Alkoholgehalt:	4,7 Vol.-%
Flascheninhalt:	0,5 Liter

Bitte ein Bit

Ein lustiges Etikett

Altbier aus Korschenbroich

Dampfbier aus Essen-Borbeck

Empf. Trinktemperatur:	8 °C
Gärung:	Obergärig
Brauer:	Bolten-Brauerei, Korschenbroich, seit 1266

BESONDERHEITEN

Die älteste Altbier-Brauerei der Welt befindet sich in Korschenbroich. Das braune, dünne Bolten Alt, das hier nach dem Reinheitsgebot gebraut wird, hat einen malzigen, leicht gerösteten Geschmack mit einem leicht bitteren Hintergrund. Das Altbier verbirgt sich unter einer kleinen, kompakten Schaumkrone.

Borbecker Helles Dampfbier

Biersorte:	Dampfbier
Alkoholgehalt:	4,8 Vol.-%
Flascheninhalt:	0,5 Liter
Empf. Trinktemperatur:	6–8 °C
Gärung:	Obergärig
Brauer:	Stern-Dampfbierbrauerei, Essen-Borbeck, seit 1896

BESONDERHEITEN

Ein helles, klares Dampfbier mit einem milden, malzigen Aroma und leicht süßlichem Geschmack.

Brinkoffs No. 1

Biersorte:	Pilsner
Alkoholgehalt:	5,0 Vol.-%
Flascheninhalt:	0,5 Liter
Empf. Trinktemperatur:	6–8 °C
Gärung:	Untergärig
Brauer:	Dortmunder Union, Dortmund, seit 1873

BESONDERHEITEN

Von 1873 bis 1923 war Fritz Brinkhoff der erste Braumeister der Dortmunder Union. Dieses helle Pilsner wird heute nach seinem Rezept gebraut. No. 1 ist ein mildes Bier mit hohem Kohlensäuregehalt, einem leicht hopfigen Aroma und einem trockenen Nachtrunk.

Brinkhoff war der erste Braumeister der Dortmunder Union.

Claustaler Premium Alkoholfrei

Biersorte:	Alkoholfreies Bier
Alkoholgehalt:	0,4 Vol.-%
Flascheninhalt:	0,5 Liter
Empf. Trinktemperatur:	6 °C
Gärung:	Untergärig
Brauer:	Binding-Brauerei, Frankfurt am Main, seit 1870

BESONDERHEITEN
Clausthaler ist ein sehr erfolgreiches, alkoholfreies Bier, gebraut nach dem Reinheitsgebot. Dieses hellgelbe Bier hat einen neutralen Geschmack mit süß-malzigem Geruch und Aroma und einem leicht bitteren Nachtrunk, der nicht allzu lange anhält.

D-Pils

Biersorte:	Pilsner – Diätbier
Alkoholgehalt:	4,9 Vol.-%
Flascheninhalt:	0,33 Liter
Empf. Trinktemperatur:	6 °C
Gärung:	Untergärig
Brauer:	Wicküler-Brauerei, Wuppertal

BESONDERHEITEN
D-Pils wird nach dem Reinheitsgebot gebraut. Es hat einen ‚normalen' Alkoholgehalt, enthält aber weniger Kohlenhydrate, wodurch es (nach Absprache mit einem Arzt) auch für Diabetiker geeignet ist.

DAB Diät Pils

Biersorte:	Diät-Pilsner
Alkoholgehalt:	4,8 Vol.-%
Flascheninhalt:	0,33 Liter
Empf. Trinktemperatur:	6–8 °C
Gärung:	Untergärig
Brauer:	Dortmunder Actien Brauerei, Dortmund, seit 1868

BESONDERHEITEN
DAB Diät Pils eignet sich nicht besonders für Diabetiker. Das Bier wird nach dem Reinheitsgebot

Dortmunder wird in Dortmund als Export bezeichnet.

Das wohlbekannte Clausthaler alkoholfreie Bier

Diätbier von Wicküler

Weniger Kalorien bei einem ‚normalen' Alkoholgehalt

Das süßliche Dortmunder

Das Pilsener von DAB

DAB Strong hat einen etwas schärferen Geschmack.

gebraut, daher wurden keine Zuckerersatzstoffe verwendet.

DAB Export

Biersorte:	Dortmunder
Alkoholgehalt:	5,1 Vol.-%
Flascheninhalt:	0,5 Liter
Empf. Trinktemperatur:	6–8 °C
Gärung:	Untergärig
Brauer:	Dortmunder Actien Brauerei, Dortmund, seit 1868

BESONDERHEITEN

Dieses helle, im Dortmunder Stil gebraute Bier ist leicht, hat einen süßlichen, malzigen Geschmack und einen trockenen Hintergrund. Das Export wird nach dem Reinheitsgebot gebraut.

DAB Original

Biersorte:	Dortmunder
Alkoholgehalt:	5,0 Vol.-%
Flascheninhalt:	0,33 Liter
Empf. Trinktemperatur:	6 °C
Gärung:	Untergärig
Brauer:	Dortmunder Actien Brauerei, Dortmund, seit 1868

BESONDERHEITEN

Ein helles, untergäriges Bier, nach dem Reinheitsgebot gebraut. Es hat einen leicht süßlichen Geschmack.

DAB Pilsener

Biersorte:	Pilsner
Alkoholgehalt:	4,8 Vol.-%
Flascheninhalt:	0,5 Liter
Empf. Trinktemperatur:	6–8 °C
Gärung:	Untergärig
Brauer:	Dortmunder Actien Brauerei, Dortmund, seit 1868

BESONDERHEITEN

Ein helles, nach dem Reinheitsgebot gebrautes Pilsner.

Das dunkle Bier nach altem Stil

DAB Strong

Biersorte:	Pilsner
Alkoholgehalt:	4,9 Vol.-%
Flascheninhalt:	0,5 Liter
Empf. Trinktemperatur:	6–8 °C
Gärung:	Untergärig
Brauer:	Dortmunder Actien Brauerei, Dortmund, seit 1868

BESONDERHEITEN
Ein helles Pilsner der DAB, das laut Brauerei aufgrund des dafür verwendeten australischen Hopfens einen schärferen Geschmack hat.

Diebels Alt

Biersorte:	Alt
Alkoholgehalt:	4,8 Vol.-%
Flascheninhalt:	0,33/0,5 Liter
Empf. Trinktemperatur:	8 °C
Gärung:	Obergärig
Brauer:	Brauerei Diebels, Issum, seit 1878

BESONDERHEITEN
Diebels Alt, nach dem Reinheitsgebot gebraut, hat einen milden, neutralen Geschmack mit einem angenehm fruchtigen Aroma, einem kurzen, trockenen Hintergrund und einem bitteren Nachtrunk.

Diebels Light

Biersorte:	Altbier – light
Alkoholgehalt:	2,7 Vol.-%
Flascheninhalt:	0,33/0,5 Liter
Empf. Trinktemperatur:	6 °C
Gärung:	Obergärig
Brauer:	Brauerei Diebels, Issum, seit 1878

BESONDERHEITEN
Diebels Light hat 40 % weniger Alkohol als das ursprüngliche Altbier. Es wird nach dem Reinheitsgebot gebraut.

Dom Kölsch

Biersorte:	Kölsch
Alkoholgehalt:	4,8 Vol.-%
Flascheninhalt:	0,5 Liter
Empf. Trinktemperatur:	6–8 °C
Gärung:	Obergärig
Brauer:	Dom-Brauerei, Köln

BESONDERHEITEN
Ein helles, nach dem Reinheitsgebot gebrautes Bier, mit einem malzig-süßen Geschmack und einem leicht bitteren Nachtrunk.

Dortmunder Union Export

Biersorte:	Dortmunder
Alkoholgehalt:	5,3 Vol.-%
Flascheninhalt:	0,5 Liter
Empf. Trinktemperatur:	6–8 °C
Gärung:	Untergärig
Brauer:	Dortmunder Union, Dortmund, seit 1873

BESONDERHEITEN
Dortmunder Union Export ist eine europaweit bekannte Dortmunder-Version. Es wird nach dem Reinheitsgebot gebraut und hat ein betont malziges Aroma mit einem neutralen, trockenen Geschmack.

Diebels Light enthält 40 % weniger Alkohol.

Ist Köln nicht als Domstadt bekannt?

Das ‚Dortmunder' der Dortmunder Union

Eichbaum Dunkles Weizen

Biersorte:	Weizenbier
Alkoholgehalt:	5,0 Vol.-%
Flascheninhalt:	0,5 Liter
Empf. Trinktemperatur:	6–8 °C
Gärung:	Obergärig
Brauer:	Eichbaum-Brauereien, Mannheim

BESONDERHEITEN
Dunkles, in der Flasche nachgärendes Weizenbier, gebraut nach dem Reinheitsgebot.

Eichbaum Hefe Weizen

Biersorte:	Weizenbier
Alkoholgehalt:	5,0 Vol.-%
Flascheninhalt:	0,5 Liter
Empf. Trinktemperatur:	6–8 °C
Gärung:	Obergärig
Brauer:	Eichbaum-Brauereien, Mannheim

BESONDERHEITEN
Trübes, in der Flasche nachgärendes Weizenbier, gebraut nach dem Reinheitsgebot.

Einbecker Mai-Ur-Bock

Biersorte:	Bockbier
Alkoholgehalt:	6,5 Vol.-%
Flascheninhalt:	0,33 Liter
Empf. Trinktemperatur:	8–10 °C
Gärung:	Untergärig
Brauer:	Einbecker Brauhaus, Einbeck

BESONDERHEITEN
Dieses helle Maibock aus dem Einbecker Brauhaus wird nach dem Reinheitsgebot gebraut. Es ist ein starkes Saisonbier mit einem angenehm malzigen Aroma und einem leicht süßlichen Geschmack.

Ohne Einbecker kein Bock

EKU 28

Biersorte:	Bockbier
Alkoholgehalt:	11,0 Vol.-%

Dunkles Weizenbier aus den Eichbaum-Brauereien

Eichenbaum Weizenbier mit Hefe

EKU 28 ist ein sehr starkes Bier.

Die Bock-Version aus dem Erdinger Weissbräu

Das frisch-fruchtige Erdinger Weißbier

Dunkles Weißbier aus Erding

Flascheninhalt:	0,33 Liter
Empf. Trinktemperatur:	12–18 °C
Gärung:	Untergärig
Brauer:	Erste Kulmbacher Actienbrauerei, Kulmbach, seit 1872

BESONDERHEITEN
Auf dem Etikett des EKU 28 ist zu lesen, dass es sich um das stärkste Bier der Welt handelt. Das Gleiche jedoch behauptet von sich auch das Schweizer Bier Samichlaus (Nikolaus), auf das diese Aussage bei 14–16 Vol.-% wohl eher zutrifft. EKU 28, benannt nach seinem Stammwürzgehalt, ist ein bernsteinfarbenes Bier, das mit weich gemachtem Wasser aus dem Fichtelgebirge hergestellt wird.

Erdinger Pikantus Weizenbock

Biersorte:	Weizenbockbier, dunkel
Alkoholgehalt:	7,3 Vol.-%
Flascheninhalt:	0,5 Liter
Empf. Trinktemperatur:	8–10 °C
Gärung:	Obergärig
Brauer:	Erdinger Weissbräu, Erding

BESONDERHEITEN
Dunkles, in der Flasche nachgärendes Weizenbier, gebraut nach dem Reinheitsgebot.

Erdinger Weißbier

Biersorte:	Weizenbier
Alkoholgehalt:	5,3 Vol.-%
Flascheninhalt:	0,5 Liter
Empf. Trinktemperatur:	6–8 °C
Gärung:	Obergärig
Brauer:	Erdinger Weissbräu, Erding

BESONDERHEITEN
Helles, in der Flasche nachgärendes Weizenbier. Dieses nach dem Reinheitsgebot gebraute Bier besticht durch seinen fruchtig-frischen Geschmack.

Erdinger Weißbier Dunkel

Biersorte:	Weizenbier
Alkoholgehalt:	5,6 Vol.-%
Flascheninhalt:	0,5 Liter
Empf. Trinktemperatur:	6–8 °C
Gärung:	Obergärig
Brauer:	Erdinger Weissbräu, Erding

BESONDERHEITEN
Dunkles, in der Flasche nachgärendes und nach dem Reinheitsgebot gebrautes Weizenbier.

Erdinger Weißbier Kristallklar

Biersorte:	Weizenbier
Alkoholgehalt:	5,3 Vol.-%
Flascheninhalt:	0,5 Liter
Empf. Trinktemperatur:	6–8 °C
Gärung:	Obergärig
Brauer:	Erdinger Weissbräu, Erding

BESONDERHEITEN
Gefiltertes Weizenbier, nach dem Reinheitsgebot gebraut.

Ettaler Curator

Biersorte:	Doppelbock
Alkoholgehalt:	7,0 Vol.-%
Flascheninhalt:	0,5 Liter
Empf. Trinktemperatur:	8–10 °C

Die gefilterte Version des Erdinger Weißbiers

Gärung:	Untergärig
Brauer:	Klosterbrauerei Ettal, Ettal

BESONDERHEITEN
Dunkles Bier, produziert innerhalb der Mauern des Ettaler Klosters mit Wasser aus den umliegenden Bergen. Dieser Doppelbock ist nach dem Reinheitsgebot gebraut.

Fairlight

Biersorte:	Leichtes Pilsner
Alkoholgehalt:	2,9 Vol.-%
Flascheninhalt:	0,5 Liter
Empf. Trinktemperatur:	6–8 °C
Gärung:	Untergärig
Brauer:	Krombacher Brauerei, Kreuztal-Krombach

BESONDERHEITEN
Dieses alkoholreduzierte Pilsner ist ein leichtes Bier mit 40 % weniger Alkohol und somit auch beträchtlich weniger Kalorien als das ursprüngliche Pilsner. Das nach dem Reinheitsgebot gebraute Fairlight kann aber dennoch eine große Ähnlichkeit mit stärkeren Pilsner-Bieren aufweisen.

Das Ettaler Klosterbier Curator

Die leichte Version des beliebten Krombacher

Alkoholfreies Diätbier der Feldschlösschen-Brauerei

Das obergärige Alt von Fels Krone

Für Fels Krone in Köln gebraut

Feldschlösschen Malz Light

Biersorte:	Diätbier
Alkoholgehalt:	0,0 Vol.-%
Flascheninhalt:	0,5 Liter
Empf. Trinktemperatur:	6 °C
Gärung:	k.A.
Brauer:	Feldschlösschen-Spezialbierbrauerei, Hamminkeln

BESONDERHEITEN

Dieses Diätbier eignet sich für Diabetiker, für Kalorienzähler und natürlich auch besonders für Autofahrer.

Fels Krone Alt

Biersorte:	Altbier
Alkoholgehalt:	4,8 Vol.-%
Flascheninhalt:	0,5 Liter
Empf. Trinktemperatur:	6–8 °C
Gärung:	Obergärig
Brauer:	Linden-Brauerei, Unna

BESONDERHEITEN

Frisches, obergäriges Altbier, gebraut nach dem Reinheitsgebot.

Fels Krone Kölsch

Biersorte:	Kölsch
Alkoholgehalt:	4,9 Vol.-%
Flascheninhalt:	0,5 Liter
Empf. Trinktemperatur:	6–8 °C
Gärung:	Obergärig
Brauer:	Hubertus-Brauerei, Köln

BESONDERHEITEN

Ein helles, nach dem Reinheitsgebot gebrautes Bier im Stil eines Kölsch.

Fels Krone Pilsener

Das Düsseldorfer Frankenheim

Franziskaner Weizenbier mit Hefe

Dunkles Weizenbier aus München

Fels Krone Pilsener

Biersorte:	Pilsner
Alkoholgehalt:	4,8 Vol.-%
Flascheninhalt:	0,5 Liter
Empf. Trinktemperatur:	6–8 °C
Gärung:	Untergärig
Brauer:	Linden-Brauerei, Unna

BESONDERHEITEN
Ein helles Pilsner, gebraut nach dem Reinheitsgebot.

Frankenheim Alt

Biersorte:	Altbier
Alkoholgehalt:	4,8 Vol.-%
Flascheninhalt:	0,5 Liter
Empf. Trinktemperatur:	6–8 °C
Gärung:	Obergärig
Brauer:	Brauerei Frankenheim, Düsseldorf, seit 1873

BESONDERHEITEN
Frankenheim Alt ist ein rotbraunes, obergäriges Bier mit einem hopfigen Aroma. Das Bier wird nach dem Reinheitsgebot gebraut.

Franziskaner Hefe-Weissbier

Biersorte:	Weizenbier
Alkoholgehalt:	5,0 Vol.-%
Flascheninhalt:	0,5 Liter
Empf. Trinktemperatur:	6–8 °C
Gärung:	Obergärig
Brauer:	Spaten-Franziskaner-Bräu, München

BESONDERHEITEN
In der Flasche nachgärendes Weizenbier, gebraut nach dem Reinheitsgebot.

Franziskaner Hefe-Weissbier Dunkel

Biersorte:	Weizenbier
Alkoholgehalt:	5,0 Vol.-%
Flascheninhalt:	0,5 Liter
Empf. Trinktemperatur:	6–8 °C
Gärung:	Obergärig
Brauer:	Spaten-Franziskaner-Bräu, München

BESONDERHEITEN
Dunkles Weizenbier mit Nachgärung in der Flasche, gebraut nach dem Reinheitsgebot.

Franz Joseph Jubelbier

Biersorte:	Dunkelbier
Alkoholgehalt:	5,5 Vol.-%
Flascheninhalt:	0,5 Liter
Empf. Trinktemperatur:	8 °C
Gärung:	Untergärig
Brauer:	Brauerei Franz Joseph Sailer, Marktoberdorf

BESONDERHEITEN
Das in einer originellen Flasche abgefüllte Bier wird in Holzkästen verkauft.

Früh Kölsch

Biersorte:	Kölsch
Alkoholgehalt:	4,8 Vol.-%
Flascheninhalt:	0,5 Liter
Empf. Trinktemperatur:	6–8 °C
Gärung:	Obergärig
Brauer:	Cölner Hofbräu Früh, Köln

BESONDERHEITEN
Nach einem Besuch des Kölner Doms gelangt man nach etwa 100 Metern direkt zum kleinen Platz

Die Flasche mit dem Bügelverschluss aus Marktoberdorf

Früh Kölsch vom Cölner Hofbräu

'Am Hof', wo in der Gaststätte von Peter Josef Früh Kölner Spezialitäten angeboten werden. Das helle Kölsch wird nach dem Reinheitsgebot gebraut, hat ein hopfiges, fruchtiges Aroma und einen trockenen Nachtrunk.

Fürstenberg Premium Pils

Biersorte:	Pilsner
Alkoholgehalt:	4,8 Vol.-%
Flascheninhalt:	0,5 Liter
Empf. Trinktemperatur:	6–8 °C
Gärung:	Untergärig
Brauer:	Fürstlich Fürstenbergische Brauerei, Donaueschingen, seit 1283

BESONDERHEITEN
Fürstenberger Pilsner ist ein nach dem Reinheitsgebot gebrautes Bier mit einem malzigen Aroma und einem trockenen, leicht bitteren Nachtrunk.

Gaffel Kölsch

Biersorte:	Kölsch
Alkoholgehalt:	4,8 Vol.-%
Flascheninhalt:	0,5 Liter
Empf. Trinktemperatur:	6–8 °C
Gärung:	Obergärig

Fürstenberg Premium Pilsener aus Donaueschingen

Das helle, neutrale Gaffel Kölsch

Brauer:	Gaffel-Brauerei, Köln, seit 1302

BESONDERHEITEN

Dieses Kölner Bier, gebraut von der Familie Becker, ist von hellgelber Farbe und hat einen neutralen Geschmack mit einem vollen, malzigen Aroma und einem trockenen Hintergrund.

Gatz Altbier

Biersorte:	Altbier
Alkoholgehalt:	4,8 Vol.-%
Flascheninhalt:	0,5 Liter
Empf. Trinktemperatur:	8 °C
Gärung:	Obergärig
Brauer:	Gatzweiler-Brauerei, Düsseldorf

BESONDERHEITEN

‚Gönn dir 'n Gatz' ist der Slogan, mit dem die Brauerei für dieses Altbier wirbt, das nach dem Reinheitsgebot gebraut wird.

Gilden Kölsch

Biersorte:	Kölsch
Alkoholgehalt:	4,8 Vol.-%
Flascheninhalt:	0,5 Liter
Empf. Trinktemperatur:	6–8 °C

Gönn dir 'n Gatz.

Gildenbier aus Köln

Das aromatische Gleumes

Golden Weissbier mit Hefe

Das milde Hannen Alt

Gärung:	Obergärig
Brauer:	Gilden Kölsch-Brauerei, Köln

BESONDERHEITEN
Hellgelbes, obergäriges Bier, das in Köln nach den von den Kölner Brauern festgelegten Regeln gebraut wird. Gildenbier wird außerdem nach dem Reinheitsgebot gebraut. Es hat einen milden, neutralen Geschmack mit einer sehr angenehmen Hopfenbittere im Hintergrund, die in einen leicht bitteren und etwas trockenen Nachtrunk übergeht.

Gleumes

Biersorte:	Altbier
Alkoholgehalt:	4,9 Vol.-%
Flascheninhalt:	0,5 Liter
Empf. Trinktemperatur:	8 °C
Gärung:	Obergärig
Brauer:	Brauerei Arthur Gleumes, Krefeld, seit 1807

BESONDERHEITEN
Gleumes ist ein helles Altbier mit einem aromatischen Charakter, gebraut nach dem Reinheitsgebot.

Golden Weissbier

Biersorte:	Weizenbier
Alkoholgehalt:	5,3 Vol.-%
Flascheninhalt:	0,5 Liter
Empf. Trinktemperatur:	6–8 °C
Gärung:	Obergärig
Brauer:	Golden Getränkeproduktions- und -handelsfirma, Altötting

BESONDERHEITEN
Dieses nach dem Reinheitsgebot gebraute, in der Flasche nachgärende Bier sollte bei Kellertemperatur gelagert werden.

Hannen Alt

Biersorte:	Altbier
Alkoholgehalt:	4,8 Vol.-%
Flascheninhalt:	0,5 Liter
Empf. Trinktemperatur:	8 °C
Gärung:	Obergärig
Brauer:	Hannen Brauerei, Mönchengladbach, seit 1725

BESONDERHEITEN
Mittelbraunes Altbier, gebraut nach dem Reinheitsgebot. Hannen Alt hat einen milden Geschmack mit einem abgerundeten Aroma.

Hansa Pils

Biersorte:	Pilsner
Alkoholgehalt:	4,8 Vol.-%
Flascheninhalt:	0,5 Liter
Empf. Trinktemperatur:	6 °C
Gärung:	Untergärig
Brauer:	Hansa-Brauerei, Bad Sassendorf

BESONDERHEITEN
Hansa Pils ist ein helles, neutrales Pilsner, gebraut nach dem Reinheitsgebot.

Hasseröder Premium Pils

Biersorte:	Pilsner
Alkoholgehalt:	4,8 Vol.-%

Hansa Pils aus Bad Sassendorf

Hasseröder Premium Pils

Pilsner von der Felsenkeller-Brauerei

Flascheninhalt:	0,5 Liter
Empf. Trinktemperatur:	6–8 °C
Gärung:	Untergärig
Brauer:	Hasseröder-Brauerei, Wernigrode

BESONDERHEITEN
Ein helles Pilsner, gebraut nach dem Reinheitsgebot.

Herforder Pils

Biersorte:	Pilsner
Alkoholgehalt:	4,8 Vol.-%
Flascheninhalt:	0,5 Liter
Empf. Trinktemperatur:	6–8 °C
Gärung:	Untergärig
Brauer:	Felsenkeller-Brauerei, Herford, seit 1878

BESONDERHEITEN
Ein helles, nach dem Reinheitsgebot gebrautes Pilsner.

Highlander

Biersorte:	Rauchbier
Alkoholgehalt:	5,3 Vol.-%
Doseninhalt:	0,5 Liter
Empf. Trinktemperatur:	6 °C
Gärung:	Untergärig
Brauer:	Henninger-Bräu, Frankfurt am Main

BESONDERHEITEN
Highlander wird mit Whiskymalz gebraut. Das hellbraune Bier hat einen neutralen Geschmack mit einem nicht allzu reichen Aroma, das einen Anflug von Rauchigkeit aufweist.

Ein deutsches Bier mit einem schottischen Farbton

Holsten Premium Pilsener

Biersorte:	Pilsner
Alkoholgehalt:	4,8 Vol.-%
Flascheninhalt:	0,5 Liter
Empf. Trinktemperatur:	6–8 °C
Gärung:	Untergärig

Eine Welt – Ein Bier

Huber Weisse vom Hofbräuhaus Freising

Das dunkle Lager aus der Klosterbrauerei Irsee

Brauer:	Holsten-Brauerei, Hamburg, seit 1879

BESONDERHEITEN

Holstens Premium Pilsener ist ein helles, nach dem Reinheitsgebot gebrautes Bier mit einem reichen Aroma des verwendeten Hallertau-Aromahopfens und einem trockenen Nachtrunk. Holsten ist stark auf Export ausgerichtet und wird inzwischen auf vier Kontinenten in Lizenz gebraut. Unter dem Slogan ‚Eine Welt – Ein Bier' wird Holsten heute in 80 Ländern der Welt verkauft.

Huber Weisses

Biersorte:	Weizenbier
Alkoholgehalt:	5,3 Vol.-%
Flascheninhalt:	0,5 Liter
Empf. Trinktemperatur:	6–8 °C
Gärung:	Obergärig
Brauer:	Hofbräuhaus Freising

BESONDERHEITEN

In der Flasche nachgärendes Weizenbier, gebraut nach dem Reinheitsgebot.

Irseer Klosterbräu

Biersorte:	Dunkles Lager
Alkoholgehalt:	5,6 Vol.-%
Flascheninhalt:	0,5 Liter
Empf. Trinktemperatur:	6–8 °C
Gärung:	Untergärig
Brauer:	Klosterbrauerei Irsee, Irsee im Allgäu

BESONDERHEITEN

Ungelfiltertes, dunkles Bier, gebraut nach dem Reinheitsgebot.

Die leichte Version des norddeutschen Jever

Jever Light

Biersorte:	Light Pilsner
Alkoholgehalt:	2,7 Vol.-%
Flascheninhalt:	0,5 Liter
Empf. Trinktemperatur:	6 °C
Gärung:	Untergärig

Brauer:	Friesisches Brauhaus, Jever

BESONDERHEITEN
Die leichte Version des Jever Pilsener enthält rund 40 % weniger Alkohol und weniger Kalorien. Dieses helle, nach dem Reinheitsgebot mit brauereieigenem Quellwasser gebraute Bier hat einen leichten Geschmack mit einem bitteren Nachtrunk.

Jever Pilsener

Biersorte:	Pilsner
Alkoholgehalt:	4,9 Vol.-%
Flascheninhalt:	0,33 Liter
Empf. Trinktemperatur:	6 °C
Gärung:	Untergärig
Brauer:	Friesisches Brauhaus, Jever

BESONDERHEITEN
Jever ist ein trockenes Pilsner, das unter Verwendung von Quellwasser nach dem Reinheitsgebot gebraut wird. Es hat einen trockenen Geschmack mit einem langen, bitteren Nachtrunk.

König-Pilsener

Biersorte:	Pilsner
Alkoholgehalt:	4,9 Vol.-%

Jevers bitter-trockenes Pilsner

Das neutrale König-Pilsener

Flascheninhalt:	0,33 – 0,5 Liter
Empf. Trinktemperatur:	6–8 °C
Gärung:	Untergärig
Brauer:	König-Brauerei, Duisburg-Beeck

BESONDERHEITEN
König-Pilsener wird nach dem Reinheitsgebot gebraut. Es ist ein Bier mit vollem Körper, einem schönen, stabilen Schaum und einem neutralen Geschmack mit einem sich entfaltenden, bitteren Nachtrunk.

Köstritzer Edel Pils

Biersorte:	Pilsner
Alkoholgehalt:	4,8 Vol.-%
Flascheninhalt:	0,5 Liter
Empf. Trinktemperatur:	6 °C
Gärung:	Untergärig
Brauer:	Köstritzer Schwarzbierbrauerei, Bad Köstritz, seit 1543

BESONDERHEITEN
Ein helles Pilsner, gebraut nach dem Reinheitsgebot, mit einem leichten, neutralen Geschmack.

Das Pilsner von der Schwarzbierbrauerei

Schwarzbier aus Bad Köstritz

Köstritzer Schwarzbier

Biersorte:	Schwarzbier
Alkoholgehalt:	4,8 Vol.-%
Doseninhalt:	0,5 Liter
Empf. Trinktemperatur:	6–8 °C
Gärung:	Untergärig
Brauer:	Köstritzer Schwarzbierbrauerei, Bad Köstritz, seit 1543

BESONDERHEITEN
Kennzeichnend für dieses Bier ist der volle, schokoladig-bittere, trockene Geschmack. Das Bier wird nach dem Reinheitsgebot gebraut und am besten in einem speziellen Glas serviert.

Krombacher Pils

Biersorte:	Pilsner
Alkoholgehalt:	4,8 Vol.-%
Flascheninhalt:	0,33 – 0,5 Liter
Empf. Trinktemperatur:	6–8 °C
Gärung:	Untergärig
Brauer:	Krombacher Brauerei, Kreuztal-Krombach

BESONDERHEITEN
Krombacher Pils ist von heller Farbe, hat einen malzigen Geschmack, ein reiches Hopfenaroma und einen trockenen, leicht bitteren Nachtrunk. Es wird mit Quellwasser zubereitet und nach dem Reinheitsgebot gebraut.

Kronen Classic

Biersorte:	Pilsner
Alkoholgehalt:	5,0 Vol.-%
Flascheninhalt:	0,5 Liter
Empf. Trinktemperatur:	6–8 °C
Gärung:	Untergärig
Brauer:	Kronen-Brauerei, Dortmund, seit 1430

BESONDERHEITEN
Kronen Classic ist ein helles Pilsner mit einem vollen, neutralen Geschmack. Es wird nach dem Reinheitsgebot gebraut.

Das wohlbekannte Krombacher Pils

Das Classic von der alten Kronen-Brauerei

Das Dortmunder von Kronen

Kronen Export

Biersorte:	Dortmunder
Alkoholgehalt:	5,5 Vol.-%
Flascheninhalt:	0,5 Liter
Empf. Trinktemperatur:	8 °C
Gärung:	Untergärig
Brauer:	Kronen-Brauerei, Dortmund, seit 1430

BESONDERHEITEN

Heinrich Wenker übernahm diese Brauerei 1829 und führte 1843 die untergärige Braumethode in Dortmund ein. Dieses helle Dortmunder wird noch heute nach dieser Tradition gebraut. Kronen Export hat einen leicht süßlichen, vollen Geschmack mit einem milden Hopfenaroma. Das helle Bier mit dem goldenen Etikett wird nach dem Reinheitsgebot gebraut.

Kronen Premium Pilsener

Biersorte:	Pilsner
Alkoholgehalt:	4,8 Vol.-%
Flascheninhalt:	0,5 Liter
Empf. Trinktemperatur:	6–8 °C
Gärung:	Untergärig
Brauer:	Kronen-Brauerei, Dortmund, seit 1430

BESONDERHEITEN

Kronen Premium Pilsener ist ein sanftes, nach dem Reinheitsgebot gebrautes Pilsner

Pilsner aus Dortmund

Kuchlbauer Weisse

Biersorte:	Weizenbier
Alkoholgehalt:	5,2 Vol.-%
Flascheninhalt:	0,5 Liter
Empf. Trinktemperatur:	7–8 °C
Gärung:	Obergärig
Brauer:	Brauerei Kuchlbauer, Abensberg, seit 1300

BESONDERHEITEN

Ungefiltertes Weizenbier, nach dem Reinheitsgebot gebraut.

Die größte der drei Brauereien in Abensberg

Küppers Kölsch

Biersorte:	Kölsch
Alkoholgehalt:	4,8 Vol.-%
Flascheninhalt:	0,5 Liter
Empf. Trinktemperatur:	8 °C
Gärung:	Obergärig
Brauer:	Küppers Kölsch Brauerei, Köln

BESONDERHEITEN

Küppers ist eine der größeren Kölsch-Brauereien. Diese nach dem Reinheitsgebot gebraute Spezialität hat ein frisches, fruchtiges Aroma mit einem neutralen Geschmack.

Licher Pilsener

Biersorte:	Pilsner
Alkoholgehalt:	4,9 Vol.-%
Flascheninhalt:	0,5 Liter
Empf. Trinktemperatur:	6–8 °C
Gärung:	Untergärig
Brauer:	Licher Privatbrauerei, Lich, seit 1854

BESONDERHEITEN

Licher ist ein helles, nach dem Reinheitsgebot gebrautes Pilsner.

Licher Ice Beer

Biersorte:	Eisbier
Alkoholgehalt:	5,1 Vol.-%
Flascheninhalt:	0,33 Liter
Empf. Trinktemperatur:	6 °C
Gärung:	Untergärig
Brauer:	Licher Privatbrauerei, Lich, seit 1854

BESONDERHEITEN

Licher Ice Beer wird nach dem Reinheitsgebot gebraut.

Löwenbräu Hefe-Weissbier

Biersorte:	Weizenbier
Alkoholgehalt:	5,1 Vol.-%
Flascheninhalt:	0,33 – 0,5 Liter

Die Kölner Spezialität von Küppers

Pilsner aus Lich

Licher Ice Beer

Löwenbräu Weizenbier mit Hefe

Ice Beer von Löwenbräu

Kristallklares Weizenbier

Empf. Trinktemperatur:	6–8 °C
Gärung:	Obergärig
Brauer:	Löwenbräu, München

BESONDERHEITEN
Frisches Weizenbier mit Flaschengärung, gebraut nach dem Reinheitsgebot.

Löwenbräu Ice Beer

Biersorte:	Eisbier
Alkoholgehalt:	4,9 Vol.-%
Flascheninhalt:	0,33 Liter
Empf. Trinktemperatur:	6 °C
Gärung:	Untergärig
Brauer:	Löwenbräu, München

BESONDERHEITEN
Auch Löwenbräu ist auf den ‚Eisbier'-Zug aufgesprungen und hat diese gefilterte Version auf den Markt gebracht. Aber auch dieses Bier wird natürlich nach den alten Traditionen des Reinheitsgebots gebraut.

Löwenbräu Kristallweizen

Biersorte:	Weizenbier
Alkoholgehalt:	4,9 Vol.-%
Flascheninhalt:	0,5 Liter
Empf. Trinktemperatur:	6–8 °C
Gärung:	Obergärig
Brauer:	Löwenbräu, München

BESONDERHEITEN
Kristallweizen ist ein gefiltertes Weizenbier, gebraut nach dem Reinheitsgebot.

Diät-Pilsner der Weizenbierbrauerei in Bayreuth

Maisel's Edelhopfen

Biersorte:	Diät-Pilsner
Alkoholgehalt:	4,9 Vol.-%
Flascheninhalt:	0,33 Liter
Empf. Trinktemperatur:	6 °C

Gärung: Untergärig
Brauer: Gebr. Maisel, Bayreuth, seit 1887

BESONDERHEITEN
Edelhopfen Diät-Pilsner wird nach dem Reinheitsgebot gebraut. Es ist (nach Absprache mit einem Arzt) für Diabetiker geeignet.

Maisel's Weisse

Biersorte:	Weizenbier
Alkoholgehalt:	5,7 Vol.-%
Flascheninhalt:	0,5 Liter
Empf. Trinktemperatur:	6–8 °C
Gärung:	Obergärig
Brauer:	Gebr. Maisel, Bayreuth, seit 1887

BESONDERHEITEN
In der Flasche nachgärendes Weizenbier, gebraut nach dem Reinheitsgebot. Es sollte bei Kellertemperatur gelagert werden.

Maisel's Weizen Bock

Biersorte:	Weizenbier
Alkoholgehalt:	7,2 Vol.-%
Flascheninhalt:	0,5 Liter
Empf. Trinktemperatur:	10–12 °C
Gärung:	Obergärig
Brauer:	Gebr. Maisel, Bayreuth, seit 1887

BESONDERHEITEN
Weizen Bock ist die stärkere Weizenbierversion von Maisel, die speziell für kalte Winterabende gebraut wird. Es ist ein dunkles, ungefiltertes, in der Flasche nachgärendes Bier.

Moritz Fiege Pils

Biersorte:	Pilsner
Alkoholgehalt:	4,9 Vol.-%
Flascheninhalt:	0,5 Liter
Empf. Trinktemperatur:	6–8 °C
Gärung:	Untergärig
Brauer:	Brauerei Moritz Fiege, Bochum, seit 1878

BESONDERHEITEN
Ein helles, nach dem Reinheitsgebot gebrautes Pilsner.

Münchner Kindl Weissbier

Biersorte:	Weizenbier
Alkoholgehalt:	5,1 Vol.-%
Flascheninhalt:	0,5 Liter
Empf. Trinktemperatur:	6–8 °C
Gärung:	Obergärig
Brauer:	Hofbräu München, München

BESONDERHEITEN
Münchner Kindl ist ein helles, nach dem Reinheitsgebot gebrautes Weizenbier. Das Bier gärt in der Flasche nach, hat einen perlenden Charakter und einen frischen Geschmack mit malzigem Aroma.

Niederrhein Alt

Biersorte:	Altbier
Alkoholgehalt:	4,7 Vol.-%
Flascheninhalt:	0,5 Liter

Frisches Weizenbier der Gebrüder Maisel

Maisel's Weizen Bock

Moritz Fiege Pils

Münchner Kindl vom Hofbräu München

Das obergärige Altbier der Bolten-Brauerei

Dunkles Weizenbier von Franz Joseph Sailer

Empf. Trinktemperatur:	8 °C
Gärung:	Obergärig
Brauer:	Bolten-Brauerei, Korschenbroich

BESONDERHEITEN

Obergäriges, braunes Bier mit einem malzigen, fruchtigen Aroma und einem leicht bitteren Hintergrund. Niederrhein Alt wird nach dem Reinheitsgebot gebraut.

Das helle Oberdorfer Weissbier

Oberdorfer Weissbier Dunkel

Biersorte:	Dunkles Weizenbier
Alkoholgehalt:	4,8 Vol.-%
Flascheninhalt:	0,5 Liter
Empf. Trinktemperatur:	6–8 °C
Gärung:	Obergärig
Brauer:	Brauerei Franz Joseph Sailer, Marktoberdorf

BESONDERHEITEN

Dunkles Weizenbier mit Flaschengärung, gebraut nach dem Reinheitsgebot. Die Flasche sollte aufrecht bei Kellertemperatur gelagert werden.

Oberdorfer Weissbier Hell

Biersorte:	Weizenbier
Alkoholgehalt:	4,8 Vol.-%
Flascheninhalt:	0,5 Liter
Empf. Trinktemperatur:	6 °C
Gärung:	Obergärig
Brauer:	Brauerei Franz Joseph Sailer, Marktoberdorf

BESONDERHEITEN

Helles, in der Flasche nachgärendes Weizenbier, gebraut nach dem Reinheitsgebot.

Original HB München

Biersorte:	Lager – Münchener
Alkoholgehalt:	5,1 Vol.-%
Flascheninhalt:	0,5 Liter
Empf. Trinktemperatur:	6–8 °C
Gärung:	Untergärig

Das Original aus dem Münchener Hofbräuhaus

Brauer:	Hofbräu München, München

BESONDERHEITEN
Ein helles, nach dem Reinheitsgebot gebrautes Bier mit einem reichen Hopfenaroma.

Original Münchner Dunkel

Biersorte:	Dunkles Lager
Alkoholgehalt:	5,0 Vol.-%
Flascheninhalt:	0,5 Liter
Empf. Trinktemperatur:	6–8 °C
Gärung:	Untergärig
Brauer:	Paulaner Brauerei, München, seit 1634

BESONDERHEITEN
Dieses nach dem Reinheitsgebot gebraute dunkle, untergärige Bier hat ein reiches Aroma mit Malz, Hopfen und Frucht sowie einen trockenen, bitteren Nachtrunk.

Original Oettinger Alt

Biersorte:	Altbier
Alkoholgehalt:	4,9 Vol.-%
Flascheninhalt:	0,5 Liter
Empf. Trinktemperatur:	8 °C
Gärung:	Obergärig
Brauer:	Brauerei Gotha, Gotha

Original Münchner Dunkel von Paulaner

Original Oettinger Alt

Perlendes Weizenbier aus Gotha

Weizenbier mit Hefe

Gefiltertes Weizenbier

BESONDERHEITEN
Original Oettinger Alt ist ein mittelbraunes Bier, gebraut nach dem Reinheitsgebot.

Original Oettinger Dunkles Hefeweizen

Biersorte:	Weizenbier
Alkoholgehalt:	4,9 Vol.-%
Flascheninhalt:	0,5 Liter
Empf. Trinktemperatur:	6–8 °C
Gärung:	Obergärig
Brauer:	Brauerei Gotha, Gotha

BESONDERHEITEN
Trübes, mittelbraunes, obergäriges und in der Flasche nachgärendes Bier. Dieses perlende Weizenbier wird nach dem Reinheitsgebot gebraut.

Original Oettinger Hefeweißbier

Biersorte:	Weizenbier
Alkoholgehalt:	4,9 Vol.-%
Flascheninhalt:	0,5 Liter
Empf. Trinktemperatur:	6–8 °C
Gärung:	Obergärig
Brauer:	Brauerei Gotha, Gotha

BESONDERHEITEN
Trübes, in der Flasche nachgärendes Weizenbier. Oettinger Hefeweißbier wird nach dem Reinheitsgebot gebraut.

Original Oettinger Kristall Weizen

Biersorte:	Weizenbier
Alkoholgehalt:	4,9 Vol.-%
Flascheninhalt:	0,5 Liter
Empf. Trinktemperatur:	6–8 °C
Gärung:	Untergärig
Brauer:	Brauerei Gotha, Gotha

BESONDERHEITEN
Oettinger Kristall-Weizen ist ein gefiltertes Weizenbier, gebraut nach dem Reinheitsgebot.

Das Original Oettinger Pils

Original Oettinger Pils

Biersorte:	Pilsner
Alkoholgehalt:	4,7 Vol.-%
Flascheninhalt:	0,5 Liter
Empf. Trinktemperatur:	6–8 °C
Gärung:	Untergärig
Brauer:	Brauerei Gotha, Gotha

BESONDERHEITEN
Ein helles, nach dem Reinheitsgebot gebrautes Pilsner.

Original Oettinger Schwarzbier

Biersorte:	Schwarzbier
Alkoholgehalt:	4,9 Vol.-%
Flascheninhalt:	0,5 Liter
Empf. Trinktemperatur:	6–8 °C
Gärung:	Untergärig
Brauer:	Brauhaus Oettingen, Oettingen

BESONDERHEITEN
Sehr dunkles, nach dem Reinheitsgebot gebrautes Bier.

Paderborner Pilsener

Dunkles Schwarzbier aus Oettingen

Paderborner Pilsener

Biersorte:	Pilsner
Alkoholgehalt:	4,9 Vol.-%
Doseninhalt:	0,5 Liter
Empf. Trinktemperatur:	6 °C
Gärung:	Untergärig
Brauer:	Paderborner Brauerei, Paderborn

BESONDERHEITEN
Ein helles Pilsner.

Paulaner Hefe Weißbier

Biersorte:	Weizenbier
Alkoholgehalt:	5,5 Vol.-%
Flascheninhalt:	0,5 Liter
Empf. Trinktemperatur:	6–8 °C
Gärung:	Obergärig
Brauer:	Paulaner Brauerei, München, seit 1634

BESONDERHEITEN
Trübes, ungefiltertes, in der Flasche nachgärendes Weizenbier.

Ungefiltertes Weizenbier von Paulaner

Paulaners dunklere Version

Kristallklares Weizenbier

Paulaner Hefe-Weißbier Dunkel

Biersorte:	Weizenbier
Alkoholgehalt:	5,3 Vol.-%
Flascheninhalt:	0,5 Liter
Empf. Trinktemperatur:	6–8 °C
Gärung:	Obergärig
Brauer:	Paulaner Brauerei, München, seit 1634

BESONDERHEITEN
Dunkles, in der Flasche nachgärendes Weizenbier, gebraut nach dem Reinheitsgebot.

Paulaner Weißbier Kristallklar

Biersorte:	Weizenbier
Alkoholgehalt:	5,5 Vol.-%
Flascheninhalt:	0,5 Liter
Empf. Trinktemperatur:	6 °C
Gärung:	Obergärig
Brauer:	Paulaner Brauerei, München, seit 1634

BESONDERHEITEN
Klares, nach dem Reinheitsgebot gebrautes Weizenbier.

Pfungstädter Edel Pils

Biersorte:	Pilsner
Alkoholgehalt:	4,7 Vol.-%
Flascheninhalt:	0,33 Liter
Empf. Trinktemperatur:	6–8 °C
Gärung:	Untergärig
Brauer:	Brauerei Hildebrand, Pfungstadt

BESONDERHEITEN
Ein helles, nach dem Reinheitsgebot gebrautes Pilsner. Das Etikett zeigt ein rotes Hufeisen, das bei der richtigen Trinktemperatur grün wird.

Edelpils mit einem bemerkenswerten Hufeisen

Pott's Landbier

Biersorte:	Lager
Alkoholgehalt:	4,8 Vol.-%
Flascheninhalt:	0,33 Liter
Empf. Trinktemperatur:	8 °C
Gärung:	Untergärig
Brauer:	Brauerei Pott, Oelde, seit 1769

BESONDERHEITEN

Das in kleine Flaschen mit Bügelverschluss abgefüllte bernsteinfarbene Bier wird nach dem Reinheitsgebot gebraut. Es ist ein leichtes Bier, das sich aufgrund der nicht aufdringlichen Kohlensäure leicht trinken lässt. Das Aroma bietet einen Anflug malziger Süße, der Nachtrunk ist kaum betont. Der Grundgeschmack ist neutral, neigt jedoch zu leichter Süße.

Pott's Pilsener

Biersorte:	Pilsner
Alkoholgehalt:	4,8 Vol.-%
Flascheninhalt:	0,33 Liter
Empf. Trinktemperatur:	6–8 °C
Gärung:	Untergärig
Brauer:	Brauerei Pott, Oelde, seit 1769

BESONDERHEITEN

Ein helles Pilsner, gebraut nach dem Reinheitsgebot.

Prinzregent Luitpold Weissbier

Biersorte:	Weizenbier
Alkoholgehalt:	5,5 Vol.-%
Flascheninhalt:	0,5 Liter
Empf. Trinktemperatur:	6–8 °C
Gärung:	Obergärig
Brauer:	Schlossbrauerei Kaltenberg, Fürstenfeldbruck

BESONDERHEITEN

Im 15. Jahrhundert sprachen sich die bayerischen Regenten das exklusive Recht zu, Weizenbier zu brauen. Weizenbiere wurden in großem Maße in den Hofbräuhäusern produziert und an die Gastwirte geliefert, die zu deren Ausschank verpflichtet waren. Erst als im 19. Jahrhundert das Weizenbier deutlich an Beliebtheit einbüßte, gaben die Herzöge dieses Monopol auf. Der heutige Prinz Luitpold von Bayern hat die Brautradition jedoch wieder aufleben lassen, woraufhin dieses helle, in der Flasche nachgärende Weizenbier entstanden ist. Das Prinzregent Luitpold Weissbier wird nach dem Reinheitsgebot gebraut und ist ein frisches, hellgelbes Bier, das man am besten aus einem typischen, hohen Weizenbierglas trinkt.

Prinzregent Luitpold Weissbier Dunkel

Biersorte:	Weizenbier
Alkoholgehalt:	5,5 Vol.-%
Flascheninhalt:	0,5 Liter
Empf. Trinktemperatur:	8 °C
Gärung:	Obergärig
Brauer:	Schlossbrauerei Kaltenberg, Fürstenfeldbruck

BESONDERHEITEN

Dieses nach dem Reinheitsgebot gebraute Weizenbier hat den würzigen Geschmack und die dunkle Farbe von dem speziell dafür hergestellten, dunklen Weizenmalz.

Das leicht süße Landbier von Pott

Ein helles Pilsner aus Oelde

Weizenbier adeliger Herkunft

Dunkles Weizenbier von Prinzregent Luitpold

Das königliche Radeberger

Ein helles Pilsner aus Unna

Radeberger

Biersorte:	Pilsner
Alkoholgehalt:	4,8 Vol.-%
Flascheninhalt:	0,5 Liter
Empf. Trinktemperatur:	6–8 °C
Gärung:	Untergärig
Brauer:	Radeberger Exportbierbrauerei, Radeberg, seit 1872

BESONDERHEITEN

Radeberger Pilsner wurde 1905 per Dekret zum Tafeltrank des Königs Friedrich August von Sachsen bestimmt. Das damals wie heute nach dem Reinheitsgebot gebraute Pilsner hat ein ausgesprochen frisches Hopfenaroma mit einem trockenen Nachtrunk.

Regenten Pils

Biersorte:	Pilsner
Alkoholgehalt:	4,8 Vol.-%
Doseninhalt:	0,5 Liter
Empf. Trinktemperatur:	6 °C
Gärung:	Untergärig
Brauer:	Linden-Brauerei, Unna

BESONDERHEITEN

Ein helles Pilsner, nach dem Reinheitsgebot gebraut.

Reissdorf Kölsch

Biersorte:	Kölsch
Alkoholgehalt:	4,8 Vol.-%
Flascheninhalt:	0,5 Liter
Empf. Trinktemperatur:	6–8 °C
Gärung:	Obergärig
Brauer:	Brauerei Heinr. Reissdorf, Köln, seit 1894

BESONDERHEITEN
Eine Kölner Spezialität, nach dem Reinheitsgebot gebraut. Reissdorf Kölsch ist ein goldgelbes Bier mit einem leichten, milden Geschmack und einem hopfigen Aroma.

Rhenania Alt

Biersorte:	Altbier
Alkoholgehalt:	4,8 Vol.-%
Flascheninhalt:	0,5 Liter
Empf. Trinktemperatur:	8 °C
Gärung:	Obergärig
Brauer:	Rhenania Brauerei, Robert Wirichs, Krefeld-Königshof, seit 1838

BESONDERHEITEN
Nach dem Reinheitsgebot gebrautes, hell kupferfarbenes Altbier. Zunächst vermittelt Rhenania den Eindruck eines starken Bieres. Später jedoch kommt mehr Hopfenbittere zum Vorschein. Der anfangs milde Geschmack wird etwas schärfer, ohne jedoch die Vollmundigkeit ganz zu verdrängen. Der Nachtrunk ist trocken und bitter.

Ritter Export

Biersorte:	Dortmunder
Alkoholgehalt:	5,3 Vol.-%
Flascheninhalt:	0,5 Liter
Empf. Trinktemperatur:	6–8 °C
Gärung:	Untergärig
Brauer:	Dortmunder Ritterbrauerei, Dortmund, seit 1889

BESONDERHEITEN
Ritter Export ist ein helles Dortmunder mit einem leicht malzigen, fruchtigen Geschmack.

Ritter First

Biersorte:	Pilsner
Alkoholgehalt:	4,8 Vol.-%
Flascheninhalt:	0,5 Liter
Empf. Trinktemperatur:	6–8 °C
Gärung:	Untergärig
Brauer:	Dortmunder Ritterbrauerei, Dortmund, seit 1889

BESONDERHEITEN
Scharfes, helles Pilsner, gebraut nach dem Reinheitsgebot.

Rolinck Pilsener Premium

Biersorte:	Pilsner
Alkoholgehalt:	4,7 Vol.-%
Flascheninhalt:	0,5 Liter
Empf. Trinktemperatur:	6–8 °C
Gärung:	Untergärig
Brauer:	Brauerei A. Rolinck, Steinfurt

BESONDERHEITEN
Ein helles, perlendes Pilsner, gebraut nach dem Reinheitsgebot.

Reissdorfs hellgelbes Kölner Bier

Das kupferfarbene Rhenania

Das Dortmunder von der Ritterbrauerei

Ritter First

Sachsen Krone aus Köthen

Premium Pilsener von Rolinck

Das starke Salvator

Sachsen Krone

Biersorte:	Pilsner
Alkoholgehalt:	5,1 Vol.-%
Flascheninhalt:	0,5 Liter
Empf. Trinktemperatur:	4–6 °C
Gärung:	Untergärig
Brauer:	Köthener Brauerei, Köthen

BESONDERHEITEN
Ein helles, nach dem Reinheitsgebot gebrautes Pilsner.

Salvator

Biersorte:	Doppelbock
Alkoholgehalt:	7,5 Vol.-%
Flascheninhalt:	0,3 Liter
Empf. Trinktemperatur:	10 °C
Gärung:	Untergärig
Brauer:	Paulaner Brauerei, München, seit 1634

BESONDERHEITEN
Salvator ist ein starkes, nach dem Reinheitsgebot gebrautes Doppelbock. Dieses starke Bier hat ein komplexes Aroma mit Malz und fruchtigem Hopfen sowie einen trockenen, bitteren Nachtrunk.

Schäff's Helle Weisse

Biersorte:	Weizenbier
Alkoholgehalt:	5,4 Vol.-%
Flascheninhalt:	0,5 Liter
Empf. Trinktemperatur:	10–12 °C
Gärung:	Obergärig
Brauer:	Schäffbräu, Treuchtlingen

BESONDERHEITEN
Weizenbier aus dem Naturpark Altmühltal, gebraut nach dem Reinheitsgebot. Helle Weisse kann je nach Geschmack klar oder trüb getrunken werden.

Schmucker Hefe Weizen Dunkel

Biersorte:	Weizenbier
Alkoholgehalt:	5,0 Vol.-%
Flascheninhalt:	0,5 Liter
Empf. Trinktemperatur:	6–8 °C
Gärung:	Obergärig
Brauer:	Brauerei Schmucker, Obermossau

BESONDERHEITEN
Dunkles, in der Flasche nachgärendes Weizenbier. Schmucker wird nach dem Reinheitsgebot gebraut.

Schneider Weisse Kristall

Biersorte:	Weizenbier
Alkoholgehalt:	5,3 Vol.-%
Flascheninhalt:	0,5 Liter
Empf. Trinktemperatur:	6 °C
Gärung:	Obergärig
Brauer:	Weißbierbrauerei G. Schneider & Sohn, Kelheim, seit 1872

BESONDERHEITEN
Dies ist das einzige vollständig gefilterte Weizenbier der Welt – das bedeutet, dass keine Hefereste mehr in der Flasche sind, wodurch das Bier seine klare, helle Farbe erhält. Das Kristallweizen wird nach dem Reinheitsgebot gebraut und besitzt die für ein Weißbier typische Frische.

Schäff's Helle Weisse

Dunkles Weizenbier von Schmucker

Das gefilterte Kristall

Light-Bier von Schneider & Sohn

Das Original der Weißbierbrauerei aus Kelheim

Das noch junge Weizenhell

Schneider Weisse Light

Biersorte:	Weizenbier
Alkoholgehalt:	3,3 Vol.-%
Flascheninhalt:	0,5 Liter
Empf. Trinktemperatur:	6 °C
Gärung:	Obergärig
Brauer:	Weißbierbraurei G. Schneider & Sohn, Kelheim, seit 1872

BESONDERHEITEN
Ausgehend vom Original hat Schneider eine leichte Version gebraut, die weniger Alkohol und Kalorien enthält. Diese „Weisse Light" ist ungefiltert, wird nach dem Reinheitsgebot gebraut und gärt in der Flasche nach.

Schneider Weisse Original

Biersorte:	Weizenbier
Alkoholgehalt:	5,4 Vol.-%
Flascheninhalt:	0,33/0,5 Liter
Empf. Trinktemperatur:	6 °C
Gärung:	Obergärig
Brauer:	Weißbierbrauerei G. Schneider & Sohn, Kelheim, seit 1872

BESONDERHEITEN
Das Original ist das seit 1872 unverändert nach dem Rezept des Brauereigründers Georg Schneider gebraute Weizenbier. Das bernsteinfarbene, in der Flasche nachgärende Bier wird nach dem Reinheitsgebot gebraut und ist ungefiltert.

Schneider Weisse Weizenhell

Biersorte:	Weizenbier
Alkoholgehalt:	4,9 Vol.-%
Flascheninhalt:	0,5 Liter
Empf. Trinktemperatur:	6 °C
Gärung:	Obergärig
Brauer:	Weißbierbrauerei G. Schneider & Sohn, Kelheim, seit 1872

BESONDERHEITEN
Goldgelbes, obergäriges, in der Flasche nachgärendes Weizenbier. Dieses Weißbier wird nicht gefiltert. Das nach dem Reinheitsgebot gebraute Weizenhell wird erst seit 1994 produziert; es hat ein frisches, würziges Aroma.

Schultheiss Pilsener

Biersorte:	Pilsner
Alkoholgehalt:	5,0 Vol.-%
Flascheninhalt:	0,33/0,5 Liter
Empf. Trinktemperatur:	6 °C
Gärung:	Untergärig
Brauer:	Schultheiss Brauerei, Berlin, seit 1842

BESONDERHEITEN
Die Schultheiss Brauerei wurde 1842 von dem Apotheker August Heinrich Prell gegründet. Elf Jahre später wurde sie von Jost Schultheiss übernommen, der dieser Biermarke seinen Namen gab. Die Brauerei entwickelte sich bis zum Beginn des 20. Jahrhunderts zur größten Brauerei für Lagerbiere. Doch aufgrund der beiden Weltkriege und der folgenden Isolierung Berlins büßte sie diese Stellung wieder ein. Regional spielt jedoch das Schultheiss

Das Berliner Schultheiss Pilsener

Pilsener immer noch eine führende Rolle. Das helle Pilsner wird nach dem Reinheitsgebot gebraut, wobei das brauereieigene (behandelte) Quellwasser verwendet wird.

Schwaben Bräu Märzen

Biersorte:	Märzenbier
Alkoholgehalt:	5,5 Vol.-%
Flascheninhalt:	0,5 Liter
Empf. Trinktemperatur:	6–8 °C
Gärung:	Untergärig
Brauer:	Schwaben Bräu, Rob. Leicht, Stuttgart

BESONDERHEITEN

Helles, untergäriges Saisonbier, gebraut nach dem Reinheitsgebot.

Schwaben Bräu Meister Weizen

Biersorte:	Weizenbier
Alkoholgehalt:	5,0 Vol.-%
Flascheninhalt:	0,5 Liter
Empf. Trinktemperatur:	6–8 °C
Gärung:	Obergärig
Brauer:	Schwaben Bräu, Rob. Leicht, Stuttgart

Märzen von Schwaben Bräu, Stuttgart

In der Flasche nachgärendes Weizenbier von Schwaben Bräu

Das schwarzweiße von HB

Siegel Pils von DUB

Düsseldorfer Altbier von Schlösser

BESONDERHEITEN

In der Flasche nachgärendes, nach dem Reinheitsgebot gebrautes Weizenbier.

Schwarze Weisse

Biersorte:	Weizenbier
Alkoholgehalt:	5,1 Vol.-%
Flascheninhalt:	0,5 Liter
Empf. Trinktemperatur:	8 °C
Gärung:	Obergärig
Brauer:	Hofbräu, München

BESONDERHEITEN

Dunkles, nach dem Reinheitsgebot gebrautes Weizenbier. Die Schwarze Weisse gärt in der Flasche nach und besticht zusammen mit dem kohlensäurehaltigen Charakter durch einen vollen, aromatischen Geschmack.

Siegel Pils

Biersorte:	Pilsner
Alkoholgehalt:	4,8 Vol.-%
Flascheninhalt:	0,5 Liter
Empf. Trinktemperatur:	6–8 °C
Gärung:	Untergärig
Brauer:	Dortmunder Union, Dortmund

BESONDERHEITEN

Siegel Pils ist ein westfälisches, helles Bier mit einem schönen, dichten Schaum und einer betonten Bittere. Dieses DUB-Bier wird nach dem Reinheitsgebot gebraut.

Schlösser Alt

Biersorte:	Altbier
Alkoholgehalt:	4,8 Vol.-%
Flascheninhalt:	0,5 Liter
Empf. Trinktemperatur:	8 °C
Gärung:	Obergärig
Brauer:	Brauerei Schlösser, Düsseldorf, seit 1873

BESONDERHEITEN

Nach dem Reinheitsgebot gebrautes Altbier. Schlösser ist ein trockenes, malziges Bier.

Sion Kölsch

Sion Kölsch

Biersorte:	Kölsch
Alkoholgehalt:	4,8 Vol.-%
Flascheninhalt:	0,5 Liter
Empf. Trinktemperatur:	6–8 °C
Gärung:	Obergärig
Brauer:	Altstadt-Bräu, Joh. Sion, Köln, seit 1511

BESONDERHEITEN
Sion ist ein helles, nach dem Reinheitsgebot gebrautes Bier mit einem blumigen, hopfigen Aroma.

Stades Leicht

Biersorte:	Pilsner
Alkoholgehalt:	2,8 Vol.-%
Flascheninhalt:	0,5 Liter
Empf. Trinktemperatur:	8 °C
Gärung:	Untergärig
Brauer:	Dortmunder Actien Brauerei, Dortmund, seit 1868

BESONDERHEITEN
Stades Leicht wird nach dem Reinheitsgebot gebraut und hat sowohl einen niedrigen Alkohol- als auch einen niedrigen Kaloriengehalt.

Stauder Premium Pils

Biersorte:	Pilsner
Alkoholgehalt:	4,6 Vol.-%
Flascheninhalt:	0,5 Liter
Empf. Trinktemperatur:	6–8 °C
Gärung:	Untergärig
Brauer:	Brauerei Jacob Stauder, Essen, seit 1867

BESONDERHEITEN
Leichtes, helles Premium Pilsner, gebraut nach dem Reinheitsgebot. Laut Aussage des Brauers lässt er das Bier länger reifen, um ein harmonischeres Ergebnis zu erzielen. Es ist ein Pilsner mit einem reichen Hopfenaroma.

DAB's light-Version Stades Leicht

Stauder Premium Pils

Das Pilsner aus der Dortmunder Stifts-Brauerei

Stifts Pils

Biersorte:	Pilsner
Alkoholgehalt:	4,9 Vol.-%
Flascheninhalt:	0,5 Liter
Empf. Trinktemperatur:	6–8 °C
Gärung:	Untergärig
Brauer:	Dortmunder Stifts-Brauerei, Dortmund, seit 1867

BESONDERHEITEN
Ein helles Pilsner, gebraut nach dem Reinheitsgebot.

Thurn und Taxis Roggen

Biersorte:	Spezialbier
Alkoholgehalt:	4,7 Vol.-%
Flascheninhalt:	0,5 Liter
Empf. Trinktemperatur:	6–8 °C
Gärung:	Obergärig
Brauer:	Fürstliche Brauerei Thurn und Taxis, Regensburg

BESONDERHEITEN
Dunkles Bier mit Flaschengärung. Aus praktischen Gründen und auf Grund der Roggen- und Gerstenknappheit wurde vor etwa 500 Jahren ein Abkommen geschlossen, Brot aus Roggen zu backen und Bier aus Gerste zu brauen. Thurn und Taxis braute dieses Bier mit Wasser, Roggenmalz, Gerstenmalz, Weizenmalz, Hopfen und Hefe – getreu nach dem Reinheitsgebot. Heute kommen alle Zutaten aus der unmittelbaren Umgebung und werden biologisch angebaut.

Thurn und Taxis Weissbier

Biersorte:	Weizenbier
Alkoholgehalt:	5,3 Vol.-%
Flascheninhalt:	0,5 Liter
Empf. Trinktemperatur:	6–8 °C
Gärung:	Obergärig
Brauer:	Fürstliche Brauerei Thurn und Taxis, Regensburg

BESONDERHEITEN
Das Weizenbier von Thurn und Taxis ist hell, gärt in der Flasche nach und wird nach dem Reinheitsgebot gebraut.

Tucher Bajuvator

Biersorte:	Doppelbock
Alkoholgehalt:	7,0 Vol.-%
Flascheninhalt:	0,5 Liter
Empf. Trinktemperatur:	10 °C
Gärung:	Untergärig
Brauer:	Tucher Bräu, Nürnberg, seit 1672

BESONDERHEITEN
Untergäriges, rotbraunes Bier mit einem vollen Malzaroma, gebraut nach dem Reinheitsgebot.

Tucher Helles Hefe Weizen

Biersorte:	Weizenbier
Alkoholgehalt:	5,3 Vol.-%
Flascheninhalt:	0,5 Liter
Empf. Trinktemperatur:	6–8 °C
Gärung:	Obergärig
Brauer:	Tucher Bräu, Nürnberg, seit 1672

BESONDERHEITEN
In der Flasche nachgärendes Weizenbier, gebraut nach dem Reinheitsgebot.

Bier mit Roggen von Thurn und Taxis

Weizenbier aus Regensburg

Das rotbraune Bajuvator von Tucher

In der Flasche nachgärendes, helles Weizenbier von Tucher

Uerige Alt

Biersorte:	Altbier
Alkoholgehalt:	4,6 Vol.-%
Flascheninhalt:	0,5 Liter
Empf. Trinktemperatur:	6–8 °C
Gärung:	Obergärig
Brauer:	Uerige Brauerei, Düsseldorf

BESONDERHEITEN

Mittelbraunes Altbier, das Aroma ist abgerundet mit Malz und Hopfen und hat einen trockenen Hintergrund. Es wird bevorzugt in halbhohen, zylindrischen Gläsern serviert. Uerige hat einen starken, sich lange entfaltenden, etwas verspäteten bitteren Nachtrunk.

Urfels Alt

Biersorte:	Altbier
Alkoholgehalt:	4,8 Vol.-%
Flascheninhalt:	0,5 Liter
Empf. Trinktemperatur:	8 °C
Gärung:	Obergärig
Brauer:	Unbekannter Brauer in Nordrhein-Westfalen im Auftrag des Brauhauses Urfels, Duisburg

BESONDERHEITEN

Nach dem Reinheitsgebot gebrautes Altbier.

Urfels Pils

Biersorte:	Pilsner
Alkoholgehalt:	5,0 Vol.-%
Flascheninhalt:	0,5 Liter
Empf. Trinktemperatur:	6–8 °C
Gärung:	Untergärig
Brauer:	Unbekannter Brauer in Nordrhein-Westfalen im Auftrag des Brauhauses Urfels, Duisburg

BESONDERHEITEN

Ein helles, nach dem Reinheitsgebot gebrautes Pilsner.

Das sich bitter entfaltende Uerige

Urfels Alt

Ein helles Pilsner aus dem Brauhaus Urfels

Frisches Valentins Helles Hefeweizen

Valentins Helles Hefeweizen

Biersorte:	Weizenbier
Alkoholgehalt:	5,2 Vol.-%
Flascheninhalt:	0,30 Liter
Empf. Trinktemperatur:	6–8 °C
Gärung:	Obergärig
Brauer:	Schlossquellbrauerei, Heidelberg

BESONDERHEITEN
Frisches, in der Flasche nachgärendes Weizenbier. Es wird bevorzugt in den speziellen hohen Gläsern serviert.

Veltins

Biersorte:	Pilsner
Alkoholgehalt:	4,8 Vol.-%
Flascheninhalt:	0,5 Liter
Empf. Trinktemperatur:	6–8 °C
Gärung:	Untergärig
Brauer:	C. & A. Veltins Brauerei, Meschede-Grevenstein, seit 1824

BESONDERHEITEN
Nach dem Reinheitsgebot gebrautes Pilsner; das Quellwasser stammt aus den Bergen rund um Grevenstein.

Veltins Pilsener

Veltins Leicht

Biersorte:	Pilsner Light
Alkoholgehalt:	2,4 Vol.-%
Flascheninhalt:	0,5 Liter
Empf. Trinktemperatur:	6–8 °C
Gärung:	Untergärig
Brauer:	C. & A. Veltins Brauerei, Meschede-Grevenstein, seit 1824

BESONDERHEITEN
Veltins Leicht wird zunächst als ‚vollwertiges' Pilsner gebraut, erst danach wird dem Gebräu der Alkohol entzogen. Das Ergebnis ist eine leichte Version mit 40 % weniger Alkohol und weniger Kalorien, ohne dass zu viel vom ursprünglichen Geschmack verloren geht.

Warsteiner Premium Light

Biersorte:	Pilsner Light
Alkoholgehalt:	2,4 Vol.-%
Flascheninhalt:	0,5 Liter
Empf. Trinktemperatur:	6 °C
Gärung:	Untergärig
Brauer:	Warsteiner Brauerei, Warstein

Die leichte Version des Veltins

Das halbe Vergnügen

Warsteiner Premium Verum

BESONDERHEITEN

‚Das halbe Vergnügen' nennt der Brauer dieses Bier, das nur halb so viel Alkohol wie das Premium Verum enthält. Das nach dem Reinheitsgebot gebraute Premium Light enthält auch entsprechend weniger Kalorien.

Warsteiner Premium Verum

Biersorte:	Pilsner
Alkoholgehalt:	4,8 Vol.-%
Flascheninhalt:	0,3 Liter
Empf. Trinktemperatur:	6 °C
Gärung:	Untergärig
Brauer:	Warsteiner Brauerei, Warstein

BESONDERHEITEN

Die Königin unter den Bieren – so nennt Warsteiner dieses Bier. Fest steht, dass es zu den meistverkauften Pilsnern in Deutschland gehört. Dieser Erfolg ist sicherlich dem weichen Quellwasser, dem bitter-süßen Geschmack und dem trockenen Nachtrunk zu verdanken. Die hochmoderne Brauerei in Warstein stellt dieses Bier nach dem Reinheitsgebot her.

Weiss Rössl Leonhardi Bock

Biersorte:	Weizenbock
Alkoholgehalt:	6,6 Vol.-%
Flascheninhalt:	0,5 Liter
Empf. Trinktemperatur:	10–12 °C
Gärung:	Obergärig
Brauer:	Weiß-Rößl-Bräu, Eltmann

BESONDERHEITEN

Dunkles, leicht rötliches Bier, gebraut nach dem Reinheitsgebot.

Wächterbacher Doppel Bock

Biersorte:	Doppelbock
Alkoholgehalt:	7,1 Vol.-%
Flascheninhalt:	0,5 Liter
Empf. Trinktemperatur:	10–12 °C
Gärung:	Untergärig
Brauer:	Brauerei Hessens, Wächtersbach

Weizenbock vom Weiß-Rößl-Bräu

Weißer Hase aus Augsburg

Helles Weißbier aus der Bayerischen Staatsbrauerei Weihenstephan

Das dunkle, starke Doppelbock aus Wächtersbach

BESONDERHEITEN

Dunkles, starkes und leicht süßliches Bier, nach dem Reinheitsgebot gebraut.

Weihenstephaner Hefe Weissbier

Biersorte:	Weizenbier
Alkoholgehalt:	5,4 Vol.-%
Flascheninhalt:	0,5 Liter
Empf. Trinktemperatur:	6–8 °C
Gärung:	Obergärig
Brauer:	Bayerische Staatsbrauerei Weihenstephan, Freising, seit 1040

BESONDERHEITEN

Weihenstephan gilt als die älteste Brauerei Deutschlands. Die heutige Brauerei gehört dem Bayerischen Staat und hat ihren Ursprung in einer Benediktinerabtei. Im Gebäude neben der Brauerei ist die berühmte Fakultät für Brauwesen der Technischen Universität München untergebracht. Dieses frische, fruchtige Weizenbier wird nach dem Reinheitsgebot gebraut.

Weißer Hase

Biersorte:	Weizenbier
Alkoholgehalt:	5,2 Vol.-%
Flascheninhalt:	0,5 Liter
Empf. Trinktemperatur:	6–8 °C
Gärung:	Obergärig
Brauer:	Hasenbräu, Augsburg

BESONDERHEITEN

In der Flasche nachgärendes Weizenbier, gebraut nach dem Reinheitsgebot.

Bockbier aus der Klosterbrauerei Weltenburg

Weltenburg Kloster Asam-Bock

Biersorte:	Bockbier
Alkoholgehalt:	6,5 Vol.-%
Flascheninhalt:	0,5 Liter
Empf. Trinktemperatur:	10–12 °C
Gärung:	Untergärig

Wernesgrüner: Die Pilslegende

Brauer:	Klosterbrauerei Weltenburg, Kelheim, seit 1050

BESONDERHEITEN
Dunkles, nach dem Reinheitsgebot gebrautes Doppelbock.

Wernesgrüner Pils Legende

Biersorte:	Pilsner
Alkoholgehalt:	4,9 Vol.-%
Flascheninhalt:	0,5 Liter
Empf. Trinktemperatur:	6–8 °C
Gärung:	Untergärig
Brauer:	Wernesgrüner Brauerei, Wernesgrün, seit 1436

BESONDERHEITEN
Ein helles Pilsner mit einem neutralen Geschmack, gebraut nach dem Reinheitsgebot.

Wicküler

Biersorte:	Pilsner
Alkoholgehalt:	4,9 Vol.-%
Flascheninhalt:	0,5 Liter
Empf. Trinktemperatur:	7–8 °C
Gärung:	Untergärig

In Köln wird auch Pilsner gebraut

Brauer:	Rheinisch-Bergische Brauerei, Köln, seit 1887

BESONDERHEITEN
Neben dem vorherrschenden Kölsch hat sich in Köln eine kleine Nische für dieses helle Pilsner erhalten. Das nach dem Reinheitsgebot gebraute Wicküler Pilsener hat einen bitteren Nachtrunk.

Niederlande

Für ein doch relativ kleines Land verfügen die Niederlande über eine eindrucksvolle Anzahl an Brauereien. Heineken ist die zweitgrößte Bierbrauerei nach dem amerikanischen Braugiganten Anheuser-Busch, der mehr als doppelt so groß ist. Für eine Brauerei mit einem heimischen Markt von 15 Mio. Menschen ist dies sicherlich eine außerordentliche Leistung. Doch die Niederlande sind international als Handelsnation bekannt, und es war eben die geringe Größe des heimischen Marktes, die Heineken auf den Exportmarkt drängen ließ, was auf Grund des qualitativ hochwertigen Bieres mit einem internationalen Geschmack und einem unglaublich guten Gespür für Handel und Timing sehr erfolgreich wurde. Doch die Niederlande haben mehr zu bieten als nur Heineken. Das an ausgesprochene „Bierländer“ grenzende Land hat

Das Heineken-Besucherzentrum in Amsterdam

ausgezeichnete eigene Biersorten entwickelt, die in den letzten Jahren ein ansehnliches Stück des großen Pilsner-Marktes besetzen konnten. Diese Entwicklung ist zum Teil den Spezialbierläden zu verdanken, die in manchen Fällen eine Auswahl von 200 bis 600 verschiedenen Bieren aus aller Welt anbieten, oder auch den kleinen Brauereien, die zwar keine großen Mengen ausstoßen können, die jedoch gefällige Biere brauen und somit einen kleinen Teil des von den Braugiganten besetzten Marktes für sich erobern können.

Alfa

‚Der eigensinnige Brauer aus Limburg' – diesen Titel hat sich die Alfa-Brauerei selbst verliehen. Dieser Eigensinn kommt vielleicht in einigen Besonderheiten der Brauerei zum Ausdruck, basierend auf dem Wasser. Alfa ist die einzige Brauerei der Niederlande, die ihre Biere mit Wasser aus einem Brunnen braut, der offiziell vom Ministerium für Gemeinwohl, Volksgesundheit und Kultur anerkannt ist und das nicht weiter behandelt werden muss. Dieses Wasser, das vor etwa 6000 Jahren auf die Erde fiel, sickerte im Verlauf der Jahrhunderte durch Kies- und Kalksteinschichten bis in eine Tiefe von 152 m und durchlief dabei einen natürlichen Reinigungsprozess. Alfa darf pro Jahr nur eine begrenzte Menge dieses Wassers fördern. Außerdem ist Alfa seit seinem 125-jährigen Bestehen im Jahr 1995 Hoflieferant, was die führende regionale Stellung widerspiegelt und auch etwas über

Der Utrechter Bierladen mit einer großen Auswahl

Die Alfa-Brauerei besitzt einen offiziell anerkannten Brunnen.

Inmitten der Limburger Hügel liegt die Alfa-Brauerei.

die Qualität der Biere aussagt. Alfa ist bis heute ein unabhängiger Familienbetrieb, in dem viel Wert auf natürliche Zutaten und handwerkliche Braukunst gelegt wird. Der Ursprung dieser Limburger Brauerei liegt im Wasser, das auf Joseph Meens' Land aus der Erde trat. Im Jahr 1870 begann Joseph Meens neben seiner Landwirtschaft mit diesem Wasser Bier zu brauen. Danach produzierte der Familienbetrieb 90 Jahre lang ausschließlich für Landgaststätten in der näheren Umgebung. Auf dem heimischen Markt wurde die Brauerei erst 1960 aktiv, hauptsächlich über eigene Kleinhändler. Heute leitet die Familie Meens in vierter Generation den inzwischen weitgehend modernisierten Betrieb, der jedoch immer noch der traditionellen Braukunst treu geblieben ist.
Die Alfa Bierbrauerei in Schinnen hat folgende Biere im Angebot: Alfa Edel Pils, das stärkste untergärige Bier der Niederlande; Alfa Super Dortmunder; das mild-süße Alfa Oud Bruin (Altes Braun); das volle, im Herbst verkaufte Alfa Bokbier; das frische, aber starke Alfa Lentebok (Frühlingsbock); und das frische, vierkörnige Midzomerbier (Hochsommerbier).

Bavaria

Mit einem Bierausstoß von fast vier Mio. Hektolitern ist Bavaria die drittgrößte Brauerei der Niederlande nach Heineken und Grolsch. Bavaria verdankt seinen großen Erfolg teilweise den blauen, ‚halben' Kästen, die sich leicht auf Fahrrad-Gepäckträgern transportieren lassen. Daneben achtet

Bavaria ist in den Straßen von Paris ein gewohnter Anblick.

Bavaria auf angemessene Preise und gleichzeitig eine ausgezeichnete Qualität. Neben den in großen Mengen gebrauten Pilsnern und dem international bekannten Malzbier hat diese Brauerei aus dem Brabant auch einige sehr gute Spezialbiere im Angebot, die dafür sorgen, dass die Brauerei auch in anderen Nischen des Biermarktes vordingen konnte. Beispiele dafür sind das frische Moreeke und das runde 8.6, das man schon fast als ‚Straßenbier' von Paris bezeichnen kann. Die Bavaria-Brauerei nahm ihren Betrieb 1719 im brabantischen Lieshout auf.

De Leeuw

Die Bierbrauerei De Leeuw in Valkenburg aan de Geul, in der Provinz Limburg, hat mehr als 110 Jahre Brauerfahrung. Die Geschichte der Limburger Brauerei geht auf das Jahr 1886 zurück. Damals wurde Wilhelm Dittman aus Aachen nach Valkenburg entsandt, um für die „Aachen Export Brauerei" einen neuen Standort zu suchen. Dittman fand schließlich eine frühere Schießpulverfabrik mit einem gewaltigen Wasserrad. Hier wurde dann ‚De Valkenburgse Leeuwenbrouwerij, Dittman & Sauerlander Actien-Maatschappij' gegründet. Im Jahr 1920 ging die Brauerei in niederländischen Besitz über und wurde umbenannt in ‚Bierbrouwerij De Leeuw' (Löwen-Bierbrauerei). De Leeuw braut mit Wasser aus dem eigenen, 140 m tiefen Brunnen. Zur Angebotspalette der Brauerei gehören Leeuw Pilsener, Leeuw Bockbier, Leeuw Oud Bruin, Venloosch Alt, Jubileeuw, Leeuw Dortmunder, Leeuw Winter Wit und Leeuw Meibock.

Dommelsch

Die Geschichte der Dommelsch Bierbrauerei begann 1744, als der Bauer Willem Snieders neben seinem Hof eine kleine Brauerei einrichtete. Die

Das gewaltige Wasserrad der Bierbrauerei De Leeuw

Die Dommelsch-Bierbrauerei in Dommelen, Brabant

Hertog Jan Pilsener kann man auch zu Hause zapfen. (Foto: Martin Woods)

kleine Brauerei blieb in dieser Form bis 1895 bestehen und belieferte die Umgebung mit Dommelsch-Bieren. Im Jahr 1895 wurde in Folge der wachsenden Nachfrage unter Leitung eines anderen Willem Snieders eine neue Brauerei errichtet. Die Brauerei wurde mit einer zu jener Zeit als revolutionär betrachteten Dampfmaschine ausgerüstet, die so viel Strom produzierte, dass sie sogar die Kirche mit Elektrizität versorgen konnte, was im Ort sicherlich zu weiterer Beliebtheit beitrug. Bis in die 1980-er Jahre blieb Dommelsch vorwiegend eine Brauerei von regionaler Bedeutung; erst danach gelang es ihr, landesweit bekannt zu werden. Die Brabanter Brauerei ist heute ein moderner Betrieb mit etwa 300 Angestellten und gehört zum belgischen Interbrew-Konzern. Neben Dommelsch Pils produziert die Brauerei aus Dommelen ein süßes, mildes Oud Bruin, das rubinrote, saisonale Bokbier, den abgerundet fruchtigen Dominator und das alkoholfreie Malt.

Gulpener

Laurens Smeets beschloss 1825 seine Brauerei am südlichsten Punkt der Niederlande aufzubauen – dort, wo die Gulpener Bierbrauerei noch heute steht. Die Brauerei ist nach wie vor ein Familienunternehmen, wenngleich der Familienname Smeets aufgrund von Eheschließungen durch den Namen Rutten abgelöst wurde. Momentan hat die siebte Generation der Rutten die Leitung in der Hand. Wie alle anderen Limburger Brauereien dauerte es auch bei Gulpener recht lange, bis sie sich auch in den Nordteil der Niederlande ausbreiten konnte (1985), doch heute ist das Bier landesweit bekannt.

Hertog Jan

Die obergärigen Biere von Hertog Jan werden in Arcen in der Provinz Limburg gebraut. Seit 1915 hat die Arcenser Bierbrauerei vielfältige Spezialbiere nach traditioneller Weise hervorgebracht. Der Brauprozess erfolgt in Arcen immer noch in offenen Gärtanks bei Raumtemperatur, und die Produkte umfassen weiterhin mehrere bekannte, traditionelle Sorten. Ausnahmen bilden die Bockbiere von Hertog Jan, die obergärig sind. Zu Hertog Jans Produktpalette gehören das Pilsner, ein süßliches, dunkelbraunes Dubbel, das helle, fruchtige Tripel, das starke, runde Grand Prestige, Barley Wine genannt, das goldgelbe Meibock und das rubinrote Bockbier. Der Brauereiname geht auf das 13. Jahrhundert zurück und bezieht sich auf die Biere von Hertog (Herzog) Jan von Brabant, auch bekannt als Jan Primus oder Cambrinus – Namen, die in der Bierwelt nicht unbekannt sind. Herzog Jan war ein ausgesprochener Genussmensch, der seine Turniere und Schlachten mit vielen Speisen und Getränken feierte. Er wird daher fast immer mit einem Bierkrug in der Hand oder auf einem Bierfass sitzend dargestellt. Der Herzog wusste aber, wo man die besten Biere bekam: in den Gemäuern der vielen Klöster, in denen die wohlgehüteten Geheimnisse guter Biere aufbewahrt wurden.

Der Wahlspruch der Trappisten

Die Türme des einzigen Trappistenklosters in den Niederlanden

La Trappe

In Berkel-Enschot in der Provinz Brabant erheben sich die Türme der Abtei von „Unserer Lieben Frau von Koningshoeven“ hoch über die flache Polderlandschaft. In den Gemäuern dieser Abtei befindet sich die einzige Trappistenbrauerei der Niederlande, ‚De Schaapskooi‘. Die Trappistenmönche versorgen sich selbst im Einklang mit der Lehre des Hl. Benedikt. Die Mönche brauen La Trappe hier seit 1884, heute jedoch mit Unterstützung von Laien, aber immer noch unter der Verantwortung der Mönche und innerhalb der Abteimauern. Die Mönche brauen vier La-Trappe-Biere auf traditionelle Weise, basierend auf alten Rezepten: Singel, Dubbel, Tripel und Quadrupel. Den Rat der Mönche, das Bier so zu trinken, wie es gebraut wurde – in aller Ruhe –, kann man sich nur zu Herzen nehmen.

Maasland-Brauerei

In der kleinen Industriestadt Oss, in der Provinz Brabant, befindet sich die traditionsreiche Maasland-Brauerei, wo ‚D'n Schele Os‘ (Der Schielende Ochse) als Jagdtrophäe an der Wand hängt. Hier werden einige hervorragende Biere nach alter Tradition gebraut. Der Export nach Deutschland kommt zur Zeit allerdings nicht in Frage, da die Biere nicht dem strengen deutschen Reinheitsgebot entsprechen. Zu den Bieren der Brauereien von

Ed van Nisius an einer Tür der Maasland-Brauerei

Oss gehört nicht nur D'n Schele Os, sondern auch das frische, fruchtige Witte Wieven Witbier, mehrere Jubiläumsbiere, der süße Super Strongbock und das Mallemok Amber, das für das Braucafé im Hafen von Scheveningen produziert wird.

Eine Spezialität der Maasland-Brauerei

Rubinroter Wintervorrat von Alfa

Pilsner aus Schinnen

Das obergärige Amber von Grolsch

Alfa Bokbier

Biersorte:	Bockbier
Alkoholgehalt:	6,5 Vol.-%
Flascheninhalt:	0,3 Liter
Empf. Trinktemperatur:	10–12 °C
Gärung:	Untergärig
Brauer:	Alfa-Bierbrauerei, Schinnen, seit 1870

BESONDERHEITEN

Alfa Bockbier wird im Herbst in limitierter Menge für die Wintermonate gebraut. Das Wasser hierzu kommt aus dem brauereieigenen, anerkannten Brunnen. Das rubinrote Bier hat einen süßlichen Geschmack mit einem bitteren Nachtrunk.

Alfa Edel Pils

Biersorte:	Pilsner
Alkoholgehalt:	5,0 Vol.-%
Flascheninhalt:	0,3 Liter
Empf. Trinktemperatur:	6–8 °C
Gärung:	Untergärig
Brauer:	Alfa-Bierbrauerei, Schinnen, seit 1870

BESONDERHEITEN

Natürliches Pilsner, gebraut mit Wasser aus dem brauereieigenen Brunnen.

Amber van Grolsch

Biersorte:	Amber
Alkoholgehalt:	5,0 Vol.-%
Flascheninhalt:	0,3 Liter
Empf. Trinktemperatur:	6–8 °C
Gärung:	Obergärig
Brauer:	Grolsche Bierbrauerei, Enschede-Groenlo, seit 1615

BESONDERHEITEN

Amber van Grolsch ist ein dunkelblondes, unpasteurisiertes, obergäriges Bier mit einem bitter-süßen

Das goldene Bier aus dem Haus Heineken

Geschmack, der jedoch nicht allzu aufdringlich ist. Es mundet frisch und wird mit steigender Temperatur runder.

Amstel Gold

Biersorte:	Spezialbier
Alkoholgehalt:	7,0 Vol.-%
Flascheninhalt:	0,3 Liter
Empf. Trinktemperatur:	8–10 °C
Gärung:	Untergärig
Brauer:	Brauerei Heineken Niederlande, Zoeterwoude, seit 1864

BESONDERHEITEN
Dieses Amstel-Bier mit Gold im Namen und auf dem Etikett ist – nicht gerade überraschend – von goldgelber Farbe. Es hat einen süßlichen Antrunk und mundet deutlich alkoholtrocken. Der Geschmack ist flüchtig mit einem bitteren Nachtrunk.

Amstel Lentebock

Biersorte:	Bockbier
Alkoholgehalt:	7,0 Vol.-%
Flascheninhalt:	0,3 Liter
Empf. Trinktemperatur:	8–10 °C
Gärung:	Untergärig

Das Frühlings-Bockbier von Amstel

Brauer:	Brauerei Heineken Niederlande, Zoeterwoude, seit 1864

BESONDERHEITEN
Süßliches Saisonbier mit einem bitteren Nachtrunk.

Amstel Malt

Biersorte:	Alkoholfreies Bier
Alkoholgehalt:	0,1 Vol.-%
Flascheninhalt:	0,3 Liter
Empf. Trinktemperatur:	6–8 °C
Gärung:	k.A.
Brauer:	Brauerei Heineken Niederlande, Zoeterwoude, seit 1864

BESONDERHEITEN
Das Malt von Amstel hat ein malziges Aroma und einen ebensolchen Geschmack.

Amstel Pilsener 1870

Biersorte:	Pilsner
Alkoholgehalt:	5,0 Vol.-%
Flascheninhalt:	0,3 Liter
Empf. Trinktemperatur:	6–8 °C
Gärung:	Untergärig

Amstel Malt

Das Premium 1870 von Amstel

Antonius Abt von Liempds Gildebier

Amstel Pilsener Bier

Brauer:	Brauerei Heineken Niederlande, Zoeterwoude, seit 1864

BESONDERHEITEN
Amstel 1870 hat deutlich mehr Substanz als ein gewöhnliches Pilsner. Es weist ein malziges Aroma auf, und der hopfenbittere Geschmack hält lange an.

Amstel Pilsener Bier

Biersorte:	Pilsner
Alkoholgehalt:	5,0 Vol.-%
Flascheninhalt:	0,3 Liter
Empf. Trinktemperatur:	6–8 °C
Gärung:	Untergärig
Brauer:	Brauerei Heineken Niederlande, Zoeterwoude, seit 1864

BESONDERHEITEN
Amstel ist ein helles, neutrales Pilsner und bitter im kurzen Nachtrunk.

Antonius Abt

Biersorte:	Spezialbier
Alkoholgehalt:	6,0 Vol.-%
Flascheninhalt:	0,33 Liter
Empf. Trinktemperatur:	6–8 °C

Batavier, von der Budelse Brauerei

Das starke Acht-Punkt-Sechs von Bavaria

Bavaria Malt

Gärung:	Obergärig
Brauer:	Bierbrauerei De 3 Horne, Kaatsheuvel

BESONDERHEITEN

Liempds Gildebier ist ein helles, obergäriges und in der Flasche nachgärendes Bier. Zutaten sind Wasser, Pilsner-Malz, Karamellmalz, Saar-Hopfen, Northern Brewer-Hopfen und Hefe. Es wird in einem Pokal oder einer Tulpe serviert. Es ist ein Bier mit Geschmacksentwicklung.

Batavier

Biersorte:	Spezialbier
Alkoholgehalt:	5,0 Vol.-%
Flascheninhalt:	0,3 Liter
Empf. Trinktemperatur:	6–8 °C
Gärung:	Obergärig
Brauer:	Budelse Brauerei, Budel, seit 1870

BESONDERHEITEN

Batavier ist ein bernsteinfarbenes, obergäriges Bier.

Bavaria 8.6

Biersorte:	Spezialbier
Alkoholgehalt:	8,6 Vol.-%
Flascheninhalt:	0,3 Liter
Empf. Trinktemperatur:	6–8 °C
Gärung:	Untergärig
Brauer:	Bierbrauerei Bavaria, Lieshout, seit 1719

BESONDERHEITEN

Bavaria 8.6 ist ein intensiv goldgelbes Bier, stark und untergärig. Es ist vollmundig und hat einen runden, süßlichen Geschmack.

Bavaria Malt

Biersorte:	Alkoholfreies Bier
Alkoholgehalt:	0,1 Vol.-%
Flascheninhalt:	0,3 Liter
Empf. Trinktemperatur:	4–6 °C
Gärung:	k.A.
Brauer:	Bierbrauerei Bavaria, Lieshout, seit 1719

BESONDERHEITEN

Bavaria Malt hat einen malzigen Geschmack mit einem leicht bitteren Nachtrunk.

Bavaria Pilsener Bier

Biersorte:	Pilsner
Alkoholgehalt:	5,0 Vol.-%
Flascheninhalt:	0,3 Liter
Empf. Trinktemperatur:	6–8 °C
Gärung:	Untergärig
Brauer:	Bierbrauerei Bavaria, Lieshout, seit 1719

BESONDERHEITEN

Bavaria Pilsener Bier ist ein helles Pilsner mit einem leicht malzigen Charakter. Es ist ein neutrales Bier, das sich hervorragend als Durstlöscher eignet.

Bedafse Vreugde

Biersorte:	Spezialbier
Alkoholgehalt:	5,5 Vol.-%
Flascheninhalt:	0,3 Liter
Empf. Trinktemperatur:	14 °C
Gärung:	Obergärig
Brauer:	Jantjes Bierbrauerei, Uden, seit 1994

Das hellgelbe Pilsener von Bavaria

BESONDERHEITEN
Bedafse Vreugde („Bedafer Freude") trägt seinen Namen nach einem sandigen, bewaldeten Gebiet bei Uden. Es ist ein obergäriges, in der Flasche nachgärendes Bier mit Geschmacksentwicklung.

Bockaar Triple Bock

Biersorte:	Bockbier
Alkoholgehalt:	9,0 Vol.-%
Flascheninhalt:	0,33 Liter
Empf. Trinktemperatur:	10–12 °C
Gärung:	Obergärig
Brauer:	Bierbrauerei De 3 Horne, Kaatsheuvel, seit 1991

BESONDERHEITEN
Dieses obergärige Dreifach-Bockbier gärt in der Flasche nach. Den dabei entstehenden Hefesatz kann man problemlos mittrinken. Dieses starke Bier wird mit Pilsner-Malz, Amber-Malz, Münchener Malz und Karamellmalz hergestellt.

Bokbier

Biersorte:	Bockbier
Alkoholgehalt:	6,5 Vol.-%
Flascheninhalt:	0,3 Liter
Empf. Trinktemperatur:	8–12 °C

Das obergärige Bier von Jantjes Bierbrauerei

Dunkles Triple Bock von De 3 Horne

Süßes, starkes Herbstbockbier von De Drie Ringen

Borgenbier von der Quist-Brauerei

Mildes Oud Bruin von Brand

Gärung:	Obergärig
Brauer:	Bierbrauerei De Drie Ringen, Amersfoort, seit 1989

BESONDERHEITEN
Bokbier ist ein sehr dunkles, obergäriges und in der Flasche nachgärendes Herbstbier. Dem süßlichen Aroma und dem süßen Geschmack folgt ein bitterer Nachtrunk.

Borgenbier

Biersorte:	Spezialbier
Alkoholgehalt:	5,0 Vol.-%
Flascheninhalt:	0,33 Liter
Empf. Trinktemperatur:	8–12 °C
Gärung:	Obergärig
Brauer:	Quist-Brauerei, Ezinge, seit 1993

BESONDERHEITEN
Borgenbier ist ein rotbraunes, obergäriges und in der Flasche nachgärendes Bier. Beim Servieren sollte man darauf achten, dass der Hefesatz in der Flasche bleibt. Das Aroma ist blumig-karamellig. Der Geschmack ist süßlich mit einem etwas bitteren Nachtrunk. Auf dem Etikett befindet sich eine Einladung, das Verkostungslokal zu besuchen oder sich zu einer Brauereiführung anzumelden.

Brand Oud Bruin

Biersorte:	Old Brown
Alkoholgehalt:	3,5 Vol.-%
Flascheninhalt:	0,3 Liter
Empf. Trinktemperatur:	8–10 °C
Gärung:	Untergärig
Brauer:	Brand-Bierbrauerei, Wijlre, seit 1340

BESONDERHEITEN
Süßes, dunkles Bier mit einem milden Charakter.

Brand Pilsener

Biersorte:	Pilsner
Alkoholgehalt:	5,0 Vol.-%
Flascheninhalt:	0,3 Liter

Das Pilsener von Brand aus Limburg

Empf. Trinktemperatur:	6–8 °C
Gärung:	Untergärig
Brauer:	Brand-Bierbrauerei, Wijlre, seit 1340

BESONDERHEITEN
Mildes, helles Pilsner mit einem neutralen Geschmack und einen bitteren Nachtrunk.

Brand Sylvester

Biersorte:	Spezialbier
Alkoholgehalt:	7,5 Vol.-%
Flascheninhalt:	0,3 Liter
Empf. Trinktemperatur:	8–10 °C
Gärung:	Obergärig
Brauer:	Brand-Bierbrauerei, Wijlre, seit 1340

BESONDERHEITEN
Dieses rötliche bis bernsteinfarbene, obergärige Bier gärt in der Flasche nach. Es hat ein süßliches, fruchtiges Aroma und einen süßlichen Geschmack mit einem bitteren Nachtrunk. Das Bier ist unpasteurisiert und enthält Wasser, Gerstenmalz, Hopfen und Hefe.

Bruin's Ale

Biersorte:	Spezialbier
Alkoholgehalt:	5,0 Vol.-%

Bruin's Ale aus Zeeland

Das rötliche Brand Sylvester

Das rubinrote Bockbier aus Budel

Budels Pils

Capucijn von der Budelse Brauerei

Spezialbier aus Amersfoort

Flascheninhalt:	0,33 Liter
Empf. Trinktemperatur:	6–8 °C
Gärung:	Obergärig
Brauer:	De Vaete Brauerei, Lewendorp, seit 1993

BESONDERHEITEN
Bruin's Ale ist ein obergäriges, in der Flasche nachgärendes Bier aus Zeeland. Es ist von brauner Farbe und hat einen sich entwickelnden Geschmack.

Budels Bock

Biersorte:	Bockbier
Alkoholgehalt:	6,5 Vol.-%
Flascheninhalt:	0,3 Liter
Empf. Trinktemperatur:	10–12 °C
Gärung:	Untergärig
Brauer:	Budelse Brauerei, Budel, seit 1870

BESONDERHEITEN
Budels Bock ist ein rubinrotes Saisonbier. Dem süß-bitteren Geschmack folgt ein bitterer Nachtrunk.

Budels Pils

Biersorte:	Pilsner
Alkoholgehalt:	5,0 Vol.-%
Flascheninhalt:	0,3 Liter
Empf. Trinktemperatur:	6–8 °C
Gärung:	Untergärig
Brauer:	Budelse Brauerei, Budel, seit 1870

BESONDERHEITEN
Budels Pils wird seit 125 Jahren gebraut.

Capucijn

Biersorte:	Spezialbier
Alkoholgehalt:	6,5 Vol.-%
Flascheninhalt:	0,3 Liter
Empf. Trinktemperatur:	8–10 °C
Gärung:	Obergärig
Brauer:	Budelse Brauerei, Budel, seit 1870

BESONDERHEITEN
Capucijn ist ein rubinrotes Bier mit einem etwas säuerlichen Aroma. Der Geschmack dieses Spezialbiers ist bitter.

Casparie Schagen

Biersorte:	Weizenbier
Alkoholgehalt:	5,0 Vol.-%
Flascheninhalt:	0,3 Liter
Empf. Trinktemperatur:	6–8 °C
Gärung:	Obergärig
Brauer:	Amersfoorter Bierbrauerei De Drie Ringen, Amersfoort, seit 1989

BESONDERHEITEN
Im besonderen Auftrag gebrautes, obergäriges Bier. Dieses trübe Weißbier hat ein fruchtiges Aroma und einen süßlichen Geschmack.

Classe Royale

Biersorte:	Pilsner
Alkoholgehalt:	5,0 Vol.-%
Flascheninhalt:	0,3 Liter
Empf. Trinktemperatur:	6 °C
Gärung:	Untergärig

Classe Royale aus Breda

Brauer:	Bierbrauerei De Vriendenkring (Oranjeboom), Breda

BESONDERHEITEN
Classe Royale ist ein heller, neutraler Durstlöscher. Weder Geschmack noch Aroma sind ungewöhnlich.

Columbus

Biersorte:	Spezialbier
Alkoholgehalt:	9,0 Vol.-%
Flascheninhalt:	0,33 Liter
Empf. Trinktemperatur:	12–15 °C
Gärung:	Obergärig
Brauer:	Brauerei 't IJ, Amsterdam, seit 1984

BESONDERHEITEN
Columbus ist ein obergäriges, in der Flasche nachgärendes Spezialbier. Dieses starke Bier wird weder pasteurisiert noch gefiltert. Es hat eine hellbraune Farbe und einen süßlichen Geschmack mit einem bitteren Nachtrunk. Das Aroma ist süßlich-fruchtig.

Dommelsch Dominator

Biersorte:	Bockbier
Alkoholgehalt:	6,0 Vol.-%
Flascheninhalt:	0,3 Liter

Columbus Spezialbier aus Amsterdam

Das fruchtige Dominator von Dommelsch

Empf. Trinktemperatur: 6–8 °C
Gärung: Untergärig
Brauer: Dommelsche Bierbrauerei, Dommelen, seit 1744

BESONDERHEITEN
Dominator ist eine stärkere Version des Pilsners. Es hat einen runderen und malzigeren Geschmack. Der Name lässt ein Doppelbock vermuten, doch ist das Dominator schwächer als Dommelsch Bock.

Dommelsch Malt

Biersorte:	Malzbier
Alkoholgehalt:	0,1 Vol.-%
Flascheninhalt:	0,3 Liter
Empf. Trinktemperatur:	3–5 °C
Gärung:	k.A.
Brauer:	Dommelsche Bierbrauerei, Dommelen, seit 1744

BESONDERHEITEN
Alkoholfreies Bier.

Dommelsch Oud Bruin

Biersorte:	Spezialbier, Old Brown
Alkoholgehalt:	2,0 Vol.-%

Das alkoholfreie Malt von Dommelsch

Mildes Oud Bruin aus Dommelen

Flascheninhalt:	0,3 Liter
Empf. Trinktemperatur:	10–15 °C
Gärung:	Untergärig
Brauer:	Dommelsche Bierbrauerei, Dommelen, seit 1744

BESONDERHEITEN
Dieses dunkle Oud Bruin ist ein süßes Bier mit einem niedrigen Alkoholgehalt. Es wird mit Wasser aus der brauereieigenen Quelle, mit Gerstenmalz, Zucker, Hopfen, Lebensmittelsäure, Milchsäure und Karamell hergestellt.

Dommelsch Pilsener

Biersorte:	Pilsner
Alkoholgehalt:	5,0 Vol.-%
Flascheninhalt:	0,3 Liter
Empf. Trinktemperatur:	6–8 °C
Gärung:	Untergärig
Brauer:	Dommelsche Bierbrauerei, Dommelen, seit 1744

BESONDERHEITEN
Dommelsch ist ein helles Pilsner mit einem angenehmen, neutralen Geschmack. Das Bier wird mit Wasser aus der brauereieigenen Quelle, mit Gerstenmalz, ungemälztem Korn, Hopfen und Hefe hergestellt.

Dommelsch Pilsener

De Draak

Biersorte:	Spezialbier
Alkoholgehalt:	5,0 Vol.-%
Flascheninhalt:	0,33 Liter
Empf. Trinktemperatur:	10–12 °C
Gärung:	Obergärig
Brauer:	Scheldebrauerei, 's-Gravenpolder, seit 1993

BESONDERHEITEN

De Draak ist ein Spezialbier, das eigens für den 600. Jahrestag des Hotels „de Draak" in Bergen op Zoom, dem ältesten Gasthaus der Niederlande, gebraut wurde. De Draak wird mit Wasser, Pale-Malz, Karamellmalz, Hallertauer Hopfen und Saar-Hopfen, Koriander, Kandiszucker und obergäriger Hefe gebraut. Auf dem Etikett ist das Abfülldatum vermerkt. Dieses Spezialbier ist unpasteurisiert und unterliegt einer Geschmacksentwicklung. Der Hefesatz sollte beim Servieren in der Flasche bleiben.

Drakenbloed

Biersorte:	Spezialbier – Tripel
Alkoholgehalt:	9,0 Vol.-%
Flascheninhalt:	0,33 Liter
Empf. Trinktemperatur:	12 °C
Gärung:	Obergärig
Brauer:	Bierbrauerei De 3 Horne, Kaatsheuvel, seit 1991

BESONDERHEITEN

Dieses starke, obergärige und in der Flasche nachgärende Bier wird im Auftrag von „De Bockaar" gebraut. Der Hefesatz in der Flasche kann problemlos mitgetrunken werden. Das Aroma ist von Koriander geprägt, und der Geschmack ist neutral bis leicht süßlich. Es sollte in einem großen Pokal oder einer Tulpe serviert werden. Für einen klaren Genuss sollte man es vorsichtig aus der Flasche gießen.

Het Elfde Gebod

Biersorte:	Spezialbier
Alkoholgehalt:	7,0 Vol.-%

Spezialbier De Draak von der Scheldebrauerei

Das starke „Drachenblut"

Das volle, runde Elfde Gebod

Ganze Bier mit Geschmacksentwicklung

Flascheninhalt:	0,3 Liter
Empf. Trinktemperatur:	8–10 °C
Gärung:	Obergärig
Brauer:	Arcense Bierbrauerei, Arcen, seit 1981

BESONDERHEITEN

Süßlicher Geschmack mit einem leicht bitteren Nachtrunk.

Ganze Bier

Biersorte:	Ale
Alkoholgehalt:	5,5 Vol.-%
Flascheninhalt:	0,33 Liter
Empf. Trinktemperatur:	8–10 °C
Gärung:	Obergärig
Brauer:	Bierbrauerei De Gans, Goes, seit 1988

BESONDERHEITEN

Dieses hell-bernsteinfarbene, obergärige und in der Flasche nachgärende Bier unterliegt einer Geschmacksentwicklung. Das Etikett gibt das Abfülldatum an und weist darauf hin, dass das Bier ein Jahr gelagert werden kann. Der Hefesatz sollte nicht mit ausgeschenkt werden. Ganze Bier hat einen süßlichen Geschmack und einen bitteren Nachtrunk.

Bockbier von der Bierbrauerei De Gans

Ganze Bokbier

Biersorte:	Bockbier
Alkoholgehalt:	7,5 Vol.-%
Flascheninhalt:	0,33 Liter
Empf. Trinktemperatur:	10–12 °C
Gärung:	Obergärig
Brauer:	Bierbrauerei De Gans, Goes, seit 1988

BESONDERHEITEN

Das Bockbier von De Gans hat einen vollen Körper, ist süß-bitter, obergärig und gärt in der Flasche nach. Der sich entwickelnde Geschmack und die dunkle Bernsteinfarbe kommen am besten in einem bauchigen Pokal zur Geltung, in den das Bier mit einem einzigen Zug eingeschenkt wird, ohne dabei den Hefesatz am Flaschenboden aufzumischen.

Gouverneur

Biersorte:	Pilsner
Alkoholgehalt:	5,0 Vol.-%
Flascheninhalt:	0,3 Liter
Empf. Trinktemperatur:	6–8 °C
Gärung:	Untergärig

Brauer:	Bierbrauerei De Lindenboom, Neer, seit 1869

BESONDERHEITEN

Gouverneur verdankt seinen Namen dem Titel, den der Kommissar der Königin in Limburg noch heute trägt.

Grolsch Oud Bruin

Biersorte:	Old Brown
Alkoholgehalt:	2,5 Vol.-%
Flascheninhalt:	0,3 Liter
Empf. Trinktemperatur:	6–8 °C
Gärung:	Untergärig
Brauer:	Grolsche Bierbrauerei, Enschede-Groenlo, seit 1615

BESONDERHEITEN

Das Oud Bruin der Grolsche Bierbrauerei hat einen bitter-süßen Geschmack und einen sich entfaltenden, bitteren Nachtrunk.

Grolsch Premium Pilsener

Biersorte:	Pilsner
Alkoholgehalt:	5,0 Vol.-%
Flascheninhalt:	0,3/0,5 Liter

Das bitter-süße Grolsch Oud Bruin

Gouverneur Pilsner aus Limburg

Die Bügelflasche von Grolsch

Das Weizenbier der Gulpener Bierbrauerei

Grolsch alkoholfreies Special Malt

Gulpener Pilsener

Empf. Trinktemperatur:	6–8 °C
Gärung:	Untergärig
Brauer:	Grolsche Bierbrauerei, Enschede-Groenlo, seit 1615

BESONDERHEITEN

Die zweitgrößte Bierbrauerei der Niederlande wurde mit dieser charakteristischen Bügelflasche international bekannt.

Grolsch Special Malt

Biersorte:	Alkoholfreies Bier
Alkoholgehalt:	0,1 Vol.-%
Flascheninhalt:	0,3 Liter
Empf. Trinktemperatur:	4–6 °C
Gärung:	k.A.
Brauer:	Grolsche Bierbrauerei, Enschede-Groenlo, seit 1615

BESONDERHEITEN

Das alkoholfreie Bier von Grolsch hat einen malzigen und leicht süßlichen Geschmack, mit einem Hauch von Bittere im Nachtrunk.

Gulpener Korenwolf

Biersorte:	Weizenbier
Alkoholgehalt:	5,0 Vol.-%
Flascheninhalt:	0,3/0,33 Liter
Empf. Trinktemperatur:	6–8 °C
Gärung:	Obergärig
Brauer:	Gulpener Bierbrauerei, Gulpen, seit 1825

BESONDERHEITEN

Der Name Korenwolf („Kornwolf") stammt von der Limburger Bezeichnung für den Hamster, der in den Sommermonaten im Süd-Limburger Mergelland Getreidekörner sammelt und sich so seinen Wintervorrat schafft. Die Brauer aus Gulpen haben dieses Verhalten in ein Weißbier umgesetzt, für das sie vier Getreidesorten aus Limburg, Gewürze, Holunderblüten und Wasser aus der eigenen Quelle verwenden. Das Bier ist unfiltriert und unpasteurisiert. Das Ergebnis ist ein trübes Weißbier mit einem süßlichen, würzigen Geschmack, einem Weizenaroma und einem leicht bitteren Nachtrunk.

Gulpener Pilsener

Biersorte:	Pilsner
Alkoholgehalt:	5,0 Vol.-%
Flascheninhalt:	0,3 Liter
Empf. Trinktemperatur:	6–8 °C
Gärung:	Untergärig
Brauer:	Gulpener Bierbrauerei, Gulpen, seit 1825

BESONDERHEITEN

Gulpener Pilsener wird aus dem brauereieigenen Quellwasser des Süd-Limburger Mergellandes gebraut. Die wichtigsten Zutaten für dieses Bier stammen aus der Umgebung. Dieses Limburger Bier wird vor der Flaschenabfüllung nicht pasteurisiert.

Heineken Oud Bruin

Biersorte:	Old Brown
Alkoholgehalt:	2,5 Vol.-%
Flascheninhalt:	0,3 Liter
Empf. Trinktemperatur:	8–10 °C
Gärung:	Untergärig
Brauer:	Brauerei Heineken Niederlande, Zoeterwoude, seit 1864

Das süßliche Oud Bruin von Heineken

BESONDERHEITEN
Aroma und Geschmack dieses milden Oud Bruin von Heineken sind vornehmlich süß.

Heineken Pilsener

Biersorte:	Pilsner
Alkoholgehalt:	5,0 Vol.-%
Flascheninhalt:	0,3 Liter
Empf. Trinktemperatur:	6 °C
Gärung:	Untergärig
Brauer:	Heineken Bierbrauerei, Zoeterwoude, seit 1864

BESONDERHEITEN
Neutrales, helles Bier, das fast in aller Welt erhältlich ist.

Hertog Jan Dubbel

Biersorte:	Spezialbier – Doppelbier
Alkoholgehalt:	7,0 Vol.-%
Flascheninhalt:	0,3 Liter
Empf. Trinktemperatur:	6–8 °C
Gärung:	Obergärig
Brauer:	Arcense Bierbrauerei, Arcen, seit 1981

BESONDERHEITEN
Zutaten: Wasser, Gerstenmalz, Hefe, Hopfen, Kandiszucker und Karamell. Hertog Jan Dubbel ist ein obergäriges Bier mit Flaschengärung. Das Doppelbier ist von brauner Farbe, hat ein süßliches Aroma und einen süßlichen, malzigen Geschmack mit einem bitteren Nachtrunk. Hertog Jan sollte langsam in einen bauchigen Pokal geschenkt werden, ohne dabei den Hefesatz aufzumischen.

Hertog Jan Bockbier

Biersorte:	Bockbier
Alkoholgehalt:	6,5 Vol.-%
Flascheninhalt:	0,3 Liter
Empf. Trinktemperatur:	6–8 °C
Gärung:	Obergärig
Brauer:	Arcense Bierbrauerei, Arcen, seit 1981

Das Heineken

Das braune Hertog Jan Dubbel

Das volle Hertog Jan Bockbier

Das starke Grand Prestige aus Arcen

BESONDERHEITEN
Das rubinrote Bockbier von Hertog Jan ist obergärig. Es wird aus Wasser, Gerstenmalz, Hopfen und Karamell hergestellt. Der Geschmack dieses Bockbiers ist süßlich mit einem Aroma nach Frucht und Karamell sowie einem leicht bitteren Nachtrunk. Das dunkle Bier hat einen vollen Schaum, ist vollmundig und etwas cremig.

Hertog Jan Grand Prestige

Biersorte:	Spezialbier – Barley Wine
Alkoholgehalt:	10,0 Vol.-%
Flascheninhalt:	0,3 Liter
Empf. Trinktemperatur:	10–12 °C
Gärung:	Obergärig
Brauer:	Arcense Bierbrauerei, Arcen, seit 1981

BESONDERHEITEN
Dieses Grand Prestige ist ein sehr starkes, obergäriges und in der Flasche nachgärendes Bier. Zusätzlich zum süßlichen Geschmack ist der hohe Alkoholgehalt im Aroma deutlich erkennbar. Das Bier hat einen bitteren Nachtrunk.

Hertog Jan Meibock

Biersorte:	Bockbier
Alkoholgehalt:	7,0 Vol.-%
Flascheninhalt:	0,3 Liter
Empf. Trinktemperatur:	8 °C
Gärung:	Obergärig
Brauer:	Arcense Bierbrauerei, Arcen, seit 1981

BESONDERHEITEN
Hertog Jan Meibock ist ein helles Frühlingsbier, das extra stark gebraut wird, um auch die warmen Sommermonate zu überstehen. Dieses Saisonbier hat einen süßlichen Geschmack mit einem aromatischen Nachtrunk.

Hertog Jan Oud Bruin

Biersorte:	Old Brown
Alkoholgehalt:	2,0 Vol.-%
Flascheninhalt:	0,3 Liter
Empf. Trinktemperatur:	10–15 °C
Gärung:	Untergärig
Brauer:	Dommelsche Bierbrauerei, Dommelen, seit 1744

BESONDERHEITEN
Hertog Jan Oud Bruin ist ein dunkles, untergäriges Bier. Sowohl Geschmack als auch Aroma dieses ziemlich leichten Bieres sind süßlich. Zutaten: Wasser, Gerstenmalz, Zucker, Hopfen, Karamell und Milchsäure.

Hertog Jan Meibock

Das leichte Oud Bruin

Primator von Hertog Jan

Hertog Jans dunkelgelbes Tripel

Hertog Jan Primator

Biersorte:	Pilsner de Luxe
Alkoholgehalt:	6,0 Vol.-%
Flascheninhalt:	0,3 Liter
Empf. Trinktemperatur:	6–8 °C
Gärung:	Untergärig
Brauer:	Dommelsche Bierbrauerei, Dommelen, seit 1744

BESONDERHEITEN
Hertog Jan Primator ist ein helles Pilsner mit einem neutralen Geschmack.

Hertog Jan Tripel

Biersorte:	Spezialbier – Tripel
Alkoholgehalt:	8,5 Vol.-%
Flascheninhalt:	0,3 Liter
Empf. Trinktemperatur:	8–10 °C
Gärung:	Obergärig
Brauer:	Arcense Bierbrauerei, Arcen, seit 1981

BESONDERHEITEN
Das Tripel von Hertog Jan ist ein starkes, obergäriges Bier, das in der Flasche nachgärt. Dieses dunkelgelbe Bier hat einen neutralen Geschmack mit etwas Fruchtigkeit und Malz im Aroma. Beim Ausschenken sollte man darauf achten, dass der Hefesatz in der Flasche bleibt.

Horn's Bock

Horn's Bock aus Kaatsheuvel

Biersorte:	Bockbier
Alkoholgehalt:	7,0 Vol.-%
Flascheninhalt:	0,33 Liter
Empf. Trinktemperatur:	10–12 °C
Gärung:	Obergärig
Brauer:	Bierbrauerei De 3 Horne, Kaatsheuvel, seit 1991

BESONDERHEITEN
Horn's Bock ist ein dunkel-bernsteinfarbenes, obergäriges Bockbier mit Flaschengärung. Es wird mit Wasser, Hopfen, Hefe, Pilsner-Malz, Amber-Malz, Schokomalz, Karamellmalz, Münchener Malz

und Kristallmalz gebraut. Daraus ergibt sich ein süßlicher Geschmack mit einem bitteren Nachtrunk.

IJ-Bockbier

Biersorte:	Bockbier
Alkoholgehalt:	6,5 Vol.-%
Flascheninhalt:	0,33 Liter
Empf. Trinktemperatur:	12–15 °C
Gärung:	Obergärig
Brauer:	Brauerei 't IJ, Amsterdam, seit 1984

BESONDERHEITEN
IJ-Bockbier ist ein obergäriges, in der Flasche nachgärendes Saisonbier. Es ist von dunkelbrauner Farbe, hat einen süßlichen Geschmack und einen bitteren Nachtrunk. Das Bier wird von der Brauerei nicht filtriert oder pasteurisiert.

Janneke

Biersorte:	Spezialbier
Alkoholgehalt:	5,4 Vol.-%
Flascheninhalt:	0,3 Liter
Empf. Trinktemperatur:	8–10 °C
Gärung:	Obergärig
Brauer:	Arcense Bierbrauerei, Arcen, seit 1981

Bockbier von der Amsterdamer Brauerei 't IJ

Die große Liebe von Herzog Jan

Jantjes Zomerbier aus Uden in der Provinz Brabant

BESONDERHEITEN
Zutaten: Wasser, Gerstenmalz, Hefe, Hopfen und ungemälztes Getreide. Janneke Pijlijser war eine rothaarige Frau aus einfachen Verhältnissen, die Herzog Jan den Kopf verdrehte, obwohl sie niemals hätten heiraten können.

Jantjes Zomerbier

Biersorte:	Spezialbier
Alkoholgehalt:	5,0 Vol.-%
Flascheninhalt:	0,3 Liter
Empf. Trinktemperatur:	10 °C
Gärung:	Obergärig
Brauer:	Jantjes Bierbrauerei, Uden, seit 1994

BESONDERHEITEN
Dieses obergärige Saisonbier gärt in der Flasche nach. Es ist ein Bier mit Geschmacksentwicklung.

Jopen

Biersorte:	Spezialbier
Alkoholgehalt:	6,5 Vol.-%
Flascheninhalt:	0,3 Liter
Empf. Trinktemperatur:	8–10 °C
Gärung:	Obergärig
Brauer:	Brauerei De Halve Maan, Hulst, seit 1991

Jopen

BESONDERHEITEN
Dieses Bier mit Haarlem-Hopfen ist ein unpasteurisiertes, unfiltriertes, obergäriges Bier, das in der Flasche nachgärt.

Karthuizer Dubbel

Biersorte:	Spezialbier – Doppel
Alkoholgehalt:	6,5 Vol.-%
Flascheninhalt:	0,33 Liter
Empf. Trinktemperatur:	10–12 °C
Gärung:	Obergärig
Brauer:	Brauerei De Drie Kruizen, Westmaas, seit 1991

BESONDERHEITEN
Karthuizer Dubbel ist ein hellbraunes, obergäriges und in der Flasche nachgärendes Bier mit Geschmacksentwicklung. Dieses Doppel wird mit Karamellmalz und Kandiszucker gebraut und am besten in einem bauchigen Pokal serviert.

Kerstbier

Biersorte:	Spezialbier
Alkoholgehalt:	10,0 Vol.-%
Flascheninhalt:	0,33 Liter
Empf. Trinktemperatur:	12–15 °C
Gärung:	Obergärig

Das runde Karthuizer Dubbel

Starkes Weihnachtsbier von den Brauern aus Goes

Brauer:	Bierbrauerei De Gans, Goes, seit 1988

BESONDERHEITEN

Kerstbier (Weihnachtsbier) von De Gans ist ein sehr starkes, obergäriges Spezialbier mit Flaschengärung. Das Abfülldatum ist auf dem Etikett angegeben. Kerstbier kann ein Jahr lang gelagert werden. Das süßliche Aroma und der Geschmack entwickeln sich mit der Zeit. Die aufgeführten Zutaten sind: Leitungswasser, Pilsner-Malz, Amber- und Karamellmalz, ungemälzte Weizen-, Reis-, Mais- und Hirsekörner, brauner Zucker, Hopfenblüten, Koriander, Paradieskörner, Schalen der Curaçao-Pomeranze und Brauhefe. Man sollte es vorsichtig in ein großes Glas füllen, ohne den Hefesatz aufzumischen.

Kylian

Biersorte:	Spezialbier
Alkoholgehalt:	6,5 Vol.-%
Flascheninhalt:	0,3 Liter
Empf. Trinktemperatur:	8–10 °C
Gärung:	Obergärig
Brauer:	Heineken-Brauereien

BESONDERHEITEN

Mit seinem irischen Hintergrund kam Kylian über die Heineken Brauerei in Frankreich in die niederländischen Läden. Es ist ein obergäriges, bern-

Heineken's Trumpfkarte im Segment der obergärigen Biere

Lamme Goedzak

steinfarbenes, leicht ins Orange gehendes Bier. Der Antrunk ist malzig-süßlich und nicht überwältigend, denn es ist nicht zu rund und ziemlich trocken-hopfig. Das Aroma ist leicht fruchtig, gefolgt von einem Hauch Bittere.

Lamme Goedzak

Biersorte:	Spezialbier
Alkoholgehalt:	6,5 Vol.-%
Flascheninhalt:	0,33 Liter
Empf. Trinktemperatur:	10–12 °C
Gärung:	Obergärig
Brauer:	De Scheldebrauerei, 's-Gravenpolder, seit 1993

BESONDERHEITEN
Gebraut aus: Wasser, Pale-Malz, Karamellmalz, Hallertauer Hopfen, Spalter Hopfen, Kandiszucker und obergäriger Hefe. Lamme Goedzak ist ein unpasteurisiertes, obergäriges Bier mit Nachgärung in der Flasche und mit Geschmacksentwicklung. Beim Ausschank sollte der Hefesatz in der Flasche bleiben.

Leeuw Bockbier

Biersorte:	Bockbier
Alkoholgehalt:	6,5 Vol.-%
Flascheninhalt:	0,3 Liter
Empf. Trinktemperatur:	7–9 °C
Gärung:	Untergärig
Brauer:	Bierbrauerei De Leeuw, Valkenburg, seit 1886

BESONDERHEITEN
Leeuw Bockbier wird mit reinem, natürlichen Quellwasser aus über 100 Meter tiefen Mergelschichten gebraut. Dieses leicht süße, rubinrote, untergärige Bier hat einen bitteren Nachtrunk und wird nicht pasteurisiert.

Leeuw Dortmunder

Biersorte:	Dortmunder
Alkoholgehalt:	6,5 Vol.-%
Flascheninhalt:	0,3 Liter
Empf. Trinktemperatur:	6–8 °C
Gärung:	Untergärig
Brauer:	Bierbrauerei De Leeuw, Valkenburg, seit 1886

BESONDERHEITEN
Unpasteurisiertes, helles Dortmunder.

Leeuw Pilsener

Biersorte:	Pilsner
Alkoholgehalt:	5,0 Vol.-%
Flascheninhalt:	0,3 Liter
Empf. Trinktemperatur:	6–8 °C
Gärung:	Untergärig

Das süßliche, rubinrote Leeuw Bockbier

Dortmund ist nicht weit von Valkenburg.

Frisches Pilsener von De Leeuw

Ungefiltertes Weizenbier aus Valkenburg

Weizenbockbier von De Leeuw

Brauer:	Bierbrauerei De Leeuw, Valkenburg, seit 1886

BESONDERHEITEN

Leeuw Pilsener wird mit Wasser aus der brauereieigenen Quelle gebraut. Es ist ein frisches Bier, das nicht pasteurisiert wird und einen neutralen, leicht süßlichen Geschmack aufweist.

Leeuw Valkenburgs Witbier

Biersorte:	Weizenbier
Alkoholgehalt:	4,8 Vol.-%
Flascheninhalt:	0,3 Liter
Empf. Trinktemperatur:	4–6 °C
Gärung:	Obergärig
Brauer:	Bierbrauerei De Leeuw, Valkenburg, seit 1886

BESONDERHEITEN

Leeuw Witbier wird mit brauereieigenem Quellwasser gebraut. Das Bier wird ungefiltert abgefüllt und behält daher seine natürliche Trübe. Vor dem Servieren sollte man die Flasche kurz umdrehen, damit sich die Hefe im Bier verteilt. Valkenburgs Witbier hat einen fruchtigen Geschmack mit einem leicht bitteren Nachtrunk.

Leeuw Winter Wit

Biersorte:	Weizenbier
Alkoholgehalt:	5,8 Vol.-%
Flascheninhalt:	0,3 Liter
Empf. Trinktemperatur:	7–9 °C
Gärung:	Obergärig
Brauer:	Bierbrauerei De Leeuw, Valkenburg, seit 1886

BESONDERHEITEN

Eine stärkere Version des Weizenbiers für die kalten Winterabende. Dieses obergärige Bier hat einen trüben Farbton, da es ungefiltert abgefüllt wird. Vor dem Servieren sollte man die Flasche kurz umdrehen.

't Lempke

Biersorte:	Spezialbier
Alkoholgehalt:	6,0 Vol.-%

Das fruchtige „kleine Lamm“

Flascheninhalt:	0,33 Liter
Empf. Trinktemperatur:	8 °C
Gärung:	Obergärig
Brauer:	Bierbrauerei De 3 Horne, Kaatsheuvel, seit 1991

BESONDERHEITEN
't Lempke („Das kleine Lamm") ist ein bernsteinfarbenes, obergäriges Spezialbier mit Flaschengärung. Der Geschmack ist fruchtig-süß. Der Hefesatz kann problemlos mitgetrunken werden. Die Zutaten sind Wasser, Pilsner-Malz, Karamellmalz, Hopfen, Hefe und Orange.

Licht van Troost

Biersorte:	Spezialbier – Tripel
Alkoholgehalt:	8,5 Vol.-%
Flascheninhalt:	0,33 Liter
Empf. Trinktemperatur:	10–12 °C
Gärung:	Obergärig
Brauer:	De Texelse Bierbrauerei, Oudeschild, seit 1994

BESONDERHEITEN
In Mok Bay auf der Insel Texel steht der Leuchtturm 't Licht van Troost, der seinen Namen den drei Generationen von Leuchtturmwärtern der Familie Troost verdankt. 't Licht van Troost ist heute der Name dieses hellfarbenen Tripels. Es wird mit Gerste von der Insel Texel gebraut. Das Bier ist obergärig und gärt in der Flasche nach. Beim Servieren sollte der Hefesatz in der Flasche bleiben.

Lieve Royale

Biersorte:	Spezialbier
Alkoholgehalt:	6,0 Vol.-%
Flascheninhalt:	0,3 Liter
Empf. Trinktemperatur:	6–8 °C
Gärung:	Obergärig
Brauer:	Arcense Bierbrauerei, Arcen, seit 1981

BESONDERHEITEN
Lieve Royale („Königlicher Liebling") ist ein dunkelgelbes, obergäriges Bier. Der Brauer beschreibt seinen Liebling als robust, mit vollem Körper und mildem Geschmack. All dies ohne eine betonte Präsenz von Süße, Säuerlichkeit oder Bittere.

Lindeboom Lente Bock

Biersorte:	Bockbier
Alkoholgehalt:	6,5 Vol.-%
Flascheninhalt:	0,3 Liter
Empf. Trinktemperatur:	8–10 °C
Gärung:	Untergärig

Das Licht van Troost von der Insel Texel

Das Lieve Royale aus Arcen

Frühlingsbock vom Lindeboom in Neer, Limburg

Das milde Lingen's Blond von Heineken

Brauer:	Bierbrauerei De Lindeboom, Neer, seit 1869

BESONDERHEITEN
Lindeboom Lente Bock ist ein süßliches Frühlingsbier.

Lingen's Blond

Biersorte:	Mild
Alkoholgehalt:	2,0 Vol.-%
Flascheninhalt:	0,3 Liter
Empf. Trinktemperatur:	6–8 °C
Gärung:	Untergärig
Brauer:	Heineken-Brauerei, Zoeterwoude, seit 1864

BESONDERHEITEN
Lingen's Blond ist ein Bier mit niedrigem Alkoholgehalt und einem neutralen, milden Geschmack. Es wird mit Wasser, Gerstenmalz, ungemälztem Getreide, Hefe und Hopfen gebraut.

Maneblussertje

Biersorte:	Spezialbier
Alkoholgehalt:	6,5 Vol.-%
Flascheninhalt:	0,33 Liter
Empf. Trinktemperatur:	6–8 °C
Gärung:	Obergärig

Das Maneblussertje aus Zeeland

Brauer:	Bierbrauerei De Gans, Goes, seit 1988

BESONDERHEITEN
Maneblussertje ist ein obergäriges Bier, das in der Flasche nachgärt. Das Bier unterliegt einer Geschmacksentwicklung. Es sollte vorsichtig ausgeschenkt werden. Das Etikett gibt das Abfülldatum an und besagt, dass es bis zu einem Jahr ab diesem Datum haltbar ist.

Meibok

Biersorte:	Bockbier
Alkoholgehalt:	6,5 Vol.-%
Flascheninhalt:	0,3 Liter
Empf. Trinktemperatur:	6–8 °C
Gärung:	Obergärig
Brauer:	Amersfoorter Bierbrauerei De Drie Ringen, Amersfoort, seit 1989

BESONDERHEITEN
Meibok ist ein frisches, helles, obergäriges Frühlingsbier, das in der Flasche nachgärt.

Meibok Moerenburg

Biersorte:	Bockbier
Alkoholgehalt:	5,8 Vol.-%
Flascheninhalt:	0,33 Liter

Meibok von De Drie Ringen

Meibok Moerenburg aus Tilburg, Brabant

Empf. Trinktemperatur:	10–12 °C
Gärung:	Obergärig
Brauer:	Bierbrauerei Moerenburg, Tilburg, seit 1992

BESONDERHEITEN
Dieses Meibok ist ein obergäriges und in der Flasche nachgärendes Saisonbier.

Merck toch hoe sterck

Biersorte:	Spezialbier
Alkoholgehalt:	8,5 Vol.-%
Flascheninhalt:	0,33 Liter
Empf. Trinktemperatur:	12–14 °C
Gärung:	Obergärig
Brauer:	De Scheldebrauerei, 's-Gravenpolder, seit 1993

BESONDERHEITEN
Merck toch hoe sterck („Spür doch wie stark") ist ein starkes, obergäriges und in der Flasche nachgärendes Bier. Es wird mit Wasser, Pilsner-Malz, Amber-Malz, Kristall-Malz, Karamellmalz, Hallertauer Hopfen, Herbrücker Hopfen, Gewürzen, Hefe und dunklem Kandiszucker gebraut. Dieses dunkle Bier ist unpasteurisiert und unterliegt einer Geschmacksentwicklung. Es sollte vorsichtig ausgeschenkt werden, ohne dabei den Hefesatz aufzumischen. Auf dem Etikett sind Abfülldatum und Mindesthaltbarkeitsdauer angegeben.

Merck toch hoe sterck

Mestreechs Aajt von der Gulpener Bierbrauerei

Mestreechs Aajt

Biersorte:	Verschnittbier
Alkoholgehalt:	3,5 Vol.-%
Flascheninhalt:	0,33 Liter
Empf. Trinktemperatur:	8 °C
Gärung:	Untergärig
Brauer:	Gulpener Bierbrauerei, Gulpen, seit 1825

BESONDERHEITEN
Mestreechs Aajt ist ein dunkles, rubinrotes Bier. Das Aroma ist apfelsauer und der Geschmack süßsäuerlich. Es ist der Verschnitt eines lange gereiften Bieres mit einem frischen Braunbier.

Moreeke

Biersorte:	Spezialbier
Alkoholgehalt:	5,0 Vol.-%
Flascheninhalt:	0,3 Liter
Empf. Trinktemperatur:	8–10 °C
Gärung:	Obergärig
Brauer:	Bavaria Bierbrauerei, Lieshout, seit 1719

BESONDERHEITEN
Moreeke ist nach Laurentius Morees benannt, der 1719 in der ursprünglichen Brauerei der heutigen Bavaria Bierbrauerei mit dem Brauen begann. Das heutige dunkelgelbe Moreeke ist ein frisches, volles Bier mit einem fruchtigen Aroma und einem leicht bitteren Nachtrunk.

Natte

Biersorte:	Spezialbier – Doppel
Alkoholgehalt:	6,5 Vol.-%
Flascheninhalt:	0,33 Liter
Empf. Trinktemperatur:	10–12 °C
Gärung:	Obergärig
Brauer:	Brauerei 't IJ, Amsterdam, seit 1984

BESONDERHEITEN
Dieses Amsterdamer Doppel ist obergärig und gärt in der Flasche nach. Das braune Bier hat einen süßlichen Geschmack mit einem bitteren Nachtrunk. Natte ist unpasteurisiert und ungefiltert.

Oirschots Witbier

Biersorte:	Weizenbier
Alkoholgehalt:	5,0 Vol.-%
Flascheninhalt:	0,3 Liter
Empf. Trinktemperatur:	6–8 °C
Gärung:	Obergärig
Brauer:	Bierbrauerei De Kroon, Oirschot, seit 1627

BESONDERHEITEN
De Kroon ist eine jahrhundertealte Brabanter Brauerei, die Quellwasser aus dem sandigen Kempener Boden verwendet. Oirschots Witbier ist ein ungefiltertes, obergäriges und trübes Weizenbier.

Bavaria's Moreeke

Natte

Weizenbier von De Kroon in Oirschot

The Oldtimer

Biersorte:	Spezialbier – Tripel
Alkoholgehalt:	7,5 Vol.-%
Flascheninhalt:	0,33 Liter
Empf. Trinktemperatur:	12–14 °C
Gärung:	Obergärig
Brauer:	Maasland-Brauerei, Oss, seit 1990

BESONDERHEITEN
Dieses Tripel wird traditionell aus Wasser, Gerstenmalz, Weizenmalz, Hopfen und Gewürzen ohne Beifügungen gebraut, ist ungefiltert und unpasteurisiert. Es wird vorsichtig in einen trockenen Pokal eingeschenkt. Oldtimer hat einen etwas süßlichen Geschmack und einen leicht bitteren Nachtrunk.

Oranjeboom Oud Bruin

Biersorte:	Spezialbier – Old Brown
Alkoholgehalt:	2,5 Vol.-%
Flascheninhalt:	0,3 Liter
Empf. Trinktemperatur:	8 °C
Gärung:	Untergärig
Brauer:	Oranjeboom Bierbrauerei, Breda, seit 1538

BESONDERHEITEN
Oud Bruin von Oranjeboom ist ein süßes Bier mit tiefbrauner Farbe und einem niedrigen Alkoholgehalt.

Oranjeboom Premium Malt

Das Pilsener aus Breda

Biersorte:	Alkoholfreies Bier
Alkoholgehalt:	0,1 Vol.-%
Flascheninhalt:	0,3 Liter
Empf. Trinktemperatur:	3–5 °C
Gärung:	k.A.
Brauer:	Oranjeboom Bierbrauerei, Breda, seit 1538

BESONDERHEITEN
Alkoholfreies, helles Bier mit einem leicht malzigen Geschmack.

The Oldtimer von der Maasland-Brauerei

Das milde Oud Bruin von Oranjeboom

Oranjeboom Premium Malt

Oranjeboom Premium Pilsener

Biersorte:	Pilsner
Alkoholgehalt:	5,0 Vol.-%
Flascheninhalt:	0,3 Liter
Empf. Trinktemperatur:	6 °C
Gärung:	Untergärig
Brauer:	Oranjeboom Bierbrauerei, Breda, seit 1538

BESONDERHEITEN
Ein helles Pilsner, gebraut mit Wasser aus dem brauereieigenen Brunnen. Das Bier hat einen neutralen Geschmack und kann daher immer und überall getrunken werden.

Panelenbier

Biersorte:	Spezialbier
Alkoholgehalt:	5,0 Vol.-%
Flascheninhalt:	0,3 Liter
Empf. Trinktemperatur:	6–8 °C
Gärung:	Obergärig
Brauer:	Amersfoorter Bierbrauerei De Drie Ringen, Amersfoort, seit 1989

BESONDERHEITEN
Panelenbier ist ein für besondere Ereignisse gebrautes Bier. Es ist obergärig, gärt in der Flasche nach, hat ein leicht fruchtiges Aroma und einen neutralen Geschmack mit einem etwas bitteren Nachtrunk.

Parel

Biersorte:	Spezialbier
Alkoholgehalt:	6,0 Vol.-%
Flascheninhalt:	0,3 Liter
Empf. Trinktemperatur:	6–8 °C
Gärung:	Obergärig
Brauer:	Budelse Brauerei, Budel, seit 1870

BESONDERHEITEN
Parel ist ein helles, obergäriges Bier. Es hat kein betontes Aroma, und der Geschmack ist neutral mit einem leicht bitteren Nachtrunk.

Plzen

Biersorte:	Pilsner
Alkoholgehalt:	5,0 Vol.-%
Flascheninhalt:	0,33 Liter
Empf. Trinktemperatur:	6–8 °C
Gärung:	Untergärig
Brauer:	Brauerei 't IJ, Amsterdam, seit 1984

BESONDERHEITEN
Dieses ungewöhnliche Bier wird mit Untergärung

Spezialbier von De Drie Ringen

Das Parel aus Budel

Plzen von der Brauerei 't IJ in Amsterdam

Das Ridder Maltezer aus Maastricht

gebraut und gärt in der Flasche nach. Beim Servieren sollte man darauf achten, dass der Hefesatz in der Flasche bleibt. Dieses Pilsner ist von heller Farbe, hat ein fruchtiges Malzaroma und einen bitteren Geschmack.

Ridder Maltezer

Biersorte:	Dortmunder
Alkoholgehalt:	6,5 Vol.-%
Flascheninhalt:	0,3 Liter
Empf. Trinktemperatur:	8 °C
Gärung:	Untergärig
Brauer:	Brauerei de Ridder, Maastricht, seit 1857

BESONDERHEITEN
Maltezer hat eine schöne intensive, goldgelbe Farbe, die gut zum reichen Aroma passt. Es hat einen vollen, fast cremigen Geschmack mit einem trockenen Nachtrunk, der von etwas Fruchtigkeit begleitet wird. Dieses Dortmunder gibt seinen ziemlich hohen Alkoholgehalt nicht sofort preis, es erlaubt ihm aber zu einem angenehm warmen Gefühl im Mund anzusteigen, ohne dabei flüchtig zu sein.

Ridder Pilsener Bier

Biersorte:	Pilsner
Alkoholgehalt:	5,0 Vol.-%
Flascheninhalt:	0,3 Liter
Empf. Trinktemperatur:	6–8 °C
Gärung:	Untergärig
Brauer:	Brauerei de Ridder, Maastricht, seit 1857

BESONDERHEITEN
Ridder Pilsener ist ein helles Bier, das vor allem in Limburg sehr beliebt ist. Es ist frisch mit einem neutralen Geschmack, der sich zu einer Bittere entfaltet. Ridder wird mit Wasser aus dem brauereieigenen Brunnen gebraut und nicht pasteurisiert, um den Geschmack nicht zu verfälschen.

D'n Schele Os

Biersorte:	Spezialbier – Tripel
Alkoholgehalt:	7,5 Vol.-%
Flascheninhalt:	0,33 Liter
Empf. Trinktemperatur:	10–12 °C
Gärung:	Obergärig
Brauer:	Maasland-Brauerei, Oss, seit 1990

BESONDERHEITEN
D'n Schele Os („Der schielende Ochse") ist ein ungefiltertes, unpasteurisiertes, obergäriges Bier, das in der Flasche nachgärt. Die Farbe dieses Tripels ist hell. Der süßliche Geschmack und das würzige Aroma kommen am besten zur Geltung, wenn man D'n Schele Os vorsichtig in einen großen Pokal einschenkt.

Ridder Pilsener

Schiedamsch Provenier

Biersorte:	Spezialbier
Alkoholgehalt:	5,0 Vol.-%
Flascheninhalt:	0,3 Liter
Empf. Trinktemperatur:	6–8 °C
Gärung:	Obergärig
Brauer:	Schiedamsche Bierbrauerei, Schiedam, seit 1993

BESONDERHEITEN
Obergäriges, in der Flasche nachgärendes Bier. Es wird von De Halve Maan in Hulst gebraut.

Sjoes

Biersorte:	Spezialbier
Alkoholgehalt:	4,5 Vol.-%
Flascheninhalt:	0,3 Liter
Empf. Trinktemperatur:	8–10 °C
Gärung:	Untergärig
Brauer:	Gulpener Bierbrauerei, Gulpen, seit 1825

BESONDERHEITEN
Sjoes ist eine Kombination von Gulpener Pilsner und Gulpener Oud Bruin. Es hat ein süßliches Karamell-Aroma mit einem neutralen Geschmack und einen bitteren Nachtrunk.

D'n Schele Os ist das Flaggschiff der Maasland-Brauerei.

Provenier aus Schiedam

Das Sjoes – die Mischung der Gulpener Brauer

Das rubinrote Sleutel Bokbier

Das süße, braune Struis aus Amsterdam

Sleutel Bokbier

Biersorte:	Bockbier
Alkoholgehalt:	6,5 Vol.-%
Flascheninhalt:	0,3 Liter
Empf. Trinktemperatur:	10–15 °C
Gärung:	Untergärig
Brauer:	Brauerei Heineken Niederlande, Zoeterwoude, seit 1864

BESONDERHEITEN

Sleutel Bokbier hat ein süßliches Aroma mit einem süßlichen Geschmack. Seine Farbe ist rubinrot.

Struis

Biersorte:	Spezialbier
Alkoholgehalt:	9,0 Vol.-%
Flascheninhalt:	0,33 Liter
Empf. Trinktemperatur:	12–15 °C
Gärung:	Obergärig
Brauer:	Brauerei 't IJ, Amsterdam, seit 1984

BESONDERHEITEN

Struis ist ein starkes, obergäriges und in der Flasche nachgärendes Bier. Es ist ungefiltert und unpasteurisiert. Das in Amsterdam gebraute Bier hat ein fruchtiges Aroma mit einem süßen Geschmack.

La Trappe

Biersorte:	Trappist
Alkoholgehalt:	5,5 Vol.-%
Flascheninhalt:	0,3 Liter
Empf. Trinktemperatur:	12 °C
Gärung:	Obergärig
Brauer:	Trappistenbrauerei De Schaapskooi, Berkel-Enschot, seit 1884

Das einzige echte Trappistenbier der Niederlande

BESONDERHEITEN

Das einzige Trappistenbier der Niederlande ist ein bernsteinfarbenes, obergäriges und in der Flasche nachgärendes Bier. Es ist süßlich und hat einen bitteren Nachtrunk.

La Trappe Dubbel

Biersorte:	Trappist, Doppel
Alkoholgehalt:	6,5 Vol.-%
Flascheninhalt:	0,3 Liter
Empf. Trinktemperatur:	12 °C
Gärung:	Obergärig
Brauer:	Trappistenbrauerei De Schaapskooi, Berkel-Enschot, seit 1884

BESONDERHEITEN
Das Doppel der Trappistenmönche ist ein mildes, aromatisches Bier mit einem bitter-süßen Geschmack und einem langen, bitteren Nachtrunk.

Das bitter-süße Trappist Dubbel der Trappistenmönche

Trappe Quadrupel

Biersorte:	Spezialbier – Trappist
Alkoholgehalt:	10,0 Vol.-%
Flascheninhalt:	0,3 Liter
Empf. Trinktemperatur:	12–16 °C
Gärung:	Obergärig
Brauer:	Trappistenbrauerei De Schaapskooi, Berkel-Enschot, seit 1884

BESONDERHEITEN
Das Quadrupel ist das stärkste Bier der niederländischen Trappistenbrauerei. Dieses sehr dunkle Herbstbier hat einen vollen, runden Geschmack mit einem bitteren Hintergrund.

Das starke Quadrupel von De Schaapskooi

Trippelaer von De 3 Horne

Udens Kersenbier von Jantjes Brauerei

Trippelaer

Biersorte:	Spezialbier – Tripel
Alkoholgehalt:	8,5 Vol.-%
Flascheninhalt:	0,33 Liter
Empf. Trinktemperatur:	8–10 °C
Gärung:	Obergärig
Brauer:	Bierbrauerei De 3 Horne, Kaatsheuvel, seit 1991

BESONDERHEITEN

Dieses obergärige Tripel gärt in der Flasche nach. Trippelaer wird mit Wasser, Hopfen, Hefe, Pilsner-Malz, Münchener Malz, Karamellmalz, Orangen und Koriander zubereitet. Den Koriander erkennt man im Aroma, während der Geschmack süßlich ist und in einen etwas bitteren Nachtrunk mündet.

Udens Kersenbier

Biersorte:	Spezialbier
Alkoholgehalt:	5,5 Vol.-%
Flascheninhalt:	0,3 Liter
Empf. Trinktemperatur:	12 °C
Gärung:	Obergärig
Brauer:	Jantjes Brauerei, Uden, seit 1994

BESONDERHEITEN

Udens Kersenbier („Udens Kirschbier“) ist ein obergäriges, rotes Bier, das in der Flasche nachgärt. Das Aroma ist fruchtig, der Geschmack neutral mit einem etwas bitteren Nachtrunk. Das Kirschbier erfährt eine Geschmacksentwicklung.

Us Heit Twels Pilsener

Biersorte:	Pilsner
Alkoholgehalt:	5,0 Vol.-%
Flascheninhalt:	0,3 Liter
Empf. Trinktemperatur:	7–9 °C
Gärung:	Untergärig
Brauer:	De Friesche Bierbrauerei, Sneek, seit 1985

BESONDERHEITEN

Dieses helle Pilsner hat einen neutralen Geschmack mit einem bitteren Nachtrunk.

Us Heit Twels Bokbier

Biersorte:	Bockbier
Alkoholgehalt:	6,0 Vol.-%
Flascheninhalt:	0,33 Liter
Empf. Trinktemperatur:	10–12 °C
Gärung:	Obergärig
Brauer:	De Friesche Bierbrauerei, Sneek, seit 1985

BESONDERHEITEN

Dieses dunkelbraune Bockbier ist obergärig und gärt in der Flasche nach. Es hat ein säuerliches, süß-

Us Heit Twels Pilsener

liches Aroma mit einem neutralen Geschmack, der sich entwickelt. Auf dem Etikett ist das Abfülldatum angegeben.

De Vaete Bockbier

Biersorte:	Bockbier
Alkoholgehalt:	8,0 Vol.-%
Flascheninhalt:	0,33 Liter
Empf. Trinktemperatur:	10–15 °C
Gärung:	Obergärig
Brauer:	Brauerei De Vaete, Lewedorp, seit 1993

BESONDERHEITEN

Dieses rubinrote, obergärige und in der Flasche nachgärende Bockbier erfährt eine Geschmacksentwicklung.

Veens Nat

Biersorte:	Spezialbier
Alkoholgehalt:	5,0 Vol.-%
Flascheninhalt:	0,3 Liter
Empf. Trinktemperatur:	4–6 °C
Gärung:	Obergärig
Brauer:	Amersfoorter Brauerei De Drie Ringen, Amersfoort, seit 1989

BESONDERHEITEN

Ein helles, obergäriges Bier mit einem leicht fruchtigen Aroma und einem neutralen Geschmack.

Venloosch Alt

Biersorte:	Altbier
Alkoholgehalt:	4,5 Vol.-%
Flascheninhalt:	0,3 Liter
Empf. Trinktemperatur:	8 °C
Gärung:	Obergärig
Brauer:	Bierbrauerei De Leeuw, Valkenburg aan de Geul, seit 1886

BESONDERHEITEN

Diese Limburger Brauerei braute dieses Altbier erstmals 1983 zum 150. Jubiläum eines Cafés in

Dunkles Bockbier von De Friesche Bierbrauerei

Kräftiges Bockbier von De Vaete

Das fruchtige Veens Nat

Das Altbier von De Leeuw

Venlo. Seit dieser Zeit gehört das Bier zum ständigen Angebot. Es ist ein mittelbraunes Bier mit einem süßlichen Geschmack und einem bitteren Nachtrunk.

Vlo Speciale

Biersorte:	Spezialbier
Alkoholgehalt:	7,0 Vol.-%
Flascheninhalt:	0,33 Liter
Empf. Trinktemperatur:	8–10 °C
Gärung:	Obergärig
Brauer:	Brauerei 't IJ, Amsterdam, seit 1984

BESONDERHEITEN
Vlo Speciale ist ein obergäriges, in der Flasche nachgärendes Bier, gebraut im Auftrag von „De Bierkoning Amsterdam". Vlo ist unpasteurisiert und erfährt eine Geschmacksentwicklung. Es hat ein fruchtiges Aroma und einen süßlichen, bitteren Geschmack mit einem bitteren Nachtrunk.

Vos

Biersorte:	Spezialbier
Alkoholgehalt:	5,0 Vol.-%
Flascheninhalt:	0,3 Liter
Empf. Trinktemperatur:	6–8 °C

Das Amsterdamer Vlo Speciale

Gärung:	Obergärig
Brauer:	Stadtbrauerei De Ridder, Maastricht, seit 1857

BESONDERHEITEN
Vos ist ein frisches, prickelndes Bier mit einer schönen, intensiven Bernsteinfarbe. Es hat eine etwas dunkle, malzige Note, ist trocken und hat keinen Nachtrunk.

Wieckse Witte

Biersorte:	Weizenbier
Alkoholgehalt:	5,0 Vol.-%
Flascheninhalt:	0,3 Liter
Empf. Trinktemperatur:	6–8 °C
Gärung:	Obergärig
Brauer:	Brauerei De Ridder, Maastricht, seit 1857

BESONDERHEITEN
Wieckse Witte verdankt seinen Namen dem Maastrichter Stadtteil Wyck, wo die Brauerei De Ridder seit 1857 ihren Sitz hat. Es ist ein obergäriges Weizenbier, das ungefiltert abgefüllt wird und daher eine trüb-weißliche Farbe aufweist. Den Hefesatz kann man bedenkenlos mittrinken. Das Bier wird mit Weizenmalz, Gerstenmalz, Wasser, Hopfen, Hefe, Gewürzen, Zitrusschalen und ungemälztem Getreide gebraut.

Das frische, trockene Vos

Das weiße Weizenbier von De Ridder

Das Witte Raaf aus Arcen

Witte Raaf

Biersorte:	Weizenbier
Alkoholgehalt:	5,0 Vol.-%
Flascheninhalt:	0,3 Liter
Empf. Trinktemperatur:	6–8 °C
Gärung:	Obergärig
Brauer:	Arcense Bierbrauerei, Arcen, seit 1981

BESONDERHEITEN

Witte Raaf ist ein säuerliches, frisches, obergäriges und in der Flasche nachgärendes Weizenbier. Es hat eine helle Farbe und ist trüb.

Witte Wieven Witbier

Biersorte:	Weizenbier
Alkoholgehalt:	5,5 Vol.-%
Flascheninhalt:	0,33 Liter
Empf. Trinktemperatur:	5–6 °C
Gärung:	Obergärig
Brauer:	Maasland-Brauerei, Oss, seit 1990

BESONDERHEITEN

Obergäriges, in der Flasche nachgärendes Weizenbier. Witte Wieven ist ungefiltert und besitzt daher eine natürliche Trübe. Der Geschmack ist neutral, mit einem leicht bitteren Nachtrunk. Das Aroma ist leicht fruchtig.

Das Weißbier von der Maasland-Brauerei

Wolluk Bier von De 3 Horne in Kaatsheuvel

Das Tripel aus Amsterdam

Wolluk bier

Biersorte:	Spezialbier
Alkoholgehalt:	6,5 Vol.-%
Flascheninhalt:	0,33 Liter
Empf. Trinktemperatur:	8 °C
Gärung:	Obergärig
Brauer:	Bierbrauerei De 3 Horne, Kaatsheuvel, seit 1991

BESONDERHEITEN

Wolluk ist ein obergäriges, in der Flasche nachgärendes Bier. Der Hefesatz kann bedenkenlos mitgetrunken werden. Dieses bernsteinfarbene Bier wird für „De Bockaar" gebraut.

Zatte

Biersorte:	Spezialbier – Tripel
Alkoholgehalt:	8,0 Vol.-%
Flascheninhalt:	0,33 Liter
Empf. Trinktemperatur:	12–15 °C
Gärung:	Obergärig
Brauer:	Brauerei 't IJ, Amsterdam, seit 1984

BESONDERHEITEN

Zatte ist ein starkes, obergäriges und in der Flasche nachgärendes Bier. Dieses gelborange Tripel hat einen neutralen Geschmack mit einem bitteren Nachtrunk. Das Aroma ist fruchtig-malzig.

De Zeezuiper

Biersorte:	Spezialbier
Alkoholgehalt:	7,5 Vol.-%
Flascheninhalt:	0,33 Liter
Empf. Trinktemperatur:	10–12 °C
Gärung:	Obergärig
Brauer:	De Scheldebrauerei, 's-Gravenpolder, seit 1993

BESONDERHEITEN

De Zeezuiper ist ein unpasteurisiertes, obergäriges und in der Flasche nachgärendes Bier. Der dabei entstehende Hefesatz sollte nicht mit ausgeschenkt werden. Das helle Bier wird mit Wasser, Pale-Malz,

De Zeezuiper der De Scheldebrauerei

Amber-Malz, Hopfen, Waldmeister, Schalen von Curaçao-Pomeranzen, Zucker und obergäriger Hefe gebraut. Auf dem Etikett sind das Abfülldatum und die Haltbarkeitsdauer vermerkt.

Zomer bokbier

Biersorte:	Spezialbier
Alkoholgehalt:	7,0 Vol.-%
Flascheninhalt:	0,33 Liter
Empf. Trinktemperatur:	8–10 °C
Gärung:	Obergärig
Brauer:	Bierbrauerei De Gans, Goes, seit 1988

BESONDERHEITEN
Zomer Bokbier ist ein helles, obergäriges und in der Flasche nachgärendes Saisonbier. Auf dem Etikett ist das Abfülldatum angegeben. Das Bier ist mindestens ein Jahr lang haltbar, während dessen sich der leicht süßliche Geschmack erst entwickelt. Dieses Bier wird in einem großen Pokal serviert, ohne den Hefesatz aufzumischen.

Zot Manneke

Biersorte:	Spezialbier
Alkoholgehalt:	10,0 Vol.-%
Flascheninhalt:	0,33 Liter
Empf. Trinktemperatur:	12–15 °C
Gärung:	Obergärig
Brauer:	Bierbrauerei De Gans, Goes, seit 1988

Zomer Bokbier aus Goes

BESONDERHEITEN
Starkes, niederländisches Bier mit Geschmacksentwicklung. Zot Manneke ist obergärig und gärt in der Flasche nach. Es enthält keine chemischen Zusätze. Auf dem Etikett sind das Abfülldatum und die Haltbarkeitsdauer von einem Jahr angegeben.

Belgien

Belgien ist ein kleines Land, das zwar in zwei Sprachgebiete und zahlreiche Provinzen aufgeteilt ist, die jedoch alle eine Leidenschaft teilen: die Vorliebe für Bier. Nur in Belgien wird das Bier so behandelt wie der Wein in anderen Ländern. Bourgogne, Grand Cru, Cuvée oder eine umfangreiche Karte in einem Restaurant – in Belgien bezieht sich dies nicht unbedingt auf Wein, sondern trifft eher für Bier zu, das es hier in außerordentlich großer Vielfalt gibt. Die Belgier lieben das Essen und Trinken, das durchaus nach seiner Qualität die Franzosen und nach seiner Quantität die Deutschen begeistern kann. Die Gerichte werden mit den prächtigsten Bieren serviert, die in aller Welt imitiert werden. In gastronomischer Hinsicht sind die Belgier wahrlich schwer zu schlagen!

Das starke Zot Manneke von der Brauerei de Gans

„Kein Kutscher ohne Bier" war das Motto von Pauwel Kwak.

Witbier

Belgisches Weißbier ist untrennbar mit der Stadt Hoegaarden in der Provinz Brabant verbunden. Hier hauchte nämlich Pieter Celis dieser vergessenen Biersorte neues Leben ein. Hoegaarden hat eine lange Brautradition, die bis in das beginnende 14. Jahrhundert zurückreicht. Auslöser für das Brauen von Weißbier in dieser Gegend war wohl der hier angebaute Weizen. Ähnlichkeiten zu deutschen Weizenbieren bestehen in der Weizenmenge, der Obergärung und der Trübe auf Grund des Hefeeinschlusses. Der Hauptunterschied ist natürlich die Beigabe von Koriander und von Schalen der Curaçao-Pomeranze, was in Deutschland nicht zulässig wäre. Die Belgier jedoch brauen das Bier so, wie sie es mögen, und nach ihrem Geschmack benötigt die Säuerlichkeit des Weizenbiers etwas Süße und Würze. Die Popularität des belgischen Weißbiers ging auf Grund des Massenkonsums von Pilsner so stark zurück, dass 1957 die letzte Weißbierbrauerei ihre Pforten schloss. Etwa zehn Jahre später eröffnete der Milchbauer Pieter Celis, der die Kunst des Weißbierbrauens kannte, da er hin und wieder in einer Brauerei aushalf, seine eigene Brauerei De Kluis. Nachdem diese durch ein Feuer fast völlig zerstört worden war, verkaufte er sie an Interbrew und versuchte dann sein Glück mit einer neuen Brauerei in Austin, Texas.

Curaçao-Schalen gehören zu den Zutaten von Hoegaarden-Weißbier.

Lambic

Im Sennetal in der Nähe von Brüssel werden Biere nach dem Verfahren der spontanen Gärung gebraut. Dieses Lambic-Bier, das zu etwa einem Drittel aus Weizen gebraut wird, bildet die Basis für mehrere verschnittene Bierspezialitäten. Nach dem Kochen wird die Würze für das Lambic in flache Kupfertanks auf den Dachböden der Brauereien gefüllt. Die wilden Hefen, die es in diesem Tal und in den Brauereien gibt, kommen mit dem Gebräu in Kontakt, und der spontane Gärprozess, der in der ganzen Welt einmalig ist, wird in Gang gesetzt. Das junge Bier wird danach in Holzfässern gelagert, wo es ein bis drei Jahre lang reift. Echtes Lambic ist ein Bier, das nicht leicht zu finden ist; mit seinem herben, säuerlichen Geschmack und dem Fehlen von Kohlensäure ist es für den Bierliebhaber eine wahre Spezialität. Lambic wird traditionell mit abgelagertem Hopfen gebraut, weshalb fast keine Spur von Bittere im Bier wahrnehmbar ist.

Gueuze ist ein Verschnitt von zwei Lambics, eines, das mindestens drei Jahre gereift ist, und eine jüngere Version, die dem Bier mehr Leben verleiht. Auf diese Weise erfährt Gueuze eine zusätzliche Gärung, die für mehr Kohlensäure im Bier sorgt. Das verschnittene Bier ist säuerlich, es gibt aber auch einige süß-säuerliche Sorten auf dem Markt. Das Verhältnis von jungem zu altem Bier ist sehr unterschiedlich. Die Gueuze-Brauer mit Traditionsbewusstsein lassen ihr Bier nach dem Verschnitt mehrere Monate in der Brauerei reifen, wonach sich der richtige Geschmack durch Flaschenlagerung über mehrere Jahre hinweg in den Gaststätten entwickeln darf. Größere Brauereien lassen ihre Verschnitte in Tanks reifen, danach filtern und pasteurisieren sie das Bier, woraufhin es sich in der Flasche nicht mehr weiterentwickeln kann.

Faro besteht nur aus Lambic und Zucker. Zunächst wurde Zucker dem Bier vermutlich nur zugesetzt, um den säuerlichen Geschmack zu mildern. Manch-

mal erfolgt dies auch erst, wenn das Bier schon im Glas ist. In Flaschen abgefülltes Faro muss pasteurisiert werden, da sonst der zugefügte Zucker bei einer Lagerhaltung vergären würde.
Lambic ist oft, aber nicht immer, die Basis auch für Fruchtbiere. Die häufigsten Sorten sind Kirsche (Kriek) und Himbeere, aber auch Pfirsiche, Bananen und Schwarze Johannisbeeren werden für Fruchtbiere verwendet. Der Hauptzweck der Fruchtzugaben ist zweifelsohne die Verfeinerung der herben Lambic-Biere, doch sie dienen auch dazu, das sonst schale Bier lebendiger zu machen. Die Früchte werden normalerweise beigefügt, wenn das Bier bereits gereift ist. Anschließend wird es einige Monate in Fässern gelagert, bevor man es in Flaschen abfüllt. Oft werden die Biere miteinander verschnitten. In Belgien gibt es sowohl Kriek Lambic als auch Gueuze Lambic.

Modeste van den Bogaert, der derzeitige Vorstandsvorsitzende

De Koninck

An der Spitze des Familienstammbaumes, der das Eigentum und die Leitung der Antwerpener Brauerei zeigt, steht Joseph Henricus De Koninck. Im Jahr 1827 erwarb er die Gaststätte ‚De Plaisante Hof' an der Grenze zwischen Antwerpen und Berchem. Die Hand auf dem Logo von De Koninck erinnert an den Grenzpfahl, der die Grenze zwischen den beiden Gemeinden markierte und auf dem eine Hand abgebildet war. Nachdem Josephina Johanna de Koninck die Brauerei geerbt hatte, verkaufte sie diese an den damaligen Geschäftsführer Florent van Bauwel. Er wiederum ging eine Kooperationsvereinbarung mit Modeste van den Bogaert ein, dessen Enkel heute Vorstandsvorsitzender ist. Seine Söhne bekleiden in der unabhängigen Familienorganisation momentan die Posten des Technischen Direktors und des Handelsdirektors. De Koninck bezog 1995 eine neue Braustätte, wo das Bier nun auf moderne Weise gebraut wird.

Orval

Eines der fünf Bier brauenden Trappistenklöster in Belgien ist die Abtei Notre-Dame d'Orval. Dieses Kloster im goldenen Tal hat eine sehr bewegte Geschichte. Die Klostergemeinschaft wurde regelmäßig von Kriegen und Zerstörung heimgesucht, danach aber auch immer wieder aufgebaut. Die Abtei wurde 1070 von zwei Benediktinermönchen gegründet. Im Jahr 1926 begann die Restaurierung der Abtei dank einer Stiftung von Frau Charles-Albert de Harenne. Die Arbeiten dauerten bis 1948 an, doch schon 1935 wurde Orval wieder zur Abtei erhoben. Im Jahr 1931 schlug der Abt Pater Marie-Albert van der Cruyssen die Einrichtung einer Klosterbrauerei vor – aber nicht, weil die Mönche nichts zu tun gehabt hätten, denn sie backten bereits Brot und stellten Käse her, sondern eher um für eine Tätigkeit zu sorgen, die dazu beitragen kann, die Klostergebäude auch in Zukunft zu erhalten. Mit der finanziellen Unterstützung von außen wurde eine Brauerei eingerichtet, in der von Anfang an fast nur Laien arbeiteten. Die Anteile der so entstandenen Gesellschaft wurden auf die Klostergemeinschaft übertragen. Das Etikett auf der kegelförmigen Flasche zeigt eine Forelle mit einem goldenen Ring im Maul. Diese Abbildung steht im Zusammenhang mit einer Legende über Mathilde, die Gräfin der Toskana, und die Klosterquelle, aus der die Forelle mit dem verlorenen Ehering der Gräfin auftauchte. Das Wasser dieser Quelle wird zum Brauen des Bieres verwendet.

Orval mit dem besonderen Glas

Abtei Notre-Dame d'Orval

Die Brauerei Rodenbach

Orval braut nur eine Sorte Bier mit vier bis fünf verschiedenen Arten Gerstenmalz und zwei bis drei Hopfensorten. Die erste Gärung dauert sechs Tage, die zweite Gärung in den Tanks dauert drei Wochen. Orval verwendet die englische Methode des Hopfenstopfens. Mit einem jährlichen Ausstoß von 38 000 Hektoliter Bier liegt die Orval-Brauerei in der Mitte der fünf Trappistenbrauereien; Westmalle und Chimay brauen mehr, und Rochefort und Westvleteren weniger Bier.

Rodenbach

Diese in Roeselare gelegene Brauerei ist wirklich bemerkenswert. Entsprechend der traditionellen Braukunst werden hier drei rote Belgische Biere gebraut: das klassische Rodenbach, Rodenbach Grand Cru und das Kriekbier Alexander Rodenbach. Die Geschichte der Brauerei begann 1820, als Alexander Rodenbach eine Brauerei in Roeselare übernahm. Im Lauf der Jahre wurden die charakteristischen Eichenfässer eingeführt, von denen es heute 294 gibt. Diese Fässer haben ein Fassungsvermögen von 10 000 bis 65 000 Liter und werden von den brauereieigenen Böttchern ohne einen einzigen Nagel hergestellt. Nachdem das Bier über fünf bis sechs Wochen eine zweite Gärung in Metalltanks erfahren hat, wird es für mindestens 20 Monate zur Reifung in die Eichenfässer abgefüllt. Der Kontakt mit dem unbearbeitetem Eichenholz und die lange Reifung führen zu einer Geschmacksentwicklung, die durch schnellere Methoden nicht erreicht werden kann.

Ein Wahlspruch, der heute nicht mehr passt. („Es ist Wein.")

Das mit Kandiszucker gesüßte Bonne Esperance

Abbaye de Bonne Esperance

Biersorte:	Spezialbier
Alkoholgehalt:	8,0 Vol.-%
Flascheninhalt:	0,25 Liter
Empf. Trinktemperatur:	6–12 °C
Gärung:	Obergärig
Brauer:	Lefèbvre, Quenast, seit 1876

BESONDERHEITEN
Der charakteristische und ungewöhnliche Geschmack von Bonne Esperance entsteht durch die Mischung von Kandiszucker und verschiedenen Hopfensorten. Die Flaschen sollten immer aufrecht gelagert werden.

Aerts 1900

Biersorte:	Spezialbier
Alkoholgehalt:	7,5 Vol.-%
Flascheninhalt:	0,33 Liter
Empf. Trinktemperatur:	12 °C
Gärung:	Obergärig
Brauer:	Brauerei Palm, Steenhuffel, seit 1747

BESONDERHEITEN
Dreimal vergoren, zuletzt in der Flasche. Mit einem etwas süßlichen Geschmack und einer rötlichen Bernsteinfarbe.

Die etwas weniger bekannte Version aus Steenhuffel

Affligem Blond

Biersorte:	Spezialbier
Alkoholgehalt:	7,0 Vol.-%
Flascheninhalt:	0,33 Liter
Empf. Trinktemperatur:	8–10 °C
Gärung:	Obergärig
Brauer:	Brauerei De Smedt, Opwijk, seit 1790

BESONDERHEITEN

Dieses helle, nach dem Rezept der Benediktinermönche des Klosters Affligem gebraute Bier gärt in der Flasche nach. Der süßliche Geschmack und das Aroma kommen am besten zur Geltung, wenn man es aus einem großen Glas trinkt.

Affligem Dubbel

Biersorte:	Spezialbier – Doppel
Alkoholgehalt:	7,0 Vol.-%
Flascheninhalt:	0,33 Liter
Empf. Trinktemperatur:	8–10 °C
Gärung:	Obergärig
Brauer:	Brauerei De Smedt, Opwijk, seit 1790

BESONDERHEITEN

Dieses Abteibier der Benediktinermönche von Affligem ist nach der alten Braumethode mit anschließender Flaschengärung gebraut. Beim Ein-

Ein helles Abteibier von De Smedt

Affligem, doppelt gebraut nach dem Benediktinerrezept

schenken sollte man ein großes Glas verwenden und den Hefesatz in der Flasche belassen. Dieses Dubbel ist von brauner Farbe und hat einen süßlichen Geschmack mit einem leicht bitteren Nachtrunk.

Affligem Tripel

Biersorte:	Spezialbier – Tripel
Alkoholgehalt:	8,5 Vol.-%
Flascheninhalt:	0,33 Liter
Empf. Trinktemperatur:	8–10 °C
Gärung:	Obergärig
Brauer:	Brauerei De Smedt, Opwijk, seit 1790

BESONDERHEITEN
Affligem Tripel ist ein traditionell gebrautes Abteibier, das auf ein Rezept der Benediktinermönche der Abtei von Affligem zurückgeht. Dieses helle Tripel gärt in der Flasche nach, in der sich am Boden ein Hefesatz bildet. Es sollte bis auf einen Finger breit mit einem einzigen Zug in einen großen Kelch geschenkt werden. Das Bier hat einen süßlichen Geschmack.

Alexander Rodenbach

Biersorte:	Kriek
Alkoholgehalt:	6,0 Vol.-%
Flascheninhalt:	0,25 und 0,33 Liter, in Papier verpackt
Empf. Trinktemperatur:	8–12 °C
Gärung:	Obergärig
Brauer:	Brauerei Rodenbach N.V., Roeselare, seit 1836

BESONDERHEITEN
Dieses volle, fruchtige, obergärige Bier entwickelt sein mildes, frisches Bouquet in Eichenfässern. Alexander Rodenbach ist ein Kriekbier mit einem frischen, süß-sauren Geschmack.

Aubel

Biersorte:	Spezialbier
Alkoholgehalt:	6,9 Vol.-%
Flascheninhalt:	0,33 Liter
Empf. Trinktemperatur:	12 °C
Gärung:	Obergärig
Brauer:	Brasserie D'Aubel, Aubel

BESONDERHEITEN
La Bière d'Aubel ist unpasteurisiert, völlig naturbelassen und gärt in der Flasche nach, wobei es einen Aroma- und Geschmackskomplex von Apfel, Malz und Hopfen entwickelt.

Augustijn Grand Cru

Biersorte:	Spezialbier
Alkoholgehalt:	9,0 Vol.-%
Flascheninhalt:	0,33 Liter
Empf. Trinktemperatur:	10–12 °C
Gärung:	Obergärig

Das süßliche, helle Tripel von Affligem

Das Apfelbier von Aubel

Kriekbier der Brauerei Rodenbach

Das Grand Cru von der Brauerei Bios-Van Steenberge

Brauer:	Brauerei Bios-Van Steenberge, Ertvelde, seit 1785

BESONDERHEITEN

Starkes, obergäriges, in der Flasche nachgärendes, belgisches Bier. Augustijn ist hell und hat einen neutralen Geschmack.

Bacchus

Biersorte:	Altes, braunes, flämisches Bier
Alkoholgehalt:	4,5 Vol.-%
Flascheninhalt:	0,25 Liter
Empf. Trinktemperatur:	6 °C
Gärung:	Obergärig
Brauer:	Brauerei Van Honsebrouck, Ingelmunster, seit 1900

BESONDERHEITEN

Bacchus ist ein obergäriges, braunes Bier. Es hat einen süß-säuerlichen Geschmack mit einem leicht fruchtigen Aroma. Dieses Bier reift in Eichenfässern.

Barbar

Biersorte:	Spezialbier
Alkoholgehalt:	8,0 Vol.-%

Bacchus

Barbar Spezialbier

Flascheninhalt:	0,33 Liter
Empf. Trinktemperatur:	12 °C
Gärung:	Obergärig
Brauer:	Brauerei Lefèbvre, Quenast, seit 1876

BESONDERHEITEN
Barbar bedeutet die Erleichterung der Krieger. Dieses Luxusbier hat eine helle Farbe und erhält seinen Geschmack durch den zugefügten Honig. Das Bier gärt in der Flasche nach.

Belle-Vue Framboise

Biersorte:	Himbeer-Lambic
Alkoholgehalt:	5,2 Vol.-%
Flascheninhalt:	0,3 Liter
Empf. Trinktemperatur:	4–6 °C
Gärung:	Spontan
Brauer:	Brauerei Belle-Vue, Sint-Jans-Molenbeek, seit 1913

BESONDERHEITEN
Belle-Vue Framboise ist ein traditionelles Brüsseler Bier, gebraut mit spontaner Gärung. Es ist eine sehr erfrischende, fruchtig-süße Mischung aus Himbeeren und Lambic. Dieses bernsteinfarbene Fruchtbier entfaltet sich am besten in speziellen Belle-Vue-Champagnergläsern.

Belle-Vue Geuze

Biersorte:	Gueuze-Lambic
Alkoholgehalt:	5,2 Vol.-%
Flascheninhalt:	0,3 Liter
Empf. Trinktemperatur:	4–6 °C
Gärung:	Spontan
Brauer:	Brauerei Belle-Vue, Sint-Jans-Molenbeek, seit 1913

BESONDERHEITEN
Gueuze-Lambic von Belle-Vue ist ein Weizenbier, das auf natürliche Weise durch spontane Gärung entsteht. Der Gärprozess wird von wilden Hefezellen in Gang gesetzt, die nur in der Luft des Sennegebietes vorkommen. Dieses Bier ist das Ergebnis der ausgewogenen Mischung verschiedener Lambics, die ein bis drei Jahre lang in Eichenfässern gereift sind. Gueuze-Lambic hat eine goldene Farbe und einen runden, süß-sauren Geschmack. Es wird kühl in speziellen Gueuze-Belle-Vue-Gläsern serviert.

Belle-Vue Kriek

Biersorte:	Kriek-Lambic
Alkoholgehalt:	5,2 Vol.-%
Flascheninhalt:	0,3 Liter
Empf. Trinktemperatur:	4–6 °C
Gärung:	Spontan
Brauer:	Brauerei Belle-Vue, Sint-Jans-Molenbeek, seit 1913

Belle-Vue Framboise

Gueuze der Brauerei in Sint-Jans-Molenbeek

Kriek Lambic von Belle-Vue

BESONDERHEITEN

Kirschbier, dessen Gärung von den wilden Hefezellen in Gang gesetzt wurde, die nur in der Luft des Sennegebietes vorkommen. Nach diesem natürlichen Prozess wird das Bier, zusammen mit den darin enthaltenen Kriek-Kirschen, mehrere Monate in Eichenfässern gelagert. Dies verleiht dem Bier eine dunkelrote Farbe und ein ungewöhnliches Aroma. Das Bier wird in speziellen bauchigen Gläsern serviert.

Berenbier

Biersorte:	Spezialbier
Alkoholgehalt:	8,5 Vol.-%
Flascheninhalt:	0,33 Liter
Empf. Trinktemperatur:	10–12 °C
Gärung:	Obergärig
Brauer:	Brauerei La Binchoise, Binche, seit 1987

BESONDERHEITEN

Berenbier ist ein natürliches, obergäriges und in der Flasche nachgärendes Bier. Diesem Spezialbier mit Geschmacksentwicklung wird Honig zugefügt.

La Binchoise Blonde

Biersorte:	Spezialbier
Alkoholgehalt:	6,5 Vol.-%
Flascheninhalt:	0,33 Liter

La Binchoise's Berenbier, gesüßt mit Honig

Das helle La Binchoise

Empf. Trinktemperatur:	10–12 °C
Gärung:	Obergärig
Brauer:	Brauerei La Binchoise, Binche, seit 1987

BESONDERHEITEN

La Binchoise ist ein natürliches, obergäriges und in der Flasche nachgärendes Bier. Das Aroma ist leicht fruchtig, und der sich entwickelnde Geschmack ist neutral mit einem etwas bitteren Nachtrunk.

Boskeun

Biersorte:	Spezialbier
Alkoholgehalt:	7,0 Vol.-%
Flascheninhalt:	0,33 Liter
Empf. Trinktemperatur:	12–15 °C
Gärung:	Obergärig
Brauer:	Brauerei De Dolle Brouwers, Esen-Diksmuidee, seit 1980

BESONDERHEITEN

Boskeun ist ein Spezialbier, das eigens für das Osterfest gebraut wird. Dieses obergärige, in der Flasche nachgärende Bier hat einen bitteren Geschmack mit einem sehr bitteren Nachtrunk. Es ist bernsteinfarben und wird mit Malz, Hopfen, Hefe und Rohrzucker gebraut. Boskeun ist ungefiltert, unpasteurisiert und durchläuft eine Geschmacksentwicklung. Auf dem Etikett ist das Abfülldatum angegeben.

Osterbier von De Dolle Brouwers

Bourgogne des Flandres

Biersorte:	Altes, braunes, flämisches Bier, Verschnittbier
Alkoholgehalt:	5,0 Vol.-%
Flascheninhalt:	0,25 Liter
Empf. Trinktemperatur:	10–12 °C
Gärung:	Obergärig
Brauer:	Lambic-Brauerei Timmermans, Itterbeek, seit 1850

BESONDERHEITEN

Ein Bier aus Brügge, das seit sieben Generationen traditionell gebraut wird und in Eichenfässern reift. Es ist von brauner Farbe und hat einen süß-säuerlichen Geschmack.

Brigand

Biersorte:	Spezialbier – Tripel
Alkoholgehalt:	9,0 Vol.-%
Flascheninhalt:	0,33 Liter
Empf. Trinktemperatur:	6 °C
Gärung:	Obergärig
Brauer:	Brauerei Van Honsebrouck, Ingelmunster, seit 1900

BESONDERHEITEN

Brigand ist ein helles Bier mit einem neutralen Geschmack, der sich mit der Zeit verändert. Es ist ein starkes, obergäriges und in der Flasche nachgärendes Bier.

Bourgogne des Flandres wird mit Lambic verschnitten.

Das starke, helle Brigand

Brugs Tarwebier

Biersorte:	Weizenbier
Alkoholgehalt:	5,0 Vol.-%
Flascheninhalt:	0,25 Liter
Empf. Trinktemperatur:	4–6 °C
Gärung:	Obergärig
Brauer:	Brauerei De Gouden Boom, Brügge, seit 1889

BESONDERHEITEN

Brugs Tarwebier ist von heller Farbe und hat einen frischen Geschmack. Es gärt in der Flasche nach. Neben Wasser, Weizen, Hopfen und Gewürzen gehören auch Orangenschalen und Koriander zu den Zutaten für dieses Bier.

Brugse Straffe Hendrik

Biersorte:	Spezialbier
Alkoholgehalt:	6,0 Vol.-%
Flascheninhalt:	0,3 Liter
Empf. Trinktemperatur:	8–10 °C
Gärung:	Obergärig
Brauer:	Straffe Hendrik, Brügge, seit 1989

BESONDERHEITEN

Brugse Straffe Hendrik von der gleichnamigen Brauerei ist ein bitteres Bier mit einem langen, bitteren Nachtrunk.

Weißbier aus Brügge

Brugse Straffe Hendrik

Süßliches, helles Tripel aus Brügge

Brugse Tripel

Biersorte:	Spezialbier – Tripel
Alkoholgehalt:	9,0 Vol.-%
Flascheninhalt:	0,33 Liter
Empf. Trinktemperatur:	6 °C
Gärung:	Obergärig
Brauer:	Brauerei De Gouden Boom, Brügge, seit 1889

BESONDERHEITEN
Brugse Tripel ist ein bernsteinfarbenes Bier mit einem etwas süßlichen Geschmack. Das Bier gärt in der Flasche nach und wird in einem großen Glas serviert.

Brunehaut Blond

Biersorte:	Spezialbier
Alkoholgehalt:	6,5 Vol.-%
Flascheninhalt:	0,33 Liter
Empf. Trinktemperatur:	10 °C
Gärung:	Obergärig
Brauer:	Brasserie de Brunehaut, Brunehaut, seit 1992

BESONDERHEITEN
Brunehaut Blond ist ein obergäriges, in der Flasche nachgärendes Bier, das auf traditionelle Weise gebraut wird.

Brunehaut Blond

Das starke Bush Beer

Campus Gold von Biertoren

Bush Beer

Biersorte:	Spezialbier
Alkoholgehalt:	12,0 Vol.-%
Flascheninhalt:	0,25 Liter
Empf. Trinktemperatur:	6–10 °C
Gärung:	Obergärig
Brauer:	Brasserie Dubuisson, Pipaix, seit 1769

BESONDERHEITEN
Das stärkste Belgische Bier. Bush ist ein sehr starkes, aber dennoch mildes, bernsteinfarbenes Bier. Es wird seit 1933 mit Wasser, Malz, Zucker, Hopfen und Hefe gebraut.

Campus Gold

Biersorte:	Spezialbier
Alkoholgehalt:	6,0 Vol.-%
Flascheninhalt:	0,33 Liter
Empf. Trinktemperatur:	8 °C
Gärung:	Obergärig
Brauer:	Brauerei Biertoren, Kampenhout, seit 1840

BESONDERHEITEN
Ein helles, obergäriges und in der Flasche nachgärendes Bier.

Cezarken von Crombé

Cezarken

Biersorte:	Spezialbier
Alkoholgehalt:	5,0 Vol.-%
Flascheninhalt:	0,33 Liter
Empf. Trinktemperatur:	8–10 °C
Gärung:	Obergärig
Brauer:	Brauerei Crombé, Zottegem, seit 1798

BESONDERHEITEN
Das helle, in der Flasche nachgärende Bier hat einen etwas süßlichen Geschmack.

Chapeau Tropical Lambic

Biersorte:	Bananen-Lambic
Alkoholgehalt:	3,0 Vol.-%
Flascheninhalt:	0,25 Liter
Empf. Trinktemperatur:	10–12 °C
Gärung:	Spontan
Brauer:	Lambicbrauerei de Troch, Ternat-Wambeek, seit 1820

BESONDERHEITEN
Dieses ungewöhnliche, traditionell gebraute Fruchtbier mit Bananenaroma hat einen leicht säuerlichen Geschmack und ist bernsteinfarben.

Bananen-Lambic von de Troch

Chimay Blond (Heller Kronkorken)

Biersorte:	Trappist – Tripel
Alkoholgehalt:	8,0 Vol.-%
Flascheninhalt:	0,33 Liter
Empf. Trinktemperatur:	12–15 °C
Gärung:	Obergärig
Brauer:	Abtei Scourmont, Forges-les-Chimay, seit 1862

BESONDERHEITEN

Dieses von Trappistenmönchen gebraute, helle, obergärige Bier gärt in der Flasche nach. Der süßlich-bittere Geschmack mit einem etwas bitteren Nachtrunk kommt am besten in einem großen Glas zur Geltung. Dieses Trappistenbier unterliegt einer Geschmacksentwicklung.

Chimay Rood (Roter Kronkorken)

Biersorte:	Trappist – Doppel
Alkoholgehalt:	7,0 Vol.-%
Flascheninhalt:	0,33 Liter
Empf. Trinktemperatur:	12–15 °C
Gärung:	Obergärig
Brauer:	Abtei Scourmont, Forges-les-Chimay, seit 1862

BESONDERHEITEN

Chimay Rood ist ein süßlich-bitteres, obergäriges und in der Flasche nachgärendes Bier. Es wird

Das Weißbier der Trappisten der Abtei von Scourmont

Das Doppel von Chimay

noch heute von Trappistenmönchen gebraut. Es ist lange haltbar und unterliegt einer Geschmacksentwicklung. Chimay Rood ist von rotbrauner Farbe.

La Chouffe

Biersorte:	Spezialbier
Alkoholgehalt:	8,0 Vol.-%
Flascheninhalt:	0,75 Liter
Empf. Trinktemperatur:	10–12 °C
Gärung:	Obergärig
Brauer:	Brauerei d'Achouffe, Achouffe-Wibrin, seit 1982

BESONDERHEITEN

La Chouffe ist ein bernsteinfarbenes, obergäriges und in der Flasche nachgärendes Bier. Der Geschmack ist süßlich und würzig, mit einem bitteren Nachtrunk. Dieses mit Quellwasser gebraute Bier ist unpasteurisiert und unterliegt einer Geschmacksentwicklung.

Corsendonk Agnus

Biersorte:	Spezialbier
Alkoholgehalt:	8,0 Vol.-%
Flascheninhalt:	0,33 Liter
Empf. Trinktemperatur:	6–10 °C
Gärung:	Obergärig

La Chouffe

Brauer:	Brasserie du Bocq, Purnode, seit 1858

BESONDERHEITEN

Corsendonk Agnus fällt schon aufgrund seiner bedruckten Flasche auf. Es ist ein starkes, helles Bier mit einem neutralen Antrunk.

Cuvée de Ciney Blond

Biersorte:	Spezialbier
Alkoholgehalt:	7,0 Vol.-%
Flascheninhalt:	0,25 Liter
Empf. Trinktemperatur:	8–10 °C
Gärung:	Obergärig
Brauer:	Union-Brauerei, Jumet, seit 1864

BESONDERHEITEN

Ciney Blond ist ein goldgelbes, obergäriges Bier. Der Geschmack ist neutral mit einem reichen, fruchtigen Aroma. Für Ciney gibt es ein spezielles Glas.

Cuvée De Koninck

Biersorte:	Spezialbier
Alkoholgehalt:	8,0 Vol.-%
Flascheninhalt:	0,33 Liter
Empf. Trinktemperatur:	9 °C

Corsendonk Agnus

Das goldgelbe Cuvée de Ciney

Das bernsteinfarbene Cuvée de Koninck

Das auffallende Delirium Tremens

Gärung:	Obergärig
Brauer:	Brauerei De Koninck, Antwerpen, seit 1833

BESONDERHEITEN

Das bernsteinfarbene Bier ‚Cuvée De Koninck' hatte seinen Ursprung als Spezialbier mit dem Namen ‚Cuvée Antwerpen '93'. Mit bester Gerste und natürlichen Hopfendolden zubereitet, hat man es auf Wunsch der Bierliebhaber weiterhin gebraut und es in ‚Cuvée De Koninck' umbenannt. Es wird in einem sich nach unten verjüngenden Glas serviert.

Delirium Tremens

Biersorte:	Spezialbier
Alkoholgehalt:	9,0 Vol.-%
Flascheninhalt:	0,33 Liter
Empf. Trinktemperatur:	12–15 °C
Gärung:	Obergärig
Brauer:	Huyghe, Melle, seit 1906

BESONDERHEITEN

Das auffallende Delirium Tremens wird von der Familienbrauerei Huyghe gebraut. Das Bier wird dreimal vergoren und unterliegt einer Geschmacksentwicklung.

Dikke Mathilde

Biersorte:	Ale – Spezialbier
Alkoholgehalt:	6,0 Vol.-%

Dikke Mathilde

Flascheninhalt:	0,25 Liter
Empf. Trinktemperatur:	4–6 °C
Gärung:	Obergärig
Brauer:	Brauerei Strubbe, Ichtegem, seit 1830

BESONDERHEITEN
Dikke Mathilde ist ein bernsteinfarbenes Bier mit einem süßlichen Geschmack. Es wird nach alter Methode handwerklich hergestellt.

Dikkenek

Biersorte:	Spezialbier
Alkoholgehalt:	5,1 Vol.-%
Flascheninhalt:	0,25 Liter
Empf. Trinktemperatur:	8–10 °C
Gärung:	Obergärig
Brauer:	Brauerei De Smedt, Opwijk, seit 1790

BESONDERHEITEN
Ein Blick zurück auf die Biertradition von Hasselt zeigt uns, dass um 1600 ein ‚Dreikornbier' gebraut wurde, das man ‚Dickbier' nannte. Schon in jenen Tagen war das Brauen von Bier symbolisch mit dem Heiligen Arnoldus verbunden, dem Schutzheiligen der Bierbrauer. Dikkenek-Bier ist heute die Fortführung dieser frühen Biertradition, die älter ist als die niederländische Gin-Tradition. Dikkenek ist ein obergäriges belgisches Luxusbier, das

Dikkenek

Das helle Double Enghien

in Lizenz der Brauerei Dikkenek NV in Hasselt gebraut und abgefüllt wird.

Double Enghien Blonde

Biersorte:	Spezialbier
Alkoholgehalt:	7,5 Vol.-%
Flascheninhalt:	0,25 Liter
Empf. Trinktemperatur:	8–10 °C
Gärung:	Obergärig
Brauer:	Brauerei De Silly, Silly, seit 1854

BESONDERHEITEN
Ein helles, obergäriges und in der Flasche nachgärendes Bier. Es hat einen süßen Geschmack und einen etwas bitteren Nachtrunk.

Duchesse de Bourgogne

Biersorte:	Altes, braunes, flämisches Bier
Alkoholgehalt:	6,2 Vol.-%
Flascheninhalt:	0,25 Liter
Empf. Trinktemperatur:	8–12 °C
Gärung:	Obergärig
Brauer:	Verhaeghe Vichte, seit 1892

Duchesse de Bourgogne

BESONDERHEITEN
Obergäriges, in Eichenfässern gereiftes Bier. Der Geschmack ist süß-säuerlich.

Duivelsbier

Biersorte:	Faro-Verschnittbier
Alkoholgehalt:	6,0 Vol.-%
Flascheninhalt:	0,25 Liter
Empf. Trinktemperatur:	10–12 °C
Gärung:	Spontan und obergärig
Brauer:	Brauerei Vander Linden, Halle, seit 1893

BESONDERHEITEN
Das „Teufelsbier" von Vander Linden ist ein dunkel-bernsteinfarbenes Bier mit einem süß-säuerlichen Geschmack.

Dulle Teve

Biersorte:	Spezialbier
Alkoholgehalt:	10,0 Vol.-%
Flascheninhalt:	0,33 Liter
Empf. Trinktemperatur:	8 °C
Gärung:	Obergärig, mit Flaschengärung
Brauer:	De Dolle Brouwers, Esen-Diksmuide, seit 1980

„Teufelsbier" von Vander Linden

Das Dulle Teve von De Dolle Brouwers

BESONDERHEITEN
Dieses Bier enthält nur Malz, Wasser, Hopfen, Kandis und Zucker. Es ist weder gefiltert noch pasteurisiert und unterliegt einer Geschmacksentwicklung.

Duvel

Biersorte:	Spezialbier – Duvel
Alkoholgehalt:	8,5 Vol.-%
Flascheninhalt:	0,33 Liter
Empf. Trinktemperatur:	6–10 °C
Gärung:	Obergärig
Brauer:	Brauerei Moortgat, Breendonk-Puurs, seit 1871

BESONDERHEITEN
Dieses Duvel gilt als der Vorfahre dieser Biersorte. Das helle, starke, obergärige und in der Flasche nachgärende Bier reift in der Brauerei nach der Flaschenabfüllung zwei weitere Monate lang bei Raumtemperatur. Duvel sollte vorsichtig in große Pokalgläser eingeschenkt werden, ohne dabei den Hefesatz aufzumischen. Der neutrale Geschmack mit dem bitteren Nachtrunk entwickelt sich mit der Zeit.

Egmont

Biersorte:	Spezialbier – Tripel
Alkoholgehalt:	6,8 Vol.-%

Duvel

Egmont Tripel aus Zottegem

Flascheninhalt:	0,33 Liter
Empf. Trinktemperatur:	10–15 °C
Gärung:	Obergärig
Brauer:	Brauerei Crombé, Zottegem, seit 1798

BESONDERHEITEN

Dieses helle Tripel mit Geschmacksentwicklung hat einen neutralen Geschmack. Es gärt in der Flasche nach.

Ename Dubbel

Biersorte:	Doppel
Alkoholgehalt:	6,5 Vol.-%
Flascheninhalt:	0,33 Liter
Empf. Trinktemperatur:	8–10 °C
Gärung:	Obergärig
Brauer:	Brauerei Roman, Oudenaarde-Mater, seit 1545

BESONDERHEITEN

Dieses dunkle Bier gärt in der Flasche nach. Ein Abteibier nach dem Rezept der Abtei Sint-Salvator Ename.

Ename Tripel

Biersorte:	Tripel
Alkoholgehalt:	9,0 Vol.-%
Flascheninhalt:	0,33 Liter
Empf. Trinktemperatur:	10–12 °C
Gärung:	Obergärig
Brauer:	Brauerei Roman, Oudenaarde-Mater, seit 1545

BESONDERHEITEN

In der Flasche nachgärendes Bier der 1063 gegründeten Abtei Sint-Salvator Ename.

Floreffe Blond

Biersorte:	Spezialbier
Alkoholgehalt:	6,5 Vol.-%
Flascheninhalt:	0,33 Liter
Empf. Trinktemperatur:	8–12 °C
Gärung:	Obergärig
Brauer:	Brauerei Lefèbvre, Quenast, seit 1876

BESONDERHEITEN

Bereits im 15. Jahrhundert brauten die Mönche dieses Klosters in Floreffe ihr eigenes Bier. Sie verwendeten das beste Malz und den besten Hopfen, die sie selbst anbauten. Heute werden diese Biere nach alten, sorgfältig aufbewahrten Rezepten gebraut. Floreffe Blond ist hell-bernsteinfarben und hat einen süßlichen, bitteren Geschmack. Das Bier gärt in der Flasche nach.

Das Abteibier von Sint-Salvator Ename

Ename Tripel

Floreffe Blond

Floreffe Dubbel

Biersorte:	Spezialbier – Doppel
Alkoholgehalt:	7,0 Vol.-%
Flascheninhalt:	0,33 Liter
Empf. Trinktemperatur:	10–15 °C
Gärung:	Obergärig
Brauer:	Brauerei Lefèbvre, Quenast, seit 1876

BESONDERHEITEN
Braune Farbe, süßlicher Geschmack. Das Bier ist obergärig und gärt in der Flasche nach. Es wird nach einer uralten Tradition gebraut, die von der Abtei von Floreffe übernommen wurde.

Floreffe la Meilleure

Biersorte:	Spezialbier
Alkoholgehalt:	8,0 Vol.-%
Flascheninhalt:	0,33 Liter
Empf. Trinktemperatur:	15 °C
Gärung:	Obergärig
Brauer:	Brauerei Lefèbvre, Quenast, seit 1876

BESONDERHEITEN
Der Name ‚Meilleure' („das Beste"), den die Pater dieser Abtei selbst gewählt haben, gilt dem dunkelsten und stärksten ihrer Biere. Dieses Bier wird durch eine perfekte Mischung ausgesuchter Hop-

Braunes Doppelbier der Brauerei Lefèbvre

Das Beste der Brauerei Lefèbvre

Das helle Tripel von Floreffe

fen, Malzsorten und die Zugabe natürlicher Gewürze gewonnen. Das Bier gärt in der Flasche nach. Das Meilleure ist braunrot und hat einen süßen Geschmack.

Floreffe Triple

Biersorte:	Spezialbier – Tripel
Alkoholgehalt:	7,5 Vol.-%
Flascheninhalt:	0,33 Liter
Empf. Trinktemperatur:	8–12 °C
Gärung:	Obergärig
Brauer:	Brauerei Lefèbvre, Quenast, seit 1876

BESONDERHEITEN

Dieses Tripel ist ein bleiches, obergäriges und in der Flasche nachgärendes Bier. Durch den Vitamin-B-reichen Hopfen ensteht ein sehr aromatisches Bier. Die ausgesuchten Hopfen verleihen diesem Bier einen bitter-süßen Geschmack mit einem Hauch von Karamellmalz. Die Flasche sollte aufrecht gelagert werden.

La Gauloise Ambrée

Biersorte:	Spezialbier
Alkoholgehalt:	6,5 Vol.-%
Flascheninhalt:	0,33 Liter
Empf. Trinktemperatur:	6 °C
Gärung:	Obergärig
Brauer:	Brauerei du Bocq, Purnode, seit 1858

Das bernsteinfarbene Gauloise

BESONDERHEITEN

Bernsteinfarbenes, obergäriges und in der Flasche nachgärendes Spezialbier. Das Ambrée hat einen süßlichen Geschmack mit Karamell und Malz im Aroma sowie einen bitteren Nachtrunk.

La Gauloise Blonde

Biersorte:	Spezialbier
Alkoholgehalt:	7,0 Vol.-%
Flascheninhalt:	0,33 Liter
Empf. Trinktemperatur:	6 °C
Gärung:	Obergärig
Brauer:	Brauerei du Bocq, Purnode, seit 1858

BESONDERHEITEN

Die helle Version des La Gauloise gärt ebenfalls in der Flasche nach. Es hat einen süßlichen, malzigen Geschmack und einen bitteren Nachtrunk.

La Gauloise Brune

Biersorte:	Spezialbier
Alkoholgehalt:	9,0 Vol.-%
Flascheninhalt:	0,33 Liter
Empf. Trinktemperatur:	6 °C
Gärung:	Obergärig
Brauer:	Brauerei du Bocq, Purnode, seit 1858

Gauloise Blonde

Das starke, braune Gauloise Brune

BESONDERHEITEN
Du Bocq braut drei Versionen von La Gauloise. Dieses starke, braune Bier hat einen süßlichen Geschmack mit Kandis-Aroma und einem bitteren Nachtrunk. La Gauloise Brune gärt in der Flasche nach.

Gouden Carolus

Biersorte:	Spezialbier
Alkoholgehalt:	7,5 Vol.-%
Flascheninhalt:	0,33 Liter
Empf. Trinktemperatur:	12 °C
Gärung:	Obergärig
Brauer:	Brauerei het Anker, Mechelen, seit 1471

BESONDERHEITEN
Das Gouden Carolus („Goldener Karl“) ist nach den Goldmünzen von Kaiser Karl benannt. Das Bier hat eine braune Madeira-Farbe und einen süßen Grundgeschmack. Bei Kellertemperatur gelagert zeigt das Bier eine gute Geschmacksentwicklung.

Grimbergen Blond

Biersorte:	Spezialbier
Alkoholgehalt:	7,0 Vol.-%
Flascheninhalt:	0,33 Liter
Empf. Trinktemperatur:	8–10 °C
Gärung:	Obergärig

Gouden Carolus von Het Anker

Grimbergen Blond

Brauer:	Brauerei Union, Jumet, seit 1864

BESONDERHEITEN
Grimbergen Blond ist ockerfarben und hat einen milden, neutralen Geschmack.

Grimbergen Optimo Bruno

Biersorte:	Spezialbier
Alkoholgehalt:	10,0 Vol.-%
Flascheninhalt:	0,33 Liter
Empf. Trinktemperatur:	10–12 °C
Gärung:	Obergärig
Brauer:	Brauerei Union, Jumet, seit 1864

BESONDERHEITEN
Grimbergen Abteibier wird nach einem Rezept gebraut, das seit 1128 von den Mönchen des Prämonstratenserordens überliefert wird. Dieses dunkle Bier hat einen süßlichen Geschmack und einen bitteren Nachtrunk. Das ursprünglich bernsteinfarbene Osterbier wird heute während des ganzen Jahres gebraut.

Grimbergen Triple

Biersorte:	Spezialbier
Alkoholgehalt:	9,0 Vol.-%

Das bernsteinfarbene Grimbergen Optimo Bruno

Flascheninhalt:	0,33 Liter
Empf. Trinktemperatur:	10–12 °C
Gärung:	Obergärig
Brauer:	Brauerei Union, Jumet, seit 1864

BESONDERHEITEN
Grimbergen Triple ist ein starkes, helles Bier. Es hat einen neutralen, leicht süßlichen Geschmack.

La Guillotine

Biersorte:	Spezialbier
Alkoholgehalt:	9,3 Vol.-%
Flascheninhalt:	0,33 Liter
Empf. Trinktemperatur:	12–15 °C
Gärung:	Obergärig
Brauer:	Huyghe, Melle, seit 1906

BESONDERHEITEN
La Guillotine ist ein dreimal vergorenes Bier mit Geschmacksentwicklung, das in einer ungewöhnlichen Flasche abgefüllt wird.

Gulden Draak

Biersorte:	Spezialbier – Barley Wine
Alkoholgehalt:	10,5 Vol.-%

Das Tripel der Brauerei Union

La Guillotine

Das kräftige Gulden Draak

Flascheninhalt:	0,33 Liter
Empf. Trinktemperatur:	8–10 °C
Gärung:	Obergärig
Brauer:	Brauerei Bios – Van Steenberge, Ertvelde, seit 1785

BESONDERHEITEN
Die ungewöhnliche weiße Flasche mit dem schwarzen Etikett enthält ein starkes, obergäriges Bier, das in der Flasche nachgärt. Das süßliche Aroma und der süßliche Grundgeschmack werden von einem bitteren Nachtrunk abgelöst. Das schwarzbraune Bier sollte mit einem einzigen Zug in ein großes Glas geschenkt werden.

Hapkin

Biersorte:	Spezialbier – Duvel
Alkoholgehalt:	8,5 Vol.-%
Flascheninhalt:	0,33 Liter
Empf. Trinktemperatur:	8–9 °C
Gärung:	Obergärig
Brauer:	Brauerei Louwaege, Kortemark, seit 1877

BESONDERHEITEN
Hapkin hat einen neutralen Geschmack und eine helle Farbe. Dieses Duvel erfährt eine natürliche Flaschengärung.

Das Duvel der Brauerei Louwaege

Hertog Jan Pilsener

Hertog Jan Pilsener

Biersorte:	Pilsner
Alkoholgehalt:	5,0 Vol.-%
Flascheninhalt:	0,3 Liter
Empf. Trinktemperatur:	6–8 °C
Gärung:	Untergärig
Brauer:	Brauerei Artois, Louvain, seit 1966

BESONDERHEITEN

Hertog Jan Pilsener ist ein helles, mit Saazer Hopfen gebrautes Bier. Es hat einen trockenen, neutralen Geschmack, der frisch einsetzt und sich zum Bitteren hin entfaltet

Hoegaarden Speciale

Biersorte:	Weizenbier
Alkoholgehalt:	5,6 Vol.-%
Flascheninhalt:	0,25 Liter
Empf. Trinktemperatur:	2–3 °C
Gärung:	Obergärig
Brauer:	De Kluis, Hoegaarden, seit 1966

BESONDERHEITEN

Im Handel von Oktober bis Januar. Ein mildes, raffiniertes und erfrischendes Weißbier. Leicht geröstetes Malz verleiht dem Bier einen goldgelben Glanz. Nach dem halben Ausschenken schüttelt man die Flasche, damit sich die Hefe verteilen kann.

Saisonales Weizenbier von De Kluis

Hougaerdse Das

Biersorte:	Spezialbier
Alkoholgehalt:	5,0 Vol.-%
Flascheninhalt:	0,3 Liter
Empf. Trinktemperatur:	6–8 °C
Gärung:	Obergärig
Brauer:	Brauerei De Kluis, Hoegaarden, seit 1966

BESONDERHEITEN

Hougaerdse Das ist ein dunkelgelbes, obergäriges und in der Flasche nachgärendes Bier. Weil dieses Bier ungefiltert abgefüllt wird, hat es eine trübe Farbe, die an verzuckerten Honig erinnert. Es wird nach einem authentischen Rezept von 1931 gebraut, mit geröstetem Gerstenmalz, Hopfen, Gewürzen und reinem Wasser. Der Brauer beschreibt das Bier als ‚mild mit einem frischen Nachtrunk', aber diese Beschreibung passt sicherlich nicht zu diesem charakteristischen Gerstenbier. Es hat einen scharfen, dunklen Geschmack, frisch im Antrunk, der sich in eine würzige Bittere mit einem klaren, trockenen Nachtrunk entwickelt, der zu einem weiteren Schluck anregt. Zwischen Antrunk und Finish gibt es eine reiche Palette an Aromen, mit Bittere und selbst etwas Süß-Säuerlichkeit. Am Boden der Flasche bildet sich ein Satz ab, doch muss man deswegen das Bier nicht vorsichtig ausschenken; im Gegenteil, auf dem Etikett ist beschrieben, wie man das Hougaerdse Das am besten ausschenkt: Zunächst schenkt man eine Hälfte des Flascheninhalts in ein gespültes Weißbierglas und schüttelt die Flasche dann leicht, um den Satz vom Flaschenboden zu lösen und ihn mit dem restlichen Bier ins Glas zu füllen.

Jan van Gent

Biersorte:	Spezialbier
Alkoholgehalt:	5,5 Vol.-%
Flascheninhalt:	0,33 Liter
Empf. Trinktemperatur:	8 °C
Gärung:	Obergärig
Brauer:	Brauerei Liefmans, Oudenaarde, seit 1679

BESONDERHEITEN

Natürliches, ungefiltertes und unpasteurisiertes Bier, das in der Flasche nachgärt.

John Martin's

Biersorte:	Spezialbier
Alkoholgehalt:	5,8 Vol.-%
Flascheninhalt:	0,33 Liter
Empf. Trinktemperatur:	8–10 °C
Gärung:	Obergärig
Brauer:	Brauerei John Martin, Genval, seit 1993

BESONDERHEITEN

Bernsteinfarbenes Bier mit einem etwas süßlichen Geschmack und einem bitteren Nachtrunk.

Hougaerdse Das

Jan van Gent

John Martin's

Das Duvel van Alken-Maes

Julius von De Kluis

Judas

Biersorte:	Spezialbier – Duvel
Alkoholgehalt:	8,5 Vol.-%
Flascheninhalt:	0,33 Liter
Empf. Trinktemperatur:	6–8 °C
Gärung:	Obergärig
Brauer:	Brauerei Alken-Maes, Jumet, seit 1864

BESONDERHEITEN

Ein helles, in der Flasche nachgärendes Bier. Es muss aufrecht gelagert und vorsichtig ausgeschenkt werden.

Julius

Biersorte:	Spezialbier – Duvel
Alkoholgehalt:	8,8 Vol.-%
Flascheninhalt:	0,33 Liter
Empf. Trinktemperatur:	5–6 °C
Gärung:	Obergärig
Brauer:	Brauerei De Kluis, Hoegaarden, seit 1966

BESONDERHEITEN

Julius ist ein goldgelbes, obergäriges und in der Flasche nachgärendes Bier.

Het Kapittel Abt

Biersorte:	Spezialbier
Alkoholgehalt:	10,0 Vol.-%
Flascheninhalt:	0,33 Liter
Empf. Trinktemperatur:	10–12 °C
Gärung:	Obergärig
Brauer:	Brauerei Van Eecke, Watou, seit 1852

BESONDERHEITEN
Abteibier, hell in der Farbe, mit einem neutralen Geschmack. Das Bier gärt in der Flasche nach.

Het Kapittel Prior

Biersorte:	Spezialbier
Alkoholgehalt:	9,0 Vol.-%
Flascheninhalt:	0,33 Liter
Empf. Trinktemperatur:	12–13 °C
Gärung:	Obergärig
Brauer:	Brauerei Van Eecke, Watou, seit 1852

BESONDERHEITEN
Braunes Abteibier mit einem etwas süß-säuerlichen Geschmack.

Kasteelbier Inglemunster

Biersorte:	Spezialbier – Barley Wine
Alkoholgehalt:	11,0 Vol.-%

Het Kapittel Abt

Das braune Abteibier von Van Eecke

Kasteelbier Inglemunster

Flascheninhalt:	0,33 Liter
Empf. Trinktemperatur:	12–15 °C
Gärung:	Obergärig
Brauer:	Brauerei Van Honsebrouck, Inglemunster, seit 1900

BESONDERHEITEN
Kasteelbier ist ein sehr starkes, obergäriges und in der Flasche nachgärendes Bier. Dieses dunkelbraune Bier hat einen sehr süßen Geschmack.

Kasteelbier Inglemunster Triple Gold

Biersorte:	Spezialbier – Tripel
Alkoholgehalt:	11,0 Vol.-%
Flascheninhalt:	0,33 Liter
Empf. Trinktemperatur:	12 °C
Gärung:	Obergärig
Brauer:	Brauerei Van Honsebrouck, Inglemunster, seit 1900

BESONDERHEITEN
Triple Gold ist ein starkes Bier mit heller Farbe.

Keizersberg

Biersorte:	Spezialbier
Alkoholgehalt:	9,0 Vol.-%
Flascheninhalt:	0,33 Liter
Empf. Trinktemperatur:	10–12 °C
Gärung:	Obergärig
Brauer:	Brauerei Bios – Van Steenberge, Ertvelde, seit 1785

BESONDERHEITEN
Ein helles belgisches Bier, gebraut nach einem Rezept der Mönche der Abtei Keizersberg Leuven. Dieses obergärige Abteibier gärt in der Flasche nach und hat einen süßlichen Geschmack mit einem etwas bitteren Nachtrunk.

Leffe Blond

Das Tripel von Van Honsebrouck

Das Abteibier Keizersberg

Das festliche Weihnachtsbier der Brauerei Verhaeghe

Kerstmis

Biersorte:	Spezialbier
Alkoholgehalt:	7,2 Vol.-%
Flascheninhalt:	0,25 Liter
Empf. Trinktemperatur:	10–12 °C
Gärung:	Obergärig
Brauer:	Brauerei Verhaeghe, Vichte, seit 1892

BESONDERHEITEN
Dieses helle Bier mit einem etwas süßlichen Geschmack wird speziell für die Weihnachtszeit gebraut.

Leffe Blond

Biersorte:	Spezialbier
Alkoholgehalt:	6,6 Vol.-%
Flascheninhalt:	0,3 Liter
Empf. Trinktemperatur:	8 °C
Gärung:	Obergärig
Brauer:	Brauerei St. Guibert, Mont-Saint-Guibert, seit 1858

BESONDERHEITEN
Leffe Blond ist ein starkes, goldgelbes, obergäriges Bier. Es hat einen neutralen Geschmack und einen leicht bitteren Nachtrunk.

Leffe Radieuse

Biersorte:	Spezialbier
Alkoholgehalt:	8,2 Vol.-%
Flascheninhalt:	0,33 Liter
Empf. Trinktemperatur:	10–12 °C
Gärung:	Obergärig
Brauer:	Brauerei St. Guibert, Mont-Saint-Guibert, seit 1858

BESONDERHEITEN
Dieses Belgische Bier der Abtei von Leffe hat eine braungelbe Farbe und besitzt ein fruchtiges Aroma.

Loburg

Biersorte:	Luxuspilsner
Alkoholgehalt:	5,7 Vol.-%
Flascheninhalt:	0,25 Liter
Empf. Trinktemperatur:	6 °C
Gärung:	Untergärig
Brauer:	Brauerei Artois, Louvain, seit 1366

BESONDERHEITEN
Ein helles Pilsner, das von Artois eingeführt wurde, um der Konkurrenz aus Skandinavien die Stirn zu bieten.

Leffe Radieuse

Loburg aus Louvain

Lucifer

Lucifer

Biersorte:	Spezialbier – Duvel
Alkoholgehalt:	8,0 Vol.-%
Flascheninhalt:	0,33 Liter
Empf. Trinktemperatur:	10 °C
Gärung:	Obergärig
Brauer:	Brauerei Riva, Dentergem, seit 1896

BESONDERHEITEN
Dieses helle Bier hat einen neutralen Geschmack. Lucifer gärt in der Flasche nach.

Maes Cool ist ein wahrer Durstlöscher.

Maes Cool

Biersorte:	Eisbier
Alkoholgehalt:	5,7 Vol.-%
Flascheninhalt:	0,25 Liter
Empf. Trinktemperatur:	6 °C
Gärung:	Untergärig
Brauer:	Brauerei Alken-Maes, Alken, seit 1881

BESONDERHEITEN
Voll auf der Eisbierwelle schwimmt diese von Alken-Maes vertriebene Version. Auch bei diesem Bier werden sowohl Wasser als auch Geschmack entzogen. Es bleibt ein extrem helles Bier mit einem Anflug von malziger Süße und einem parfümartigen Alkoholeindruck zurück. Für alle, die einem scharfen, bitteren Bier nichts abgewinnen können, ist dies vermutlich eine ausgezeichnete Alternative zum Löschen des Durstes.

Maredsous

Biersorte:	Spezialbier – Doppel
Alkoholgehalt:	8,0 Vol.-%
Flascheninhalt:	0,33 Liter
Empf. Trinktemperatur:	8–12 °C
Gärung:	Obergärig
Brauer:	Brauerei Moortgat, Breendonk-Puurs, seit 1871

BESONDERHEITEN
Ein für die Abtei Maredsous gebrautes Abteibier. Dieses bräunliche Doppel hat ein süßliches Aroma und einen süßlichen Geschmack. Das obergärige und in der Flasche nachgärende Bier reift zwei Monate lang im Keller.

Moeder Overste

Biersorte:	Spezialbier
Alkoholgehalt:	8,0 Vol.-%
Flascheninhalt:	0,33 Liter
Empf. Trinktemperatur:	10 °C
Gärung:	Obergärig
Brauer:	Brauerei Lefèbvre N.V., Quenast, seit 1876

Das Abteibier Maredsous

Moeder Overste

BESONDERHEITEN
Moeder Overste („Mutter Oberin“) ist ein bernsteinfarbenes, obergäriges und in der Flasche nachgärendes Bier. Vor dem Genuss sollte man die Flasche einige Tage ruhen lassen und sie dann auf einen Zug in ein bauchiges Glas einschenken. Dieses Bier hat einen neutralen, sich entwickelnden Geschmack.

Mort Subite Cassis Lambic

Biersorte:	Schwarze Johannisbeer-Lambic
Alkoholgehalt:	4,0 Vol.-%
Flascheninhalt:	0,25 Liter
Empf. Trinktemperatur:	6 °C
Gärung:	Spontan
Brauer:	Lambicbrauerei De Keersmaeker, Koddegem, seit 1721

BESONDERHEITEN
Cassis Mort Subite erhält seinen süß-säuerlichen Geschmack und Duft durch die Zugabe des Saftes Schwarzer Johannisbeeren. Dieses Lambic wurde einer langen Reifung in Eichenfässern unterzogen und hat nun eine hellbraune Farbe.

Mort Subite Geuze Lambic

Biersorte:	Gueuze Lambic
Alkoholgehalt:	4,3 Vol.-%

Das Schwarze Johannisbeer-Lambic von De Keersmaeker

Mort Subite Geuze

Flascheninhalt:	0,25 Liter
Empf. Trinktemperatur:	6 °C
Gärung:	Spontan
Brauer:	Lambicbrauerei De Keersmaeker, Koddegem, seit 1721

BESONDERHEITEN

Mort Subite Gueuze wird nach dem Jahrhunderte alten Lambic-Rezept mit Malz, Weizen und Hopfen gebraut und spontan vergoren. Dieses belgische Bier reift langsam in Eichenfässern, hat einen süßlichen Geschmack und ist bernsteinfarben.

Mort Subite Kriek Lambic

Biersorte:	Kriek Lambic
Alkoholgehalt:	4,3 Vol.-%
Flascheninhalt:	0,25 Liter
Empf. Trinktemperatur:	6 °C
Gärung:	Spontan
Brauer:	Lambicbrauerei De Keersmaeker, Koddegem, seit 1721

BESONDERHEITEN

Dieses langsam in Eichenfässern gereifte Kirschbier hat einen süß-säuerlichen Geschmack angenommen. Die rote Farbe ist eine Eigenheit von Kriekbier.

Mort Subite Pêche

Biersorte:	Pfirsich-Lambic
Alkoholgehalt:	4,3 Vol.-%

Die Kirschversion des Mort Subite

Pfirsisch-Lambic aus Koddegem

Flascheninhalt:	0,25 Liter
Empf. Trinktemperatur:	6 °C
Gärung:	Spontan
Brauer:	Lambicbrauerei De Keersmaeker, Koddegem, seit 1721

BESONDERHEITEN

Dieses ungewöhnliche, spontan vergorene Fruchtbier mit Pfirsich hat einen süßen Geschmack und eine helle Farbe. Es reift langsam in Eichenfässern. Das Bier enthält Malz, Weizen und Hopfen.

Napoleon

Biersorte:	Spezialbier
Alkoholgehalt:	8,0 Vol.-%
Flascheninhalt:	0,25 Liter
Empf. Trinktemperatur:	10–12 °C
Gärung:	Obergärig
Brauer:	Brauerei De Smedt, Opwijk, seit 1790

BESONDERHEITEN

Napoleon ist ein starkes, obergäriges und in der Flasche nachgärendes Bier. Die rote Farbe und der etwas süßliche Duft und Geschmack kommen am besten zur Geltung, wenn man das Bier aus einem großen, bauchigen Glas trinkt, in das man es mit nur einem Zug einschenkt.

Napoleon von der Brauerei De Smedt

Oeral

Biersorte:	Bitter
Alkoholgehalt:	6,0 Vol.-%
Flascheninhalt:	0,33 Liter
Empf. Trinktemperatur:	10 °C
Gärung:	Obergärig
Brauer:	De Dolle Brouwers, Esen-Diksmuiden, seit 1980

BESONDERHEITEN

Oeral Originalbier wird nur mit Malz, Hopfen, Wasser und Hefe gebraut. Es ist ein ungefiltertes Bier mit Flaschengärung. Es sollte an einem kühlen, dunklen Ort gelagert werden. Das Bier unterliegt einer Geschmacksentwicklung.

Oerbier

Biersorte:	Spezialbier
Alkoholgehalt:	7,5 Vol.-%
Flascheninhalt:	0,33 Liter
Empf. Trinktemperatur:	10–15 °C
Gärung:	Obergärig
Brauer:	De Dolle Brouwers, Esen-Diksmuiden, seit 1980

BESONDERHEITEN

Dieses dunkelbraune, in der Flasche nachgärende Bier hat einen süßlichen Geschmack und unterliegt einer Geschmacksentwicklung. Es wird nur mit Wasser, Malz, Kandiszucker, Hopfen und Hefe gebraut. Oerbier wird weder gefiltert noch pasteurisiert.

Das bittere Oeral

Oerbier von De Dolle Brouwers

Orval

Biersorte:	Trappist Ale
Alkoholgehalt:	6,2 Vol.-%
Flascheninhalt:	0,33 Liter
Empf. Trinktemperatur:	12–14 °C
Gärung:	Obergärig
Brauer:	Brasserie d'Orval, Villers-devant-Orval, seit 1931

BESONDERHEITEN

Orval wird mit Hefe in Flaschen abgefüllt, die weitere acht bis neun Monate aktiv ist. Dieses bernsteinfarbene Bier ist fünf Jahre haltbar; während dieser Zeit entwickelt sich der Geschmack. Orval ist ein volles, intensiv bitteres Bier mit mehreren fruchtigen Elementen, das sich hervorragend zur Zubereitung verschiedener Speisen eignet.

Oud Zottegems Bier

Biersorte:	Spezialbier
Alkoholgehalt:	6,5 Vol.-%
Flascheninhalt:	0,33 Liter
Empf. Trinktemperatur:	10–15 °C
Gärung:	Obergärig
Brauer:	Brauerei Crombé, Zottegem, seit 1798

BESONDERHEITEN

Dieses bernsteinfarbene flämische Braunbier hat einen bitter-süßen Geschmack und unterliegt einer Geschmacksentwicklung.

Trappistenbier Orval

Oud Zottegems Bier der Brauerei Crombé

Palm Speciale

Biersorte:	Ale
Alkoholgehalt:	5,1 Vol.-%
Flascheninhalt:	0,33 Liter
Empf. Trinktemperatur:	10–12 °C
Gärung:	Obergärig
Brauer:	Brauerei Palm, Steenhuffel, seit 1747

BESONDERHEITEN
Die Brauerei Palm ist eine der bedeutendsten unabhängigen Brauereien, deren Biere auch in den Niederlanden sehr beliebt sind. Der Geschmack dieses Bieres ist mild und voll, leicht süßlich und nicht besonders bitter. Palm hat die Qualität eines ‚Luxusbieres', kann aber auch als Alltagsbier getrunken werden.

Paranoia Groen

Biersorte:	Spezialbier
Alkoholgehalt:	6,2 Vol.-%
Flascheninhalt:	0,33 Liter
Empf. Trinktemperatur:	8 °C
Gärung:	Obergärig
Brauer:	Brauerei Villers, Liezele-Puurs, seit 1996

BESONDERHEITEN
Die auffallendsten Besonderheiten dieses Bieres sind vielleicht die Flasche und der Name. Das Eti-

Palm Speciale

Paranoia Groen

Paranoia Roze

kett zeigt ein Nilpferd in rosa und grün, während die Flasche selbst von einer weißen, steinartig gemusterten Folie umhüllt ist.

Paranoia Roze

Biersorte:	Spezialbier
Alkoholgehalt:	7,0 Vol.-%
Flascheninhalt:	0,33 Liter
Empf. Trinktemperatur:	8 °C
Gärung:	Obergärig
Brauer:	Brauerei Villers, Liezele-Puurs

BESONDERHEITEN

Diese Variante des Paranoia hat ebenfalls das rosagrüne Nilpferd auf dem Etikett, die Flasche jedoch ist in diesem Fall mattiert.

Pauwel Kwak

Biersorte:	Spezialbier – Barley Wine
Alkoholgehalt:	8,0 Vol.-%
Flascheninhalt:	0,33 Liter
Empf. Trinktemperatur:	5–6 °C
Gärung:	Obergärig
Brauer:	Brauerei Bosteels, Buggenhout, seit 1791

Pauwel Kwak, das Kutscherbier

BESONDERHEITEN

Pauwel Kwak war der Name eines Gastwirts aus dem 19. Jahrhundert. In seiner Kutscherherberge ‚De Hoorn' braute der Flame ein starkes, dunkles Bier. Als Napoleon in seinem Kodex festlegte, dass Kutscher nicht mehr zusammen mit ihren Passagieren Bier trinken durften, fürchtete der Gastwirt einen drastischen Umsatzeinbruch. Um dies zu vermeiden, servierte er den Kutschern sein Bier in einem speziellen Glas, das sie mit einer besonderen Halterung an der Kutsche befestigen konnten. So war immer Platz für ‚Eins für unterwegs'. Dieses traditionell gebraute Bier wird heute von der Brauerei Bosteels hergestellt, die seit sechs Generationen ein Familienbetrieb ist. Pauwel Kwak ist ein obergäriges Bier, bernsteinfarben, mit leicht malzigem Geschmack und einem fruchtigen Nachtrunk.

Petrus Tripel

Biersorte:	Spezialbier – Tripel
Alkoholgehalt:	7,5 Vol.-%
Flascheninhalt:	0,25 Liter
Empf. Trinktemperatur:	10 °C
Gärung:	Obergärig
Brauer:	Brauerei Bavik, Bavikhove, seit 1894

BESONDERHEITEN

Petrus Triple ist ein helles, obergäriges und in der

Petrus Tripel

Piraat, das starke Barley Wine

Flasche nachgärendes Bier. Die Brauer haben bei diesem Tripel sicherlich nicht an Bitterhopfen gespart. Dies merkt man deutlich am Geschmack und Nachtrunk. Auch das Aroma ist reich an Hopfen sowie an Malz.

Piraat

Biersorte:	Spezialbier – Barley Wine
Alkoholgehalt:	10,5 Vol.-%
Flascheninhalt:	0,33 Liter
Empf. Trinktemperatur:	8–10 °C
Gärung:	Obergärig
Brauer:	Brauerei Bios – Van Steenberge, Ertvelde, seit 1785

BESONDERHEITEN
Piraat ist ein starkes, obergäriges belgisches Bier mit Flaschengärung. Das süßliche Aroma verrät den süßlichen Geschmack, der sich ins Bittere entfaltet. Piraat ist von heller Farbe und sollte in einem großen Glas serviert werden.

Poperings Hommelbier

Biersorte:	Spezialbier
Alkoholgehalt:	7,5 Vol.-%
Flascheninhalt:	0,25 Liter
Empf. Trinktemperatur:	10 °C
Gärung:	Obergärig

Poperings Hommelbier

Die verschnittene Version von Rodenbach

Brauer:	Brauerei Van Eecke, Watou, seit 1852

BESONDERHEITEN
Dieses helle, bernsteinfarbene, obergärige Bier gärt in der Flasche nach.

Rodenbach

Biersorte:	Westflämisches Braunbier
Alkoholgehalt:	5,0 Vol.-%
Flascheninhalt:	0,25 – 0,3 – 0,33 Liter
Empf. Trinktemperatur:	8–12 °C
Gärung:	Obergärig
Brauer:	Rodenbach Roeselare, seit 1836

BESONDERHEITEN
Rodenbach ist ein Verschnitt von 6–wöchigem Bier mit fast 2–jährigem Bier, das in Eiche gelagert wurde. Das rotbraune Bier hat einen frischen, säuerlichen und leicht süßlichen Geschmack.

Rodenbach Grand Cru

Biersorte:	Westflämisches Braunbier
Alkoholgehalt:	6,0 Vol.-%
Flascheninhalt:	0,25 und 0,33 Liter, in Papier verpackt
Empf. Trinktemperatur:	8–12 °C
Gärung:	Obergärig
Brauer:	Rodenbach Roeselare, seit 1836

BESONDERHEITEN
Stark und charakteristisch, reich an Geschmack und mit einem starken Geruch. Das säuerliche Rodenbach Grand Cru reift zwei Jahre lang in Eichenfässern.

Rubens Rood

Biersorte:	Spezialbier
Alkoholgehalt:	4,0 Vol.-%
Flascheninhalt:	0,25 Liter
Empf. Trinktemperatur:	6 °C
Gärung:	Obergärig
Brauer:	Brasserie du Bocq, Namur, seit 1858

BESONDERHEITEN
Klar oder durch die natürliche, vom Boden aufgemischte Brauhefe verschleiert, schmeckt dieses untergärige, rote Bier außerordentlich erfrischend und leicht, mit einem milden Nachtrunk und einem würzigen Duft.

Satan Gold

Biersorte:	Spezialbier
Alkoholgehalt:	8,0 Vol.-%
Flascheninhalt:	0,33 Liter

Das reife Rodenbach Grand Cru

Das milde Rubens Rood

Satan Gold von der Brauerei De Block

Das süß-säuerliche Satan Red

Empf. Trinktemperatur:	8–10 °C
Gärung:	Obergärig
Brauer:	Brauerei De Block, Peizegem-Merchtem, seit 1887

BESONDERHEITEN

Satan Gold ist ein obergäriges, in der Flasche nachgärendes Bier. Es wird in großen Gläsern serviert. Das Satan Gold ist bernsteinfarben und hat einen süßlichen Geschmack.

Satan Red

Biersorte:	Spezialbier – Doppel
Alkoholgehalt:	8,0 Vol.-%
Flascheninhalt:	0,33 Liter
Empf. Trinktemperatur:	8–10 °C
Gärung:	Obergärig
Brauer:	Brauerei De Block, Peizegem-Merchtem, seit 1887

BESONDERHEITEN

Satan Red ist ein süßlich-säuerliches, obergäriges und in der Flasche nachgärendes Bier mit brauner Farbe.

Sloeber

Biersorte:	Spezialbier – Duvel
Alkoholgehalt:	7,5 Vol.-%

Sloeber ist das Duvel von Roman.

Das starke Barley Wine St. Bernardus Abt 12

St. Bernardus Pater 6

Flascheninhalt:	0,33 Liter
Empf. Trinktemperatur:	8–10 °C
Gärung:	Obergärig
Brauer:	Brauerei Roman, Oudenaarde-Mater, seit 1545

BESONDERHEITEN

Obergäriges belgisches Bier mit Nachgärung in der Flasche. Sloeber ist hell-bernsteinfarben und hat einen neutralen Geschmack mit einem leicht bitteren Nachtrunk.

St. Bernardus Abt 12

Biersorte:	Barley Wine
Alkoholgehalt:	10,0 Vol.-%
Flascheninhalt:	0,33 Liter
Empf. Trinktemperatur:	12–14 °C
Gärung:	Obergärig
Brauer:	Brauerei St. Bernardus, Watou, seit 1946

BESONDERHEITEN

St. Bernardus Abt 12 ist ein starkes Barley Wine mit einem abgerundeten, süßlichen Geschmack.

St. Bernardus Pater 6

Biersorte:	Spezialbier – Doppel
Alkoholgehalt:	6,7 Vol.-%
Flascheninhalt:	0,33 Liter
Empf. Trinktemperatur:	12–14 °C
Gärung:	Obergärig
Brauer:	Brauerei St. Bernardus, Watou, seit 1946

BESONDERHEITEN

Pater 6 ist ein süßliches Bier mit einem bitteren, sich entfaltenden Nachtrunk.

St. Bernardus Prior 8

Biersorte:	Doppel
Alkoholgehalt:	8,0 Vol.-%
Flascheninhalt:	0,33 Liter
Empf. Trinktemperatur:	12–14 °C
Gärung:	Obergärig
Brauer:	Brauerei St. Bernardus, Watou, seit 1946

BESONDERHEITEN

Prior 8 ist ein süßliches Bier mit Geschmacksentwicklung.

St. Bernardus Tripel

Biersorte:	Tripel
Alkoholgehalt:	7,5 Vol.-%
Flascheninhalt:	0,33 Liter
Empf. Trinktemperatur:	10–12 °C
Gärung:	Obergärig

St. Bernardus Prior 8

Das Tripel der Brauerei St. Bernardus

Brauer:	Brauerei St. Bernardus, Watou, seit 1946

BESONDERHEITEN

Dieses helle Tripel von St. Bernardus hat einen malzigen, süßlichen Geschmack.

St. Feuillien Blonde

Biersorte:	Spezialbier – Tripel
Alkoholgehalt:	7,5 Vol.-%
Flascheninhalt:	0,25 Liter
Empf. Trinktemperatur:	12–14 °C
Gärung:	Obergärig
Brauer:	Brauerei du Bocq, Purnode, seit 1858

BESONDERHEITEN

St. Feuillien ist ein bernsteinfarbenes, obergäriges Abteibier mit Nachgärung in der Flasche. Der Geschmack ist neutral.

St. Idesbald Blond

Biersorte:	Spezialbier
Alkoholgehalt:	6,5 Vol.-%
Flascheninhalt:	0,33 Liter
Empf. Trinktemperatur:	10–12 °C
Gärung:	Obergärig
Brauer:	Brauerei Huyghe, Melle, seit 1906

Das Abteibier St. Feuillien Blonde

St. Idesbald Blond

BESONDERHEITEN
Dieses obergärige, in der Flasche nachgärende belgische Bier stammt ursprünglich aus der Abtei St. Idesbald. Das fruchtige Aroma und der neutrale Geschmack kommen am besten zur Geltung, wenn man dieses Bier mit nur einem Zug in ein großes Glas einschenkt.

St. Louis Geuze Lambic

Biersorte:	Gueuze
Alkoholgehalt:	4,5 Vol.-%
Flascheninhalt:	0,3 Liter
Empf. Trinktemperatur:	6–8 °C
Gärung:	Spontan
Brauer:	Brauerei Van Honsebrouck, Inglemunster, seit 1900

BESONDERHEITEN
Spontan vergärtes Bier, gebraut mit reinem Weizen, Malz und Hopfen. Es hat einen süßlichen Geschmack und ist bernsteinfarben.

St. Louis Kriek Lambic

Biersorte:	Gueuze Kriek
Alkoholgehalt:	4,5 Vol.-%
Flascheninhalt:	0,3 Liter
Empf. Trinktemperatur:	6–8 °C

St. Louis Geuze Lambic

Das kirschrote Kriek von Van Honsebrouck

Gärung:	Spontan
Brauer:	Brauerei Van Honsebrouck, Inglemunster, seit 1900

BESONDERHEITEN

Spontan vergärtes Kirschbier. Schon ab dem Moment des Einschenkens ist das Kirscharoma überdeutlich spürbar. Die Farbe ist hellrot und der Schaum leicht rosa. Die Kirschen lassen sich deutlich herausschmecken: Das Bier ist süß, leicht säuerlich und ohne starken Nachtrunk.

St. Paul Blond

Biersorte:	Spezialbier
Alkoholgehalt:	5,3 Vol.-%
Flascheninhalt:	0,33 Liter
Empf. Trinktemperatur:	10–12 °C
Gärung:	Obergärig
Brauer:	Brauerei Sterkens, Meer, seit 1650

BESONDERHEITEN

St. Paul Blond ist ein obergäriges, nach traditioneller Methode gebrautes Abteibier mit Oregon-Hopfen.

St. Paul Double

Biersorte:	Spezialbier – Doppel
Alkoholgehalt:	6,9 Vol.-%

Das braune St. Paul Double

Abteibier der Brauerei Sterkens

St. Paul Special

Flascheninhalt:	0,33 Liter
Empf. Trinktemperatur:	10–12 °C
Gärung:	Obergärig
Brauer:	Brauerei Sterkens, Meer, seit 1650

BESONDERHEITEN

Dieses braune Abteibier von St. Paul hat einen süßlich-bitteren Geschmack und ein süßliches Aroma.

St. Paul Special

Biersorte:	Spezialbier
Alkoholgehalt:	5,5 Vol.-%
Flascheninhalt:	0,33 Liter
Empf. Trinktemperatur:	10–12 °C
Gärung:	Obergärig
Brauer:	Brauerei Sterkens, Meer, seit 1650

BESONDERHEITEN

St. Paul Special ist ein obergäriges, bernsteinfarbenes Abteibier.

St. Paul Tripel

Biersorte:	Spezialbier – Tripel
Alkoholgehalt:	7,6 Vol.-%
Flascheninhalt:	0,33 Liter
Empf. Trinktemperatur:	10–12 °C
Gärung:	Obergärig
Brauer:	Brauerei Sterkens, Meer, seit 1650

BESONDERHEITEN

St. Paul Triple ist ein starkes, bitteres Bier mit einem bitteren Nachtrunk. Die Farbe ist hell und das Aroma malzig.

Das Tripel von St. Paul

Steenbrugge Dubbel

Biersorte:	Spezialbier – Doppel
Alkoholgehalt:	6,5 Vol.-%
Flascheninhalt:	0,33 Liter
Empf. Trinktemperatur:	8–12 °C
Gärung:	Obergärig
Brauer:	Brauerei De Gouden Boom, Brügge, seit 1889

BESONDERHEITEN

Steenbrugge Dubbel ist ein braunes, obergäriges und in der Flasche nachgärendes Bier. Die fachkundige Verwendung von bestem Malz und Hopfen machen dieses Bier zum besten Abteibier Belgiens. Das Dubbel unterliegt einer Geschmacksentwicklung und kann mindestens fünf Jahre lang aufbewahrt werden. Es sollte aus einem großen, bauchigen Glas getrunken werden. Das Bier schmeckt süßlich.

Das braune Dubbel von Steenbrugge

Steenbrugge Tripel

Biersorte:	Spezialbier – Tripel
Alkoholgehalt:	8,5 Vol.-%
Flascheninhalt:	0,33 Liter
Empf. Trinktemperatur:	8–12 °C
Gärung:	Obergärig
Brauer:	Brauerei De Gouden Boom, Brügge, seit 1889

BESONDERHEITEN

Steenbrugge Tripel ist ein starkes, helles, obergäriges und in der Flasche nachgärendes Bier. Dieses Abteibier ist das Paradestück der Brauerei. Man sollte es aus einem großen, bauchigen Glas genießen. Das Bier ist mindestens fünf Jahre haltbar und hat einen neutralen Geschmack.

Steendonk Brabants Witbier

Biersorte:	Weizenbier
Alkoholgehalt:	4,5 Vol.-%
Flascheninhalt:	0,25 Liter
Empf. Trinktemperatur:	6–8 °C
Gärung:	Obergärig
Brauer:	Brauerei Palm, Steenhuffel, seit 1747 Brauerei Moortgat, Breendonk, seit 1871

Steenbrugge Tripel von De Gouden Boom

BESONDERHEITEN

Brabants Witbier ist ein ungefiltertes, obergäriges Bier, gewürzt mit Koriander und Curaçao-Schalen. Dieses trübe Weizenbier ist trocken und würzig.

Ter Dolen

Biersorte:	Spezialbier
Alkoholgehalt:	6,1 Vol.-%
Flascheninhalt:	0,25 Liter
Empf. Trinktemperatur:	5 °C
Gärung:	Obergärig
Brauer:	Brauerei de Dool, Helchteren, seit 1994

BESONDERHEITEN

Eine Besonderheit dieses Abteibieres ist sicherlich das Etikett, das zu einem Besuch der brauereieigenen (Verkostungs-)Gaststätte oder zu einer der täglich stattfindenden Brauereiführungen einlädt. Auf dem Etikett sind auch die Internet-Seite und die E-Mail-Adresse dieser Abteibier-Brauerei angegeben. Ter Dolen hat eine helle Farbe und einen neutralen Geschmack.

Timmermans Cassis

Biersorte:	Schwarze Johannisbeer-Lambic

Trübes Weizenbier von Palm

Ter Dolen Abteibier

Alkoholgehalt:	4,0 Vol.-%
Flascheninhalt:	0,25 Liter
Empf. Trinktemperatur:	5 °C
Gärung:	Spontan
Brauer:	Lambicbrauerei Timmermans, Itterbeek, seit 1850

BESONDERHEITEN

Cassis Lambic ist ein traditionell gebrautes, spontan vergorenes belgisches Bier aus der Region um Brüssel. Es ist ein in Eichenfässern gereiftes Weizenbier, das in Champagnergläsern serviert wird. Timmermans Cassis Lambic hat einen etwas säuerlichen Geschmack und eine braune Farbe.

Timmermans Framboise

Biersorte:	Himbeer-Lambic
Alkoholgehalt:	4,0 Vol.-%
Flascheninhalt:	0,25 Liter
Empf. Trinktemperatur:	5 °C
Gärung:	Spontan
Brauer:	Lambicbrauerei Timmermans, Itterbeek, seit 1850

BESONDERHEITEN

Dieses Himbeerbier hat einen süß-säuerlichen Geschmack und ein deutliches Himbeer-Aroma. Dieses fruchtige Bier ist bernsteinfarben mit einem roten Glühen. Es wird in Champagnergläsern serviert.

Das Schwarze Johannisbeer-Lambic von Timmermans

Das Himbeerbier aus Itterbeek

Timmermans Geuze

Biersorte:	Gueuze Lambic
Alkoholgehalt:	5,0 Vol.-%
Flascheninhalt:	0,25 Liter
Empf. Trinktemperatur:	12 °C
Gärung:	Spontan
Brauer:	Lambicbrauerei Timmermans, Itterbeek, seit 1850

BESONDERHEITEN

Timmermans Gueuze hat einen süßlich-säuerlichen Grundgeschmack mit einem deutlich süßlichen Geruch. Dieses spontan vergorene und in Eichenfässern gereifte Weizenbier ist bernsteinfarben. Es wird in einem großen Glas serviert.

Timmermans Kriek

Biersorte:	Kriek Lambic
Alkoholgehalt:	5,0 Vol.-%
Flascheninhalt:	0,25 Liter
Empf. Trinktemperatur:	12 °C
Gärung:	Spontan
Brauer:	Lambicbrauerei Timmermans, Itterbeek, seit 1850

BESONDERHEITEN

Kriek Lambic von Timmermans ist ein rotes Kirschbier mit einem süßlich-säuerlichen Geschmack. Dieses in Eichenfässern gereifte Weizenbier wird mit spontaner Gärung gebraut. Man serviert es in einem großen Glas.

Timmermans Pêche

Biersorte:	Pfirsich-Lambic
Alkoholgehalt:	4,0 Vol.-%
Flascheninhalt:	0,25 Liter
Empf. Trinktemperatur:	5 °C
Gärung:	Spontan
Brauer:	Lambicbrauerei Timmermans, Itterbeek, seit 1850

BESONDERHEITEN

Dieses Bier wird in einem Champagnerglas serviert. Es ist ein spontan vergorenes Fruchtbier, ist bernsteinfarben und hat einen säuerlichen Geschmack. Das Pfirsicharoma ist deutlich erkennbar.

Tongerlo

Biersorte:	Spezialbier – Tripel
Alkoholgehalt:	8,0 Vol.-%
Flascheninhalt:	0,33 Liter
Empf. Trinktemperatur:	10–12 °C
Gärung:	Obergärig
Brauer:	Brauerei Haacht, Boortmeerbeek, seit 1898

Das verschnittene, spontan vergorene Weizenbier

Pfirsisch-Lambic

Das Tongerlo Tripel Abteibier

BESONDERHEITEN
Dieses Prämonstratenser Bier hat einen etwas süßlichen Geschmack und gärt in der Flasche nach. Die Ursprünge dieses hellen Tripels gehen auf die 1133 gegründete Abtei von Tongerlo zurück.

Tongerlo Dubbel

Biersorte:	Spezialbier – Doppel
Alkoholgehalt:	6,0 Vol.-%
Flascheninhalt:	0,33 Liter
Empf. Trinktemperatur:	8–10 °C
Gärung:	Obergärig
Brauer:	Brauerei Haacht, Boortmeerbeek, seit 1898

BESONDERHEITEN
Neben dem hellen Tripel stellten die Prämonstratenser-Mönche der Abtei von Tongerlo auch dieses etwas leichtere, braune Dubbel her, dessen Geschmack nicht nur süß, sondern auch ziemlich bitter ist. Auch dieses Prämonstratenser-Bier gärt in der Flasche nach.

Tourtel Malt

Biersorte:	Alkoholfreies Bier
Alkoholgehalt:	0,1 Vol.-%
Flascheninhalt:	0,25 Liter
Empf. Trinktemperatur:	6–8 °C

Tongerlo Dubbel

Das alkoholfreie Tourtel

Gärung:	k.A.
Brauer:	Brauerei Alken-Maes, Alken, seit 1881

BESONDERHEITEN
Ein helles, alkoholfreies Bier. Die Entstehung von Alkohol wird beim Brauprozess des Tourtel unterbunden, indem während der Gärung die Temperatur gesenkt wird.

Trappistes Rochefort 8

Biersorte:	Barley Wine
Alkoholgehalt:	9,2 Vol.-%
Flascheninhalt:	0,33 Liter
Empf. Trinktemperatur:	12–14 °C
Gärung:	Obergärig
Brauer:	Abbaye Notre Dame de St. Remy

BESONDERHEITEN
Trappistenbier mit Flaschengärung und Geschmacksentwicklung. Dieses rotbraune Bier hat einen süß-bitteren Geschmack.

Trappistes Rochefort 10

Biersorte:	Barley Wine
Alkoholgehalt:	11,3 Vol.-%
Flascheninhalt:	0,33 Liter
Empf. Trinktemperatur:	12–14 °C
Gärung:	Obergärig
Brauer:	Abbaye Notre Dame de St. Remy

BESONDERHEITEN
Starkes, dunkelbraunes Bier mit Flaschengärung. Es hat einen süß-bitteren Geschmack mit einem bitteren Nachtrunk.

Tremeloos Damiaanbier

Biersorte:	Spezialbier
Alkoholgehalt:	6,5 Vol.-%
Flascheninhalt:	0,33 Liter
Empf. Trinktemperatur:	8–10 °C
Gärung:	Obergärig
Brauer:	Sterkens, Antwerpen, seit 1650

BESONDERHEITEN
Tremeloos Damiaanbier hat einen süß-bitteren Geschmack mit einem bitteren Nachtrunk.

Tripel Karmeliet

Biersorte:	Tripel
Alkoholgehalt:	8,0 Vol.-%
Flascheninhalt:	0,33 Liter
Empf. Trinktemperatur:	8–12 °C

Das bitter-süße Rochefort 8

Trappistenbier Rochefort 10

Tremeloos Damiaanbier

Gärung:	Obergärig
Brauer:	Bosteels, Buggenhout, seit 1791

BESONDERHEITEN

Ein helles, mildes und fruchtiges Dreikornbier mit einem vollen Körper. Gebraut und entwickelt mit Hilfe moderner Techniken auf der Basis eines Bierrezeptes der Karmeliter, das ins Jahr 1679 zurückreicht. Ein reines Naturbier mit Weizen, Hafer und Gerste. Es gärt in der Flasche nach.

Triple Moine

Biersorte:	Spezialbier
Alkoholgehalt:	8,0 Vol.-%
Flascheninhalt:	0,33 Liter
Empf. Trinktemperatur:	12–15 °C
Gärung:	Obergärig
Brauer:	Brauerei du Bocq, Purnode, seit 1858

BESONDERHEITEN

Dieses obergärige, in der Flasche nachgärende belgische Bier hat eine helle Farbe und einen neutralen Geschmack.

De Verboden Vrucht

Biersorte:	Spezialbier
Alkoholgehalt:	8,8 Vol.-%
Flascheninhalt:	0,3 Liter
Empf. Trinktemperatur:	8 °C
Gärung:	Obergärig

Bosteels Tripel Karmeliet

Triple Moine van du Bocq

De Verboden Vrucht

Brauer:	De Kluis, Hoegaarden, seit 1966

BESONDERHEITEN
De Verboden Vrucht hat eine tief dunkelrote Farbe. Es ist ein starkes Bier mit einem süßlichen, fruchtigen Geschmack, einem leicht trockenen Hintergrund und einem bitteren Nachtrunk. Es wird mit Koriander gebraut und gärt in der Flasche nach.

La Vieille Salme

Biersorte:	Spezialbier
Alkoholgehalt:	8,3 Vol.-%
Flascheninhalt:	0,33 Liter
Empf. Trinktemperatur:	10–12 °C
Gärung:	Obergärig
Brauer:	Brauerei d'Achouffe, Achouffe-Wibrin, seit 1982

BESONDERHEITEN
La Vieille Salme ist ein starkes Bier mit einem süßlichen Geschmack, einem fruchtigen Aroma und einem bitteren Nachtrunk.

Vieux Temps

Biersorte:	Belgisches Ale
Alkoholgehalt:	5,0 Vol.-%
Flascheninhalt:	0,25 Liter
Empf. Trinktemperatur:	2–3 °C

La Vieille Salme von d'Achouffe

Das leichte und fruchtige Vieux Temps

Vondel von der Brauerei Riva

Flämisches Weißbier

Gärung:	Obergärig
Brauer:	Brauerei St. Guibert, Mont-Saint-Guibert, seit 1858

BESONDERHEITEN

Dies ist der erste Durstlöscher der obergärigen Biere, ein typisch belgisches Bier mit einer charakteristischen hellen Bernsteinfarbe, fruchtig und mit vollem Körper.

Vlaamsch Wit

Biersorte:	Weizenbier
Alkoholgehalt:	4,5 Vol.-%
Flascheninhalt:	0,25 Liter
Empf. Trinktemperatur:	6–8 °C
Gärung:	Obergärig
Brauer:	Brauerei Van Hounsebrouck, seit 1900

BESONDERHEITEN

Dieses in der Flasche nachgärende Bier hat einen neutralen Geschmack, ist leicht säuerlich und hat einen bitteren Nachtrunk.

Vondel

Biersorte:	Spezialbier
Alkoholgehalt:	8,5 Vol.-%
Flascheninhalt:	0,33 Liter
Empf. Trinktemperatur:	10 °C

Das Dubbel der Trappistenbrauer von Westmalle

Gärung:	Obergärig
Brauer:	Brauerei Riva, Dentergem, seit 1896

BESONDERHEITEN
Dieses braune Doppelbier hat einen süßlichen Geschmack und gärt in der Flasche nach.

Westmalle Dubbel

Biersorte:	Trappist – Doppel
Alkoholgehalt:	7,0 Vol.-%
Flascheninhalt:	0,33 Liter
Empf. Trinktemperatur:	12–14 °C
Gärung:	Obergärig
Brauer:	Abtei der Trappisten von Westmalle, Malle, Antwerpen, seit 1836

BESONDERHEITEN
Dieses Bier gärt in der Flasche nach und hat eine dunkle, rotbraune Farbe. Es ist unbegrenzt haltbar.

Westmalle Tripel

Biersorte:	Trappist – Tripel
Alkoholgehalt:	9,0 Vol.-%
Flascheninhalt:	0,33 Liter
Empf. Trinktemperatur:	12–14 °C
Gärung:	Obergärig
Brauer:	Abtei der Trappisten von Westmalle, Malle, Antwerpen, seit 1836

BESONDERHEITEN
Dieses helle Tripel der Trappistenbrauerei hat einen neutralen, leicht malzigen Grundgeschmack mit einem bitteren Finish. Die Flaschengärung sorgt für eine Geschmacksentwicklung.

Witkap Pater Dubbele Pater

Biersorte:	Spezialbier – Doppel
Alkoholgehalt:	7,0 Vol.-%
Flascheninhalt:	0,33 Liter
Empf. Trinktemperatur:	10–12 °C
Gärung:	Obergärig
Brauer:	Brauerei Slaghmuylder, Ninove, seit 1860

BESONDERHEITEN
Das Dubbele Pater ist ein obergäriges, in der Flasche nachgärendes Bier. Trotz des ziemlich süßlichen Aromas hat dieses dunkelbraune Bier einen neutralen Geschmack mit einem leicht bitteren Nachtrunk.

Westmalle Tripel

Das doppelte Witkap Pater

Das lebendige Witkap Pater Stimulo

Das helle Witkap Pater Tripel

Das traditionell gebraute Zatte Bie

Zottegemse Grand Cru

Witkap Pater Stimulo

Biersorte:	Spezialbier
Alkoholgehalt:	6,0 Vol.-%
Flascheninhalt:	0,33 Liter
Empf. Trinktemperatur:	10–12 °C
Gärung:	Obergärig
Brauer:	Brauerei Slaghmuylder, Ninove, seit 1860

BESONDERHEITEN

Stimulo ist ein helles Bier mit einem fruchtigen Aroma und einem neutralen Geschmack, der sich ziemlich bitter entfaltet. Die Flaschengärung sorgt für die Geschmacksentwicklung.

Witkap Pater Tripel

Biersorte:	Spezialbier – Tripel
Alkoholgehalt:	7,5 Vol.-%
Flascheninhalt:	0,33 Liter
Empf. Trinktemperatur:	10–12 °C
Gärung:	Obergärig
Brauer:	Brauerei Slaghmuylder, Ninove, seit 1860

BESONDERHEITEN

Dieses ‚lebendige Bier' ist ein obergäriges, in der Flasche nachgärendes Tripel. Es sollte mit einem Zug in ein großes Glas geschenkt werden, wobei man den Hefesatz am Flaschenboden belässt. Witkap Pater Tripel hat ein fruchtiges Aroma und einen neutralen Geschmack, der sich in der Flasche entwickelt. Die Farbe des Bieres ist hell.

Zatte Bie

Biersorte:	Spezialbier
Alkoholgehalt:	9,0 Vol.-%
Flascheninhalt:	0,33 Liter
Empf. Trinktemperatur:	12–14 °C
Gärung:	Obergärig
Brauer:	Brauerei De Bie, Watou, seit 1992

BESONDERHEITEN

In kleinen Mengen auf traditionelle Weise gebrautes, obergäriges Bier, bei dem nur natürliche Zutaten verwendet werden: Malz, Hopfen, Hefe, Kandiszucker, Wasser und Gewürze. Es ist ein starkes, dunkles Bier mit einem charakteristischen Aroma und einer Geschmacksentwicklung.

Zottegemse Grand Cru

Biersorte:	Spezialbier
Alkoholgehalt:	8,4 Vol.-%
Flascheninhalt:	0,33 Liter
Empf. Trinktemperatur:	10–12 °C
Gärung:	Obergärig
Brauer:	Brauerei Crombé, Zottegem, seit 1798

BESONDERHEITEN

Dieses flämische Braunbier unterliegt einer Geschmacksentwicklung.

Frankreich

Ein Franzose trinkt Wein und kein Bier – das ist ein nicht ganz falsches Vorurteil, das der Rest der Welt von den Trinkgewohnheiten der Franzosen hat. Und es stimmt wirklich, die Franzosen haben keine besonders enge Beziehung zu Bier, außer dass sie es hin und wieder als Durstlöscher trinken. Es besteht ein großer Unterschied zwischen der Bierkultur im Norden und im Rest des Landes, dessen Grenze etwa südlich von Paris gezogen werden kann. Im Süden Frankreichs wird fast kein Bier gebraut oder getrunken. Andererseits hat im Norden mit der BSN/Kronenbourg-Gruppe die drittgrößte Brauerei Europas nach Heineken und Carlsberg ihren Sitz – eine Brauereigruppe, die für etwa die Hälfte der französischen Bierproduktion verantwortlich ist. Heineken ist die zweite größere Gruppe in Frankreich; insgesamt gibt es nur 30 bis 40 Brauereien, die vor allem im Elsass konzentriert sind. Französische Biere sind daher größtenteils von deutschen und belgischen Sorten beeinflusst. In den letzten Jahren gab es eine kleine Wiederbelebung der französischen Bierwelt, und es tauchen nun kleine, unabhängige Brauereien auf, die traditionell gebrauten Bieren neues Leben einhauchen, allen voran mit dem ‚Bière de garde'.

Ein französischer Pub im englischen Stil in Paris

Die französische Kurzform für dieses Bier lautet ‚Soixante Qaut'.

1664

Biersorte:	Lager
Alkoholgehalt:	6,3 Vol.-%
Flascheninhalt:	0,25 Liter
Empf. Trinktemperatur:	6–8 °C
Gärung:	Untergärig
Brauer:	Brauerei Kronenbourg, Straßburg, seit 1664

BESONDERHEITEN

Ein starkes, aber dennoch hellgelbes Bier, etwas hopfig und leicht trinkbar.

Abbaye de St. Amand

Biersorte:	Spezialbier
Alkoholgehalt:	7,0 Vol.-%
Flascheninhalt:	0,33 Liter
Empf. Trinktemperatur:	10 °C
Gärung:	Obergärig
Brauer:	S.A.R.L. Forest, Haussy

BESONDERHEITEN

Obergäriges, in der Flasche nachgärendes Bier. Dieses dunkelgelbe, französische Bier vermittelt ein warmes Gefühl im Mund mit einem reichen, fruchtigen Aroma. Der Grundgeschmack ist in erster Linie süßlich.

Adlescott

Biersorte:	Rauchbier
Alkoholgehalt:	6,6 Vol.-%

Das Café Leffe auf den Champs Élysées

Das süßliche Abteibier von Haussy

Adlescott Noir Rauchbier

Flascheninhalt:	0,33 Liter
Empf. Trinktemperatur:	8–10 °C
Gärung:	Untergärig
Brauer:	Adelshoffen-Brauerei, Schiltigheim

BESONDERHEITEN

Mit einem Blick in Richtung Scotch Whisky wird dieses Spezialbier aus über Torf gedarrtem Malz gebraut. Es ist ein hell-bernsteinfarbenes Bier mit einem neutralen, etwas rauchigen Geschmack.

Adlescott Noir

Biersorte:	Rauchbier
Alkoholgehalt:	6,6 Vol.-%
Flascheninhalt:	0,25 Liter
Empf. Trinktemperatur:	10 °C
Gärung:	Untergärig
Brauer:	Adelshoffen-Brauerei, Schiltigheim

BESONDERHEITEN

Ein sehr dunkles Bier mit einem blassen, cremigen Schaum. Adlescott Noir ist ein Bier mit wenig Kohlensäure, das bei Kennern hochprozentiger Getränke sicher eine bekannte Note hinterlässt. Das Rauchbier wird mit Whisky-Malz gebraut, was deutlich am Aroma zu erkennen ist. Es tritt ein wenig Rauchgeschmack auf, der jedoch im Hintergrund bleibt. Der Nachtrunk ist trocken und kurzzeitig bitter.

Ambré des Flandres

Biersorte:	Bière de garde
Alkoholgehalt:	6,4 Vol.-%
Flascheninhalt:	0,25 Liter
Empf. Trinktemperatur:	8 °C
Gärung:	Obergärig
Brauer:	Brauerei Jeanne d'Arc, Ronchin

BESONDERHEITEN

Das im belgischen Stil gebraute Ambré des Flandres ist ein bernsteinfarbenes, obergäriges Bier mit einem vollen, leicht süßlichen Geschmack und fruchtigem Aroma.

L'Angelus

Biersorte:	Weizenbier
Alkoholgehalt:	7,0 Vol.-%
Flascheninhalt:	0,25 Liter
Empf. Trinktemperatur:	8 °C
Gärung:	Untergärig
Brauer:	Brauerei d'Annoeullin, Annoeullin

BESONDERHEITEN

Eines der wenigen Weizenbiere aus französischer Produktion. L'Angelus garantiert einen Anteil von mindestens 30 % Weizen. Dieses unpasteurisierte Bier mit der charakteristischen dicken Folie um den Flaschenhals hat einen abgerundeten Geschmack mit einem fruchtigen Aroma.

Ambré des Flandres

Bavaisienne

Biersorte:	Bière de garde
Alkoholgehalt:	7,0 Vol.-%
Flascheninhalt:	0,25 Liter
Empf. Trinktemperatur:	8 °C
Gärung:	Obergärig
Brauer:	Brauerei Theillier, Bavay

BESONDERHEITEN

Eine kleine Familienbrauerei, die nur dieses Bière de gard braut. La Bavaisienne ist ein bernsteinfarbenes Bier mit einem malzig-süßlichen Geschmack, den man jedoch nicht als übertrieben rund bezeichnen kann, und einem leicht blumigen Aroma. Der Nachtrunk wird von einer sich entfaltenden, leichten Bittere bestimmt.

Belzebuth

Biersorte:	Spezialbier
Alkoholgehalt:	15,0 Vol.-%
Flascheninhalt:	0,25 Liter
Empf. Trinktemperatur:	8–10 °C
Gärung:	Obergärig
Brauer:	Brauerei Jeanne d'Arc, Ronchin

BESONDERHEITEN

Belzebuth ist ein obergäriges Bier mit einem erstaunlich hohen Alkoholgehalt. Diese 15 Vol.-%

L'Angelus

Das handwerklich gebraute La Bavaisienne

dominieren neben der beträchtlichen Süße den Geschmack und das Aroma des Bieres. Das bernsteinfarbene Bier ist mehr nach dem Geschmack von Liebhabern hochprozentiger Getränke als dem von durchschnittlichen Biertrinkern.

La Bière du Démon

Biersorte:	Lager
Alkoholgehalt:	12,0 Vol.-%
Flascheninhalt:	0,33 Liter
Empf. Trinktemperatur:	12–18 °C
Gärung:	Untergärig
Brauer:	Brauerei Enfants de Gayant, Douai, seit 1920

BESONDERHEITEN
Das „Teufelsbier" ist ein sehr starkes Bier, von dem man behauptet, das stärkste helle Bier der Welt zu sein.

Bière du Désert

Biersorte:	Spezialbier
Alkoholgehalt:	7,0 Vol.-%
Flascheninhalt:	0,33 Liter
Empf. Trinktemperatur:	6–8 °C
Gärung:	Untergärig
Brauer:	Brauerei Enfants de Gayant, Douai

Das Teufelsbier mit 12 %

Belzebuth

Bière du Désert von Les Enfants de Gayant

BESONDERHEITEN

Bière du Désert („Wüstenbier") ist ein starkes, hellgelbes Bier mit einem neutralen, von Alkohol dominierten Grundgeschmack. Es hat ein blumiges Aroma und einen bitteren Nachtrunk.

Cervoise Lancelot

Biersorte:	Ale
Alkoholgehalt:	6,0 Vol.-%
Flascheninhalt:	0,33 Liter
Empf. Trinktemperatur:	8 °C
Gärung:	Obergärig
Brauer:	Brauerei Lancelot, St. Servant

BESONDERHEITEN

Cervoise Lancelot ist ein obergäriges, in der Flasche nachgärendes Bier. Das intensiv bernsteinfarbene Bier wird von einem dünnen, aber lange anhaltenden, cremefarbigen Schaum bedeckt. Es ist ein angenehm rundes Bier mit einem vollen, süßmalzigen Geschmack, begleitet von einem reichen, fruchtigen Aroma, dem im Nachtrunk eine ausgeglichene Hopfenbittere folgt, in der man auch einen Hauch nicht unangenehmer Säuerlichkeit entdecken kann.

Cervoise Lancelot

CH'TI

Biersorte:	Bière de garde
Alkoholgehalt:	6,4 Vol.-%
Flascheninhalt:	0,33 Liter
Empf. Trinktemperatur:	8–10 °C
Gärung:	Untergärig
Brauer:	Brauerei Castelain, Bénifontaine, seit 1926

BESONDERHEITEN

CH'TI steht für ‚c'est toi', was so viel heißt wie: „Es passt dir". Dieses traditionell gebraute Bier wird mit untergäriger Hefe bei ziemlich hoher Temperatur gebraut. Das Ergebnis ist ein fruchtiges Bier mit einem reichen Aroma und einem vollen Geschmack.

Copper

Biersorte:	Spezialbier
Alkoholgehalt:	7,6 Vol.-%
Flascheninhalt:	0,25 Liter
Empf. Trinktemperatur:	8–10 °C
Gärung:	Untergärig
Brauer:	Brauerei Schutzenberger, Schiltigheim, seit 1740

CH'TI von Castelain

Das bernsteinfarbene Copper

Coreff Ambrée

Das fruchtige Coreff Brune

BESONDERHEITEN

Copper ist ein hell bernsteinfarbenes Bier, gebraut mit Amber-Malz. Es hat einen malzig-süßlichen Antrunk dem ein voller, bitterer Nachtrunk folgt. Wenn man schnelle, kurze Schlucke nimmt, bleibt die Bittere bis zum nächsten Schluck erhalten. Lässt man sich etwas mehr Zeit – was bei einem Bier mit diesem Alkoholgehalt nur zu empfehlen ist –, kehrt die angenehme Süße immer wieder zurück.

Coreff Ambrée

Biersorte:	Ale
Alkoholgehalt:	6,5 Vol.-%
Flascheninhalt:	0,5 Liter
Empf. Trinktemperatur:	8 °C
Gärung:	Obergärig
Brauer:	Brauerei Des 2 Rivières, Morlaix

BESONDERHEITEN

Unpasteurisiertes, bernsteinfarbenes, obergäriges Bier mit Flaschengärung.

Coreff Brune

Biersorte:	Ale
Alkoholgehalt:	6,5 Vol.-%
Flascheninhalt:	0,5 Liter
Empf. Trinktemperatur:	8 °C
Gärung:	Obergärig
Brauer:	Brauerei Des 2 Rivières, Morlaix

BESONDERHEITEN

Die braune Version von Coreff ist obergärig, unpasteurisiert und gärt in der Flasche nach. Es wird empfohlen, dieses Bier langsam am Rand eines großen Glases entlang einzuschenken. Das Brune hat ein reiches, fruchtiges Aroma.

Desperados

Biersorte:	Spezialbier
Alkoholgehalt:	5,9 Vol.-%
Flascheninhalt:	0,33 Liter
Empf. Trinktemperatur:	6–8 °C
Gärung:	Untergärig
Brauer:	Brauerei Fischer, Schiltigheim

Desperados versucht mexikanisches Flair auszustrahlen.

BESONDERHEITEN
Goldgelbes Bier mit Tequila-Geschmacksstoffen.

Duchesse Anne

Biersorte:	Spezialbier
Alkoholgehalt:	6,5 Vol.-%
Flascheninhalt:	0,33 Liter
Empf. Trinktemperatur:	8 °C
Gärung:	Obergärig
Brauer:	Brauerei Bernard Lancelot, St. Servant-sur-Oust

BESONDERHEITEN
Das dreimal vergorene Bier (die letzte Gärung findet in der Flasche statt) wird mit reinem Malz gebraut. Das Duchesse hat eine tief goldgelbe Farbe und einen angenehmen Duft. Der Geschmack ist leicht malzig-süßlich und wird von einem Prickeln im Mund begleitet, das sich zu einer Wärme entfaltet, wie sie für dieses Tripel angemessen ist, ohne dabei den Alkohol zu sehr in den Vordergrund treten zu lassen. Das Aroma ist leicht hopfig und fruchtig, ohne dass der Nachtrunk eine Überraschung bereithält.

L'Épi Blanc

Biersorte:	Spezialbier
Alkoholgehalt:	5,6 Vol.-%
Flascheninhalt:	0,33 Liter
Empf. Trinktemperatur:	6–8 °C
Gärung:	Obergärig
Brauer:	La Compagnie des Trois Épis, Paris

BESONDERHEITEN
Das Blanc ist ein fahles, hellgelbes Bier mit einem vorwiegend neutralen Geschmack und einem schwachen, dünnen Schaum. Dieses trockene, frisch perlende Bier hat wenig Aroma, und im Antrunk sind sowohl Geschmack als auch der Geruch leicht malzig.

L'Épi Noir

Biersorte:	Spezialbier
Alkoholgehalt:	5,6 Vol.-%
Flascheninhalt:	0,33 Liter
Empf. Trinktemperatur:	6–8 °C
Gärung:	Obergärig
Brauer:	La Compagnie des Trois Épis, Paris

BESONDERHEITEN
L'Épi Noir ist ein orangegelbes Bier mit guter Hopfenbittere und einem leicht trockenen Hintergrund, begleitet von etwas zu geringer Fülle.

L'Épi Rouge

Biersorte:	Spezialbier

Duchesse Anne

Das helle L'Epi Blanc

L'Epi Noir von der La Compagnie des Trois Épis

Alkoholgehalt:	5,6 Vol.-%
Flascheninhalt:	0,33 Liter
Empf. Trinktemperatur:	8–10 °C
Gärung:	Obergärig
Brauer:	La Compagnie des Trois Épis, Paris

BESONDERHEITEN
Ein dünnes, mittelbraunes Bier mit einem neutralen Geschmack und einem leicht malzigen Nachtrunk. Es wird ohne künstliche Zugaben abgefüllt.

Fischer Tradition

Biersorte:	Lager
Alkoholgehalt:	6,0 Vol.-%
Flascheninhalt:	0,33 Liter
Empf. Trinktemperatur:	8 °C
Gärung:	Untergärig
Brauer:	Brauerei Fischer, Schiltigheim, seit 1821

BESONDERHEITEN
Fischers Tradition ist ein Alltagsbier mit einem neutralen Geschmack, ohne dabei zu dünn zu sein. Das goldgelbe Bier hat einen angenehm dicken, weißen Schaum und ist erfrischend mit einer sich entfaltenden Fruchtigkeit.

Das hellbraune L'Epi Rouge

Das gut trinkbare Fischer Tradition

Bier von der Brauerei Jean d'Arc

Das bei Studenten beliebte Jenlain

Grain d'Orge

Biersorte:	Ale
Alkoholgehalt:	8,0 Vol.-%
Flascheninhalt:	0,33 Liter
Empf. Trinktemperatur:	8–10 °C
Gärung:	Obergärig
Brauer:	Brauerei Jeanne d'Arc, Ronchin

BESONDERHEITEN
Grain d'Orge („Gerste") ist ein goldgelbes, starkes Bier, im flämischen Stil gebraut. Der volle, runde Geschmack ist vorwiegend süßlich, wird jedoch von einem Hauch Alkohol beherrscht. Der Nachtrunk wird – wenngleich nicht betont – von Hopfenbittere bestimmt.

Jenlain

Biersorte:	Ale – Bière de garde
Alkoholgehalt:	6,5 Vol.-%
Flascheninhalt:	0,25 Liter
Empf. Trinktemperatur:	8–10 °C
Gärung:	Obergärig
Brauer:	Brauerei Duyck, Jenlain, seit 1922

BESONDERHEITEN
Jenlain ist das Bier, das dieser Sorte die neuerliche Beliebtheit in Frankreich verschafft hat. Dieses

Jubilator Doppelbock

„Bier zum Aufbewahren“ ist orange bis bernsteinfarben und hat einen fruchtigen, süßlichen, leicht säuerlichen Geschmack. Das Aroma enthält etwas Hopfenbittere, die von einem leichten Anflug Alkohol begleitet wird, was die Vollmundigkeit sehr angenehm ersetzt. Jenlain ist ein Bier, mit dem man es sich gemütlich machen kann, während man es sacht im großen Pokal schwenkt und durch kleine Schlucke seine Wärme aufnimmt.

Jubilator

Biersorte:	Bockbier – Doppelbock
Alkoholgehalt:	6,8 Vol.-%
Flascheninhalt:	0,25 Liter
Empf. Trinktemperatur:	8–10 °C
Gärung:	Untergärig
Brauer:	Brauerei Schutzenberger, Schiltigheim, seit 1740

BESONDERHEITEN
Jubilator ist ein in deutschem Stil gebrautes Doppelbockbier. Es hat einen vollen, malzigen Geschmack, der sich zu einer sehr angenehmen Hopfenbittere entfaltet. Das Aroma enthält ein wenig Blumigkeit. Der hohe Alkoholgehalt ist im Geschmack kaum wahrzunehmen. Jubilator ist ein sehr ausgeglichenes Bier.

Kingston

Biersorte:	Spezialbier
Alkoholgehalt:	7,9 Vol.-%
Flascheninhalt:	0,25 Liter
Empf. Trinktemperatur:	6 °C
Gärung:	Untergärig
Brauer:	Brauerei Fischer, Schiltigheim

BESONDERHEITEN
Vielleicht durch den ‚Whisky-Bier‘-Effekt inspiriert, wird dieses Kingston mit Rum aromatisiert.

Korma

Biersorte:	Bière de garde
Alkoholgehalt:	5,9 Vol.-%
Flascheninhalt:	0,33 Liter
Empf. Trinktemperatur:	8 °C
Gärung:	Obergärig
Brauer:	Brauerei de Bénifontaine, Bénifontaine, seit 1926

BESONDERHEITEN
Korma ist das keltische Wort für Gerstenwein, und das Etikett verrät uns, dass Korma ‚das Bier der Gallier‘ sei. Es wird mit sieben Malzsorten gebraut: laut Aussage der Brauer eine für die Farbe, eine andere für die Filtrierung usw. Das Ergebnis ist in jedem Fall ein dunkles, bernsteinfarbenes Bier, das in der Flasche nachgärt. Korma ist vollmundig mit einem runden, süßlichen Geschmack und einem ka-

Kingston Rumbier von Fischer

Das runde Korma

ramellhaltigen Aroma. Der Nachtrunk ist etwas trocken, wobei kein neuer Geschmack nachfolgt.

Kronenbourg

Biersorte:	Pilsner
Alkoholgehalt:	5,0 Vol.-%
Doseninhalt:	0,33 Liter
Empf. Trinktemperatur:	6 °C
Gärung:	Untergärig
Brauer:	Brauerei Kronenbourg, Straßburg, seit 1664

BESONDERHEITEN
Ein helles, internationales, neutrales Bier.

Lutèce

Biersorte:	Bière de Paris – Bière de garde
Alkoholgehalt:	6,4 Vol.-%
Flascheninhalt:	0,33 Liter
Empf. Trinktemperatur:	8 °C
Gärung:	Untergärig
Brauer:	Brauerei Nouvelle de Lutèce, Bonneuil

BESONDERHEITEN
Lutèce kommt vom lateinischen Namen für Paris – Lutetia. Dieses bernsteinfarbene Pariser Bier hat einen malzigen Geschmack mit einem fruchtigen Aroma.

Das Pariser Bier Lutèce

Das Weltbier Kronenbourg

Pastor Ale

Biersorte:	Bière de garde
Alkoholgehalt:	6,4 Vol.-%
Flascheninhalt:	0,25 Liter
Empf. Trinktemperatur:	8 °C
Gärung:	Untergärig
Brauer:	Brauerei d'Annoeulin, Annoeulin, seit 1905

BESONDERHEITEN
Pastor Ale ist ein helles Bier mit einem süßlichen Geschmack. Es hat ein süßes, fruchtiges Aroma und einen leicht bitteren Nachtrunk. Dieses von einer kleinen, enthusiastischen Brauerei nach traditionellen Methoden gebraute Bier wird nicht pasteurisiert.

Patriator

Biersorte:	Bockbier – Doppelbock
Alkoholgehalt:	6,8 Vol.-%
Flascheninhalt:	0,33 Liter
Empf. Trinktemperatur:	8–10 °C
Gärung:	Untergärig
Brauer:	Brauerei Schutzenberger, Schiltigheim, seit 1740

Das traditionell gebraute Pastor Ale

BESONDERHEITEN
Patriator ist ein in deutschem Stil gebrautes Doppelbockbier. Es ist von brauner Farbe und hat einen hopfigen Charakter.

Pelforth Brune

Biersorte:	Spezialbier
Alkoholgehalt:	6,5 Vol.-%
Flascheninhalt:	0,33 Liter
Empf. Trinktemperatur:	8 °C
Gärung:	Obergärig
Brauer:	Heineken-Brauerei, Cedex

BESONDERHEITEN
Pelforth ist ein intensiv rotbraunes Bier mit einem milden, runden Geschmack und einem süßlichen Antrunk. Das reiche Aroma enthält eine Spur Röstmalz und ist fruchtig mit einem Anflug von Schokolade. Trotz der Fülle enthält der Nachtrunk keinen betonten Geschmack.

Pietra

Biersorte:	Spezialbier
Alkoholgehalt:	6,0 Vol.-%
Flascheninhalt:	0,33 Liter
Empf. Trinktemperatur:	8 °C
Gärung:	Obergärig
Brauer:	Brauerei Pietra, Furiani, Korsika

Patriator

Heinekens Pelforth Brune

Pietra aus Korsika

Saint Landelin

BESONDERHEITEN

Bernsteinfarbenes, auf der Insel Korsika gebrautes Bier. Pietra ist ein trockenes Bier mit einem neutralen Geschmack und einem leicht bitteren Nachtrunk.

Saint Landelin

Biersorte:	Ale
Alkoholgehalt:	6,2 Vol.-%
Flascheninhalt:	0,33 Liter
Empf. Trinktemperatur:	8 °C
Gärung:	Obergärig
Brauer:	Brauerei Enfants de Gayant, Douai

BESONDERHEITEN

Saint Landelin ist das einzige Abteibier in Frankreich; es wurde früher von den Mönchen von Crespin gebraut. Dieses braune Bier hat einen milden Geschmack und ein fruchtiges Aroma.

La Saulx

Biersorte:	Spezialbier
Alkoholgehalt:	7,0 Vol.-%
Flascheninhalt:	0,33 Liter
Empf. Trinktemperatur:	10–12 °C
Gärung:	Obergärig
Brauer:	Brauerei Henry, Bazincourt sur Saulx

La Saulx hat einen perlenden Charakter.

Schutzenberger Tradition

BESONDERHEITEN
Die tiefbraune Farbe mit einem rubinroten Glühen erscheint erst so richtig nach dem prickelnden Auflösen des cremefarbigen Schaumes. Dieses in der Flasche nachgärende Bier sollte vorsichtig in ein großes Pokalglas eingeschenkt werden. Das malzig-süßliche Bouquet findet sich im Grundgeschmack wieder, während die erste abgerundete Vollmundigkeit von einer Spur alkoholischer Erwärmung abgelöst wird. Das Aroma enthält dunkle Frucht, der Nachtrunk hingegen ist trocken und entfaltet sich nicht.

Schutzenberger Tradition

Biersorte:	Lager
Alkoholgehalt:	4,6 Vol.-%
Flascheninhalt:	0,25 Liter
Empf. Trinktemperatur:	6 °C
Gärung:	Untergärig
Brauer:	Brauerei Schutzenberger, Schiltigheim, seit 1740

BESONDERHEITEN
Tradition ist ein hellgelbes Bier, frisch mit einem etwas trockenen Hintergrund und einem ziemlich bitteren Nachtrunk.

Französisches Bier mit schottischem Namen u. belg. Charakter

Scotch Triumph

Biersorte:	Spezialbier
Alkoholgehalt:	6,0 Vol.-%
Flascheninhalt:	0,25 Liter
Empf. Trinktemperatur:	8 °C
Gärung:	Obergärig
Brauer:	Brauerei Jeanne d'Arc, Ronchin

BESONDERHEITEN
Braunes Bier mit einem tiefroten Glühen, gebraut nach flämischer Tradition. Scotch Triumph hat einen vollen, süßen Geschmack mit Karamellnoten, ein reiches Aroma und sorgt im Mund für ein abgerundetes, wärmendes Gefühl. Ein Manko ist die Flasche, die viel zu klein ist.

Spin

Biersorte:	Lager
Alkoholgehalt:	7,9 Vol.-%
Flascheninhalt:	0,33 Liter
Empf. Trinktemperatur:	8 °C
Gärung:	Untergärig
Brauer:	Heineken-Brauerei, Cedex

BESONDERHEITEN
Über den Namen kann man lange diskutieren. Heißt das Bier Spin oder Nips? Jedenfalls ist es ein frisches, klares Bier mit einem neutralen Geschmack, scharf im Alkohol und ohne jegliche Bittere.

Spin

Telenn Du wird mit Buchweizen gebraut.

Telenn Du

Biersorte:	Spezialbier
Alkoholgehalt:	4,5 Vol.-%
Flascheninhalt:	0,33 Liter
Empf. Trinktemperatur:	8 °C
Gärung:	Obergärig
Brauer:	Brauerei Bernard Lancelot, St. Servant-sur-Oust

BESONDERHEITEN

Dunkles Bier, mit Buchweizen gebraut und in der Flasche nachgegärt.

Tutss, das weiße Eisbier

Tutss

Biersorte:	Eisbier
Alkoholgehalt:	4,8 Vol.-%
Flascheninhalt:	0,25 Liter
Empf. Trinktemperatur:	6 °C
Gärung:	Untergärig
Brauer:	Brauerei Schutzenberger, Schiltigheim, seit 1740

BESONDERHEITEN

Mit seiner weißen Flasche fällt Tutss in den Regalen der Bierhändler immer besonders auf. Hinter der weißen Folie versteckt sich ein helles Bier mit einem schwachen Schaum. Es ist ein frisches, dennoch volles Bier mit einem leicht malzigen Geschmack.

Tschechien

Pilsner Urquell, Vorfahr aller Pilsner

Im Herzen Europas bilden Böhmen und Mähren zusammen die Tschechische Republik, ein Land mit einer demokratisch gewählten Regierung, was in diesem Teil Europas jedoch nicht immer der Fall gewesen ist. Nach der Herrschaft der Donaumonarchie und der Österreichisch-Ungarischen Monarchie folgte der Kommunismus, der das Land fast 50 Jahre lang von der westlichen Welt abschottete. Heute, mehr als zehn Jahre nach der ‚sanften Revolution', gelten auch in Tschechien die Gesetze der Marktwirtschaft mit all ihren Vor- und Nachteilen. Die Tschechen trinken mehr Bier als jedes andere Volk. Während Iren, Dänen und Deutsche jährlich etwa 130 bis 140 Liter pro Kopf trinken, beläuft sich der Bierkonsum der Tschechen auf über 160 Liter. Obwohl Tschechien nur rund 10 Mio. Einwohner zählt, nimmt es in der Geschichte des Bieres eine außerordentlich wichtige Stellung ein. Mit der Produktion des hellen, klaren, untergärigen Bieres aus Plzeň (Pilsen) wurde hier eine Sorte entwickelt, die in aller Welt – mehr oder weniger erfolgreich – kopiert wurde. Böhmischer Hopfen und mährische Gerste werden immer noch in alle Teile der Erde exportiert, damit ein Bier gebraut werden kann, das dem Original so ähnlich wie möglich wird.

Das kommunistische System wirkte auf die traditionellen Braumethoden wie ein „Konservierungsmittel". Unter dem Druck des Wettbewerbs waren westliche Brauereien unablässig auf der Suche nach wirtschaftlicheren Wegen der Bierproduktion, dabei spielte die Qualität der Biere nicht die wichtigste Rolle – Hauptsache, es ließ sich gut vermarkten. In der kommunistischen Tschechoslowakei dagegen wurde für jede Brauerei nur die Menge festgelegt, die sie zu brauen hatte. Bei dieser Form von Protektionismus hatte die Brauerei kein Interesse an Modernisierung oder an anderen Möglichkeiten zur Erhöhung des Bierausstoßes. In Folge dessen brauten viele Brauereien, selbst nach dem Fall der Mauer, ihre Biere immer noch in offenen Gärtanks und ließen sie lange reifen, manchmal auch in Eichenfässern. Dass dies dem Bier einen Charakter verleiht, der mit rostfreiem Stahl und modernen Gärtanks nicht erreichbar ist, wird von Verkäufern zwar bestritten, von Bierliebhabern aber bestätigt. Viele tschechische Brauer haben inzwischen ihre Betriebe modernisiert, daher bleibt nur zu hoffen, dass die breite Palette hervorragender Geschmacksvariationen, für die tschechische Biere bekannt sind, nicht hinter geschmacksneutralen, von den Biergiganten der Welt auf den Markt geworfenen Produkten verschwindet.

Budweiser Budvar ist der David im Kampf gegen Goliath.

Budweiser Budvar

Der Name Budweiser ist auf mehr Bierverpackungen zu sehen als jeder andere Markenname der Welt. Die Brauerei selbst, die in der tschechischen Stadt Budweis ansässig ist, trägt zu dieser Zahl jedoch nur wenig bei. Die Geschichte der Brauerei begann Ende des 19. Jahrhunderts zur Zeit der Österreichisch-Ungarischen Monarchie, der auch Tschechien angehörte. Zu jener Zeit war Budweis eine Stadt mit einer Einwohnerschaft zweier Nationalitäten. Laut einer im Jahr 1900 durchgeführten Zählung hatte Budweis 16 271 tschechische und 11 117 deutsche Bürger. Die wichtigen Posten wurden jedoch fast nur von Deutschen besetzt. Die bedeutendste Brauerei dieser Zeit war die 100 Jahre alte Samson-Brauerei, ursprünglich eingerichtet als ‚Brauhaus der brauberechtigten Bürger von Budweis'. Von Anfang an gehörte diese Brauerei nur

Das in die USA importierte Bier aus Budweis

Deutschen. Als Antwort auf diese deutsche Vorherrschaft eröffnete 1895 eine Gruppe tschechischer ‚Nationalisten' die Český Akciový Pipovar (Tschechische Brauerei AG), die wir heute als Budweiser Budvar kennen.
Das amerikanische Budweiser geht auf das Jahr 1876 zurück, eine Zeit, bevor die Brauerei selbst gegründet wurde. Der Konkurrent, die Samson-Brauerei, verwendete schon damals die Bezeichnung ‚Budweiser', was ganz einfach so viel wie ‚Bier aus Budweis' bedeutet. Ob diese Biere schon damals in die USA exportiert wurden, ist nicht genau bekannt. Fest steht jedoch, dass dieser Name zu einer großen Zahl von Prozessen und Vergleichen geführt hat, die noch heute andauern. Momentan ist es dem amerikanischen Konzern nicht erlaubt, Bier mit dem Markennamen Budweiser auf dem europäischen Kontinent zu verkaufen, weshalb er gezwungen ist, die Abkürzung „Bud" zu verwenden. Ob dies jedoch für den europäischen Verbraucher ein Grund weniger ist, das amerikanische Bier zu kaufen, mag dahingestellt sein. Die einzigen wirklichen Ähnlichkeiten beider Biere bestehen im Namen und in der Tatsache, dass beide hell und untergärig sind. In Bezug auf Geschmack, Aroma und Qualität liegen Welten zwischen ihnen.
Zu jener Zeit, als in Tschechien die kommunistische Planwirtschaft herrschte, wurden die Samson-Brauerei und Budweiser Budvar zusammengeschlossen. Die Kommunisten warfen eine Zeit lang ihre eigene Philosophie über den Haufen, um mit dem Budweiser Bier harte Devisen ins Land zu bringen. Daher wurde ein Großteil der Produktionskapazität für den Export eingeplant, wie es auch heute noch der Fall ist. Nach der Revolution wurden Samson und Budvar wieder getrennt, und eigenartigerweise gehört Budvar gegenwärtig als einzige Brauerei dem Staat – was eigentlich den nun herrschenden politischen Vorstellungen widerspricht. Hauptgrund dafür dürfte die Angst der Tschechen sein, dass ihr kulturelles „Juwel" in die Hände ausländischer Konzerne fallen könnte. Anheuser-Busch, Produzent des amerikanischen Budweiser, hat bereits versucht, einen Anteil an Budvar zu erwerben, doch wurde dies bislang erfolgreich verhindert. Im Moment geht es der Brauerei ohne ausländischen Einfluss recht gut: Es wurden moderne Technologien eingeführt, und seit 1989 konnte der Bierausstoß verdoppelt werden. Zur Produktpalette der Brauerei gehören nun alkoholfreies Bier, leichtes Bier, das 10 Grad Balling Lager für den heimischen Markt, und, hauptsächlich für den Export, das 12 Grad Balling Světlý Ležák, das wir als Premium kennen.

Gambrinus

Die Geschichte dieser Brauerei geht bis in die Zeit des Habsburgerreiches zurück. Inspiriert vom Erfolg der Pilsner Urquell gründete um 1870 eine Gruppe deutschsprachiger Geschäftsleute, unter anderem mit Emil Škoda (von der Autofabrik), die Brauerei unter der Bezeichnung ‚Erste Pilsner Actienbrauerei'. Nach dem Ersten Weltkrieg war die deutsche Sprache auf tschechischem Gebiet nicht gerade beliebt, woraufhin die Brauerei in Gambrinus umbenannt wurde, ein Name, der auf den Schutzherrn der Bierbrauer, Jan Primus oder Herzog Jan van Brabant, zurückgeht. Die beiden Brauereien waren von Anfang an Konkurrenten, doch unter der kommunistischen Herrschaft wurden sie zusammen mit Karlový Vary und Domažlice zu einer großen Brauerei vereint. Gambrinus ist heute eine der meistverkauften Marken in Tschechien und die inzwischen privatisierte Pilsner Urquell-Gruppe die größte Brauereigruppe des Landes. Die Brauerei wurde auf einem hohen Standard modernisiert. Für das Bier verwendet Gambrinus weiches Quellwasser, mährische Gerste und Zatec-Hopfen. Die meisten dieser Zutaten werden zum Brauen des hellen 10 % Lagers verwendet. Es wird auch ein 12 % Lager sowie, als preisgünstigere Alternative, ein 10 % Primus gebraut.

Jihlava

Die Geschichte dieser Brauerei begann 1860, als sich vier deutschsprachige Brauer zur Gründung einer gemeinsamen Brauerei entschlossen. Damals trug die Stadt Jihlava noch den deutschen Namen Iglau, der abgeleitet ist von „Igel". Das tschechische Wort für dieses Stacheltier ist Ježek. Nach dem Zweiten Weltkrieg hatte diese deutsche Vorgeschichte für die Brauerei fast fatale Folgen. Jihlava überstand dies und konnte nach der Schließung anderer lokaler Brauereien wachsen und sich entwickeln, soweit dies unter dem kommunistischen Regime möglich war. Dass die Brauerei der raschen Umstellung auf die Marktwirtschaft nicht folgen konnte, wurde 1995 deutlich, als über die Hälfte ihrer Kapazität stillstand und sie keine ausreichenden Mittel für die Modernisierung hatte. Jihlava wurde schließlich von der österreichischen Brauerei Zwettl übernommen, einer Brauerei, die zwar ungefähr die gleiche Größe hatte wie Jihlava, doch über beträchtlich mehr Kapital verfügte. Zwettl führte die notwendigen Modernisierungsmaßnahmen durch, wobei die traditionellen Braumethoden größtenteils durch moderne Technologien ersetzt wurden. Daneben betrachtet die österreichische Brauerei den Aufkauf Jihlavas auch als Sprungbrett für ihre eigenen Biere auf den tschechischen Markt.

Pilsner Urquell

Die Geschichte der tschechischen Braukunst ist untrennbar mit dieser Brauerei verbunden, die heute ein Teil der größten Braugruppe im Land ist. Die Bezeichnung Pilsner Urquell, oder Plzeňský prazdroj, besagt, dass das Original, welches wir als Pilsner kennen, hier gebraut wurde. Diese Biersorte entstand 1842, als sich eine Gruppe tschechischer Brauer zusammenschloss und die neue Bürgerbrauerei gründete. Der Architekt Martin Stelzer hatte die Aufgabe, eine Brauerei zu entwerfen, die den neuesten Erkenntnissen der Technologie entsprach. Dann holte die Gruppe den deutschen Braumeister Josef Grolle ins Land. Er war mit der untergärigen Braumethode vertraut, wie sie für die Produktion der dunklen Lagerbiere in Bayern eingesetzt wurde – denn diese Lagerbiere waren damals eine starke Konkurrenz für die tschechischen Biere. Der schon damals für seine schwierige Art bekannte Grolle braute kein dunkles, sondern ein helles Bier, das aufgrund der wachsenden Beliebtheit durchsichtiger Gläser ein großer Erfolg wurde. Man weiß jedoch bis heute nicht, ob Grolle das helle Bier absichtlich oder zufällig braute. Bis zu jener Zeit war die Klarheit der Biere noch von geringer Bedeutung, da das Bier in den Stein- oder Metallkrügen nicht zu sehen war. Erst mit dem Glas erhielt das Bier auch eine neue optische Dimension – nämlich die Klarheit. Die Klarheit und der volle, malzig-bittere Geschmack verhalf dem Bier aus Plzež zu einem raschen Erfolg. Schon bald schossen in vielen Ländern ähnliche Biere wie Pilze aus dem Boden und verwendeten auch die Bezeichnung ‚Pilsner'. Aber nur wenige dieser Biere, die es zum Teil auch heute noch gibt, sind dem Original ähnlich. Viele sind bedeutend dünner und weniger hopfig, und keines von ihnen verfügt über das weiche Wasser, wie es beim Urquell aus dem Boden kommt. Pilsner Urquell wird nur mit mährischer Gerste, Zatec-Hopfen und dem Hefestamm gebraut, der in Tschechien als No. 1 bezeichnet wird.

Nach der grundlegenden Modernisierung hat die Brauerei viel von ihrer nostalgischen Ausstrahlung verloren. Die freie Marktwirtschaft verlangte die Einführung vertikaler Gärtanks, kürzere Zubereitungszeiten und eine große Menge an rostfreiem Stahl. Pilsner Urquell will jedoch trotz aller Modernisierung den Geschmack des Originals erhalten haben und ließ einen Teil der alten Brauerei unverändert, damit auch in Zukunft das neue Bier mit

Das Restaurant in der früheren Brauerei Pilsner Urquell

Die Pilsner Urquell-Brauerei

dem Original aus den freuchten Kellern verglichen werden kann.
Tschechische Brauer geben auf den Etiketten ihrer Biere den Alkoholgehalt, die Zahl der Kilojoules pro Liter und die Stammwürze an. So hat ein Hostan 12 % nicht einen Alkoholgehalt von 12 %, sondern 100 Gramm der Würze enthalten 12 Gramm Zucker.

Die Prager Brauereien

Drei der vier Brauereien in Prag wurden 1992 zu einer neuen Gruppe, den ‚Prager Brauereien', zusammengeschlossen. Mit einem Marktanteil von rund 10 % ist diese Gruppe die drittgrößte Braugruppe in Tschechien. Im Jahr 1994 übernahm die englische Brauerei Bass 34 % der Anteile, woraufhin die Gruppe mit finanziellen Mitteln sowie mit Sachkenntnis im Bereich von Produktion und Marketing ausgestattet wurde, die sie für die neue Marktwirtschaft stärkte. Bass entsandte einige Manager nach Prag, und man rechnet nun auch damit, dass die englische Gruppe eine Mehrheitsbeteiligung an den Prager Brauereien anstrebt.
Mestan ist der kleinste Partner der Gruppe und hat seinen Sitz im Prager Stadtteil Holešovice. Die Brauerei wurde 1895 als ‚První Pražský Mešťanský Pipovar' (Erste Prager Bürgerbrauerei) gegründet, womit sie sich selbst von den bestehenden aristokratischen Brauereien absetzte. Mestan hat noch immer seine eigene Mälzerei, wo ein Teil des benötigten Malzes hergestellt wird. Die Brauerei ist noch nicht vollständig modernisiert und es werden immer noch offene Gärtanks und horizontale Lagertanks eingesetzt. Allerdings wurde für die Fassabfüllung eine moderne Anlage angeschafft.
Staropramen, im Prager Stadtteil Smichovis gelegen, ist die größte Brauerei dieser Gruppe. Die Gesellschaft wurde 1869 gegründet und ist auf vielen Gebieten noch immer eine traditionelle Brauerei. Bei Staropramen werden noch immer offene Gärtanks und horizontale Lagertanks eingesetzt. Der von den Tschechen in Gang gesetzte Modernisierungsprozess wurde auf gewisse Weise von den Beratern des Bass-Konzerns gebremst. Es sollte ein Mittelweg zwischen Modernisierung und Tradition gefunden werden, da man davon ausgeht, dass die traditionellen Braumethoden in gewisser Weise für den Charakter des Bieres verantwortlich sind, wobei gleichzeitig die Wirtschaftlichkeit drastisch erhöht werden muss. Staropramen verfügt immer noch über eine eigene Mälzerei, die etwa die Hälfte der benötigten Mengen liefert. Das Premium 12 % wird in Europa durch Bass vertrieben.
Braník ist das jüngste Mitglied der Prager Brauereigruppe. Sie wurde 1900 von einer Gruppe tschechischer Brauhauseigentümer gegründet, die dem industrialisierten Wettbewerb die Stirn bieten wollten. Diese Jugendlichkeit kann auch der Grund für das rasche Vorantreiben der Modernisierung sein, die Braník 1992 vornahm. Schon vor der Einflussnahme von außen war Braník die erste Brauerei in Tschechien, die vertikale Gärtanks anschaffte, denen eine neue Flaschenabfüll- und eine Pasteurisierungsanlage folgten. Die brauereieigene Mälzerei jedoch überdauerte die Modernisierung und ist noch heute in Betrieb.

Radegast

Die Geschichte von Radegast verlief ganz anders als die der meisten noch heute bestehenden tschechischen Brauereien. Diese zweitgrößte tschechische Brauerei im nordmährischen Nošovice wurde weder vor einem aristokratischen Hintergrund noch auf Grund tschechischer nationaler Motive gegründet. Radegast wurde 1960 unter kommunistischer Herrschaft geplant und gebaut. Nach der politischen Wende war es ein ziemlich moderner Betrieb mit einer beträchtlichen Kapazität. So war es für die Brauerei auch recht einfach, neue Investoren (jedoch nur aus Tschechien) zu finden und sich problemlos den neuen Marktgegebenheiten anzupassen. Seit damals hat Radegast seine Marktposition gestärkt, was zu einer Verdoppelung des Absatzes führte.

Starobrno

In den Klöstern der Umgebung von Brno (Brünn) hat das Bierbrauen eine lange Tradition. Die Starobrno-Brauerei wurde 1872 mit dem Familienkapital von Mandel und Hayek gegründet. Auf der Welle der industriellen Revolution mitschwimmend, erwischte die Brauerei einen dynamischen

Start. Als die Wirtschaftskrise der 20-er und 30-er Jahre auch das Überleben der kleinen Brauereien bedrohte, kaufte Starobrno seine kleineren Konkurrenten auf. Dies stärkte die Position der Brauerei während der kommunistischen Planwirtschaft, da Starobrno auf Grund der mangelnden Konkurrenz der einzige Lieferant für Brno und Umgebung wurde. Es war unmöglich, andere Biere zu bekommen. Selbst heute ist noch keine ernsthafte Konkurrenz in Sicht, wenngleich das freie Denken von Gastwirten und Verbrauchern auch das Verlangen nach anderen Biersorten geweckt hat. Heute produziert Starobrno die hellen 8 %, 10 %, 12 %, das helle 14 % Saisonbier Drak, ein dunkles 10 % und das halbdunkle 10 % Rezak. Im Jahr 1994 wurde die Brauerei von der österreichischen Brau Union übernommen. Das ist zweifelsohne der erste Schritt hin zu moderneren Braumethoden.

Die Südböhmische Brauereigruppe

Die Samson-Brauerei ist über 200 Jahre alt.

Die *Platanen*-Brauerei, benannt nach den Bäumen des die Brauerei umgebenden Waldes, geht auf das Jahr 1598 zurück und wurde immer von aristokratischen Familien geführt. Die Familie Schwarzenberger errichtete die heutige Brauerei zwischen 1873 und 1876, wobei sie die für jene Zeit moderne Technik der Untergärung anwandte. Die unter der Verwaltung der Familie Schwarzenberger produzierten Biere waren in großen deutschen und österreichischen Städten bereits im 19. Jahrhundert erhältlich. Heute ist die Brauerei neben Regent und Samson ein Teil der Südböhmischen Brauereigruppe. Platanen ist der Übergang zu modernen Brauereimethoden gelungen.

Die *Regent*-Brauerei in Třeboň ist eine der ältesten Brauereien in Tschechien. Sie wurde 1379 unter der Leitung der Familie Rosenberger gegründet und zog 1698 nach Třeboň, wo sie sich bis zum Ende des Zweiten Weltkriegs unter Leitung der Familie Schwarzenberger zum Produzenten beliebter Biere entwickelte, die selbst am Hof der Habsburger getrunken wurden. Das Regent-Etikett zeigt das Familienwappen der Rosenberger. Die Brauerei stellt ihre Biere immer noch auf traditionelle Weise her, doch auf Grund ihrer ungebrochenen Beliebtheit ist es immer schwerer, den Vorteilen raschererer Produktionstechniken zu widerstehen. Ein Großteil der Produktionskapazität dieser Brauerei ist für das preisgünstige, helle 10 % reserviert, mit dem der einheimische Markt bedient wird. Doch Regent exportiert auch in mehrere europäische Länder, vor allem das helle und das dunkle 12 %. Die Brauerei erhält einen Teil ihres Malzes noch heute von ihrer eigenen Mälzerei.

Samson ist eine der zwei großen Brauereien in der südböhmischen Stadt České Budějovice, die man bei uns unter dem Namen Budweis kennt. Obwohl die Brauerei genau 100 Jahre älter ist als ihre Konkurrentin Budvar, ist der Betrieb kleiner und auch weniger bekannt. Samson wurde 1795 von deutschsprachigen Brauern als Bürgerbrauerei gegründet. Ihren heutigen Namen erhielt sie erst 1865. Während der kommunistischen Zeit wurden Budvar und Samson zu einer einzigen Gruppe verschmolzen, die sich nach dem Fall der Mauer wieder auflöste. Samson wurde privatisiert, Budvar blieb weiterhin Staatseigentum. Die Brauerei hat den Modernisierungsprozess noch nicht abgeschlossen, doch wird die Notwendigkeit, den Bierausstoß zu erhöhen, diesen Prozess sicherlich beschleunigen.

Das halbdunkle Bier von Bernard

Bernard Polotmavé Pivo 11 %

Biersorte:	Lager
Alkoholgehalt:	4,9 Vol.-%
Flascheninhalt:	0,5 Liter
Empf. Trinktemperatur:	6–8 °C
Gärung:	Untergärig
Brauer:	Brauerei Bernard, Humpolec, seit 1597

BESONDERHEITEN
Polotmavé (hellbraunes) Bier mit einem vollen, malzigen Geschmack, der einen trockenen Hintergrund aufweist.

Bernard Světlý Pivo 10 %

Biersorte:	Lager
Alkoholgehalt:	4,5 Vol.-%
Flascheninhalt:	0,5 Liter
Empf. Trinktemperatur:	6–8 °C
Gärung:	Untergärig
Brauer:	Brauerei Bernard, Humpolec, seit 1597

BESONDERHEITEN
Dieses helle Lager von Bernard, das in erster Linie den täglichen Durst stillen soll, hat für ein 10 %-Bier einen recht vollen Körper. Der süß-malzige Geschmack wird von einer leichten Hopfenbittere im Aroma begleitet, die alleine noch kurz im Nachtrunk verbleibt.

Bernards preisgünstiges helles Lager

Bernard Světlý Ležák 12 %

Biersorte:	Lager
Alkoholgehalt:	5,1 Vol.-%
Flascheninhalt:	0,5 Liter
Empf. Trinktemperatur:	6–8 °C
Gärung:	Untergärig
Brauer:	Brauerei Bernard, Humpolec, seit 1597

BESONDERHEITEN
Dieses helle Premium der Brauerei Bernard hat einen bitter-süßen Geschmack und ein trockenes Finish.

Branický Ležák

Biersorte:	Lager
Alkoholgehalt:	5,3 Vol.-%
Flascheninhalt:	0,5 Liter
Empf. Trinktemperatur:	6–8 °C
Gärung:	Untergärig
Brauer:	Brauerei Braník, Prag, seit 1899

BESONDERHEITEN
Die ungefähre Übersetzung von Branický Ležák ist: ‚Stärkeres Bier von Braník'. Dieses helle Lagerbier vermittelt schon im Antrunk einen hopfigen Eindruck. Zunächst tritt eine leichte Bittere im Geschmack auf, die bis zum langen, sich entfaltenden Nachtrunk erhalten bleibt. Im Aroma ist etwas Malzigkeit wahrzunehmen, während der Hintergrund leicht trocken ist.

Das Premiumbier der Brauerei

Das stärkere Bier von Braník in Prag

Braník blond 10 %

Biersorte:	Lager
Alkoholgehalt:	4,2 Vol.-%
Flascheninhalt:	0,5 Liter
Empf. Trinktemperatur:	6–8 °C
Gärung:	Untergärig
Brauer:	Brauerei Braník, Prag, seit 1899

BESONDERHEITEN

Braník ist eines der drei Mitglieder der Prager Brauereigruppe. Das 10 % hell ist hauptsächlich für den Verkauf in Prag selbst bestimmt.

Budějovický Budvar 10 %

Biersorte:	Lager
Alkoholgehalt:	4,0 Vol.-%
Flascheninhalt:	0,5 Liter
Empf. Trinktemperatur:	6–8 °C
Gärung:	Untergärig
Brauer:	Brauerei Budějovický Budvar, České Budějovice, seit 1895

BESONDERHEITEN

Leichtere Version von Budweiser, für den einheimischen Markt bestimmt. Das 10 % ist ein leichtes, dünnes Bier mit einem fast wässrigen, leicht süßen Geschmack und einem kurzen, trockenen Finish.

Braníks preisgünstiges Alltagsbier

Die dünnere Version des Export Budweiser

Budweiser Budvar ist weltbekannt.

Eines der preisgünstigen Biere der Brauerei Eggenberg

Budějovický Budvar 12 %

Biersorte:	Lager
Alkoholgehalt:	5,0 Vol.-%
Flascheninhalt:	0,5 Liter
Empf. Trinktemperatur:	6–8 °C
Gärung:	Untergärig
Brauer:	Brauerei Budějovický Budvar, České Budějovice, seit 1895

BESONDERHEITEN
Das Bier wird nach einer alten böhmischen Tradition mit böhmischer und mährischer Gerste, Saazer Hopfen und natriumarmem Quellwasser gebraut. Budweiser Budvar ist ein helles Bier mit einem vollen, etwas süßlichen Geschmack und einem ausgeglichenen, bitter-süßen Aroma.

Eggenberg 10 %

Biersorte:	Lager
Alkoholgehalt:	3,0 Vol.-%
Flascheninhalt:	0,5 Liter
Empf. Trinktemperatur:	6 °C
Gärung:	Untergärig
Brauer:	Brauerei Eggenberg, Český Krumlov

BESONDERHEITEN
Die südböhmischen Brauereien wurden im Mittelalter von Prinzen und Baronen der Rosenberg-Dynastie beherrscht. Dieser Familie folgten die Eggenberger, deren Name dieses Bier heute noch trägt. Im Jahr 1991 wurde die Brauerei Eggenberg privatisiert und ist nun in tschechischem Besitz. Die Brauerei produziert vier Biere und ein Diätbier, ein helles 12 % Lager, ein dunkles 10 % und dieses helle 10 %. Eggenberg hat inzwischen von traditionellen Braumethoden auf modernere Techniken umgestellt. Das 10 % macht derzeit mehr als drei Viertel der Gesamtproduktion aus. Dieses hellgelbe Bier hat einen leicht malzigen Geschmack mit einer Spur Hopfigkeit im Aroma.

Fürst von Louny

Biersorte:	Lager
Alkoholgehalt:	4,5 Vol.-%
Flascheninhalt:	0,5 Liter
Empf. Trinktemperatur:	6–8 °C
Gärung:	Untergärig
Brauer:	Braurerei Louny, Louny

BESONDERHEITEN
Dunkles, untergäriges Bier mit einem vollen, malzigen Geschmack.

Gambrinus blond 10 %

Biersorte:	Pilsner
Alkoholgehalt:	4,1 Vol.-%

Dunkles Bier aus Louny

Flascheninhalt: 0,5 Liter
Empf. Trinktemperatur: 6 °C
Gärung: Untergärig
Brauer: Plzeňský prazdroj, Plzeň

BESONDERHEITEN
Gambrinus ist ein helles Bier. Der Name Gambrinus kommt von Jan Primus oder Herzog Jan von Brabant. Das 10 % gehört zu den beliebtesten tschechischen Bieren dieser Stärke. Es ist ein leichtes, trockenes Bier mit einem malzigen Aroma und einem bitteren Nachtrunk.

Gambrinus blond 12 %

Biersorte: Pilsner
Alkoholgehalt: 5,0 Vol.-%
Flascheninhalt: 0,5 Liter
Empf. Trinktemperatur: 6 °C
Gärung: Untergärig
Brauer: Plzeňský prazdroj, Plzeň

BESONDERHEITEN
Das 12 % Gambrinus ist ein helles Bier mit einem malzigen Geschmack, einem leicht hopfigen und fruchtigen Aroma und einem trockenen Finish.

Gambrinus dunkel 10 %

Biersorte: Lager – Dunkel

Eines der beliebtesten Biere in Tschechien

Das Premium Bier der Brauerei von Plzeň

Alkoholgehalt:	3,8 Vol.-%
Flascheninhalt:	0,5 Liter
Empf. Trinktemperatur:	6 °C
Gärung:	Untergärig
Brauer:	Plzeňský prazdroj, Plzeň

BESONDERHEITEN
Dieses dunkle Lager von Gambrinus ist ein ziemlich dünnes, frisches Bier mit einem neutralen Geschmack. Im kurzen Nachtrunk dieses sehr dunklen Bieres mit einem fast roten Glühen kann man leichte Spuren von Röstmalz entdecken.

Hostan 10 %

Biersorte:	Lager
Alkoholgehalt:	4,0 Vol.-%
Flascheninhalt:	0,5 Liter
Empf. Trinktemperatur:	6–8 °C
Gärung:	Untergärig
Brauer:	Hostan-Brauerei, Znojmo

BESONDERHEITEN
Ein helles, leichtes, für den einheimischen Markt gebrautes Lagerbier. Das 10 % ist dünn, aber erfrischend mit einem charakteristischen und ziemlich ungewöhnlichen Geschmack, der im Hintergrund eine Spur von Bittere aufweist.

Dunkles Bier von Gambrinus

Hostan 11 %

Biersorte:	Lager
Alkoholgehalt:	4,4 Vol.-%
Flascheninhalt:	0,5 Liter
Empf. Trinktemperatur:	6–8 °C
Gärung:	Untergärig
Brauer:	Hostan-Brauerei, Znojmo

BESONDERHEITEN
Hostan 11 % ist ein recht volles Bier mit einem süßmalzigen Geschmack und einer leichten Hopfenbittere im Aroma.

Hostan 12 %

Biersorte:	Lager
Alkoholgehalt:	5,0 Vol.-%
Flascheninhalt:	0,5 Liter
Empf. Trinktemperatur:	6–8 °C
Gärung:	Untergärig
Brauer:	Hostan-Brauerei, Znojmo

BESONDERHEITEN
Das 12 % von Hostan ist das Premium Lager der Brauerei. Das goldfarbene Bier hat einen vollen, malzigen Geschmack mit einem trockenen, bitteren Nachtrunk.

Preisgünstiges Bier für den einheimischen Markt von Hostan

Bier mit etwas mehr Substanz

Das Premium aus Znojmo

Hostan Granát

Biersorte:	Lager – Dunkel
Alkoholgehalt:	3,8 Vol.-%
Flascheninhalt:	0,5 Liter
Empf. Trinktemperatur:	8 °C
Gärung:	Untergärig
Brauer:	Hostan-Brauerei, Znojmo

BESONDERHEITEN

Das 10 % (Balling-Grade) ist ein dunkles Bier mit einem runden, malzigen Geschmack, einem reichen Aroma mit einem Hauch von Kaffee und einem leicht bitteren Nachtrunk.

Ježek 10 %

Biersorte:	Lager
Alkoholgehalt:	4,2 Vol.-%
Flascheninhalt:	0,5 Liter
Empf. Trinktemperatur:	6–8 °C
Gärung:	Untergärig
Brauer:	Brauerei Jihlava, Jihlava, seit 1860

BESONDERHEITEN

Das Ježek 10 % wird lokal als Bier für den täglichen Durst verkauft. Es ist ein leichtes, etwas dünnes Bier mit einem hopfenbitteren Geschmack.

Dunkles Bier von Hostan

Das preisgünstige Bier von der Brauerei mit dem Igel

Ježek 11 %

Biersorte:	Lager
Alkoholgehalt:	4,9 Vol.-%
Flascheninhalt:	0,5 Liter
Empf. Trinktemperatur:	6–8 °C
Gärung:	Untergärig
Brauer:	Brauerei Jihlava, Jihlava, seit 1860

BESONDERHEITEN

Ein helles Lager mit einem leicht malzigen Geschmack und einem hopfenbitteren Hintergrund, der immer klar erkennbar, aber nie zu mächtig ist.

Ježek 12 %

Biersorte:	Lager
Alkoholgehalt:	5,2 Vol.-%
Flascheninhalt:	0,5 Liter
Empf. Trinktemperatur:	6–8 °C
Gärung:	Untergärig
Brauer:	Brauerei Jihlava, Jihlava, seit 1860

BESONDERHEITEN

Das Premium Lager der Brauerei ist ein Bier mit vollem Körper, einem starken, bitter-süßen Geschmack und einem bitteren Nachtrunk.

Mehr Substanz von Ježek

Das Premium mit dem vollen Körper aus Jihlava

Kozel hell 10 %

Biersorte:	Lager
Alkoholgehalt:	4,0 Vol.-%
Flascheninhalt:	0,5 Liter
Empf. Trinktemperatur:	6–8 °C
Gärung:	Untergärig
Brauer:	Brauerei Velké Popovice, seit 1874

BESONDERHEITEN

Ein helles, leichtes Lagerbier, das als preiswerte Alternative für den einheimischen Markt vorgesehen war. Kozel bedeutet „Ziegenbock". Das Bier hat eine goldgelbe Farbe, ist dünn und hat einen leicht malzigen Geschmack.

Kozel hell 12 %

Biersorte:	Lager
Alkoholgehalt:	5,0 Vol.-%
Flascheninhalt:	0,5 Liter
Empf. Trinktemperatur:	6–8 °C
Gärung:	Untergärig
Brauer:	Brauerei Velké Popovice, seit 1874

BESONDERHEITEN

Dieses helle Lager ist das Paradestück der Brauerei. Es ist ein trockenes Bier mit einem hopfigen Charakter, der in einen kurzen, bitteren Nachtrunk mündet. Kozel hell 12 % sorgt im Mund für das Ge-

Die ‚light'-Version von der Brauerei mit dem Ziegenbock

Das Premium von Velké Popovice

Dunkles, malziges Bier

fühl eines höheren Alkoholgehalts. Die Farbe ist von tiefem Gelb, der Schaum ist schwach. Das Premium Lager ist ein nach dem deutschen Reinheitsgebot gebrautes Exportbier, es kann also auch auf dem deutschen Markt verkauft werden.

Kozel dunkel 10 %

Biersorte:	Lager – Dunkel
Alkoholgehalt:	3,8 Vol.-%
Flascheninhalt:	0,5 Liter
Empf. Trinktemperatur:	6–8 °C
Gärung:	Untergärig
Brauer:	Brauerei Velké Popovice, seit 1874

BESONDERHEITEN
Die dunkle Version des Kozel ist ein malziges Bier, hat ein fruchtiges Aroma mit einer Spur von Schokolade und ein trockenes Finish.

Krušovice černé 10 %

Biersorte:	Lager
Alkoholgehalt:	3,8 Vol.-%
Flascheninhalt:	0,5 Liter
Empf. Trinktemperatur:	6–8 °C
Gärung:	Untergärig
Brauer:	Královský Pipovar Krušovice (Königliche Brauerei Krušovice), Rakovnik, seit 1581

BESONDERHEITEN
Ein dunkles, ziemlich dünnes Bier mit einem süßmalzigen Antrunk.

Krušovice Ležák 12 %

Biersorte:	Lager
Alkoholgehalt:	5,0 Vol.-%
Flascheninhalt:	0,5 Liter
Empf. Trinktemperatur:	6–8 °C
Gärung:	Untergärig
Brauer:	Královský Pipovar Krušovice (Königliche Brauerei Krušovice), Rakovnik, seit 1581

BESONDERHEITEN
Seit 1994 ist die deutsche Binding-Gruppe der größte Anteilseigner dieser Brauerei. Es handelt sich heute um eine moderne Brauerei, in der alles Kupfer durch rostfreien Stahl ersetzt wurde. Der Stil des Etiketts und die Form des Halsetiketts lassen den deutschen Einfluss erkennen. Das 12 % hat nicht die selbe Körperfülle wie vergleichbare Biere.

Černé heißt „dunkel“

Das Premium Bier der Königlichen Brauerei

Das leichte, bittere Lobkowicz Klasik

Die Farbe ist hellgelb, der Geschmack ist bitter-süß mit einem malzigen Aroma.

Lobkowicz Klasik 10 %

Biersorte:	Lager
Alkoholgehalt:	3,7 Vol.-%
Flascheninhalt:	0,5 Liter
Empf. Trinktemperatur:	6–8 °C
Gärung:	Untergärig
Brauer:	Brauerei Lobkowický, Vysocký Chlumec, seit 1466

BESONDERHEITEN
Das Klasik hat eine goldgelbe Farbe und bietet einen direkten, jedoch nicht allzu intensiven, hopfenbitteren Geschmack. Es ist ein dünnes, frisches Bier und hat ein leicht süßliches Aroma.

Měšťan hell 10 %

Biersorte:	Lager
Alkoholgehalt:	4,0 Vol.-%
Flascheninhalt:	0,5 Liter
Empf. Trinktemperatur:	6–8 °C
Gärung:	Untergärig
Brauer:	Brauerei Měšťan, Prag, seit 1895

Ein Bier von Bürgern für Bürger

BESONDERHEITEN
Diese helle Version wird für den heimischen Markt als Alltagsbier gebraut. Es mundet trocken mit einem hopfenbitteren Geschmack, der, wenngleich nicht intensiv, aber doch bestimmend ist. Das Bier hat auch ein leicht malziges Aroma.

Měšťan dunkel 11 %

Biersorte:	Lager
Alkoholgehalt:	4,1 Vol.-%
Flascheninhalt:	0,5 Liter
Empf. Trinktemperatur:	6–8 °C
Gärung:	Untergärig
Brauer:	Brauerei Měšťan, Prag, seit 1895

BESONDERHEITEN
Dieses dunkle Bier gehört zu den meistverkauften dunklen Lagerbieren und hat den Ruf eines ‚Frauenbiers'. Es ist malzig mit dem Aroma von Röstmalz und hat einen bitter-süßen Nachtrunk.

Pilsner Urquell 10 %

Biersorte:	Pilsner
Alkoholgehalt:	3,3 Vol.-%
Flascheninhalt:	0,5 Liter
Empf. Trinktemperatur:	6 °C

Das ‚Frauenbier' von Měšťan

Gärung:	Untergärig
Brauer:	Brauerei Plzeňský prazdroj (Pilsner Urquell), Plzeň, seit 1842

BESONDERHEITEN
Die etwas leichtere Version des Original Pilsners, die für den einheimischen Markt gebraut wird, hat einen ganz anderen Stil. Dieses helle Pilsner ist nicht so vollmundig, hat einen leicht malzigen, bitteren Geschmack und einen kurzen, bitteren Nachtrunk.

Pilsner Urquell 12 %

Biersorte:	Pilsner
Alkoholgehalt:	4,4 Vol.-%
Flascheninhalt:	0,33 – 0,5 Liter
Empf. Trinktemperatur:	6 °C
Gärung:	Untergärig
Brauer:	Brauerei Plzeňský prazdroj (Pilsner Urquell), Plzeň, seit 1842

BESONDERHEITEN
Dieses Pilsner ist ein Nachfahre des untergärigen, hellen Bieres, das erstmals 1842 gebraut wurde und dieser Art von Bier den Namen verlieh. Pilsner Urquell ist noch immer ein besonderes Beispiel dieser Sorte, mit einem blumigen Aroma, einem runden, milden, malzigen Geschmack und einem trockenen Nachtrunk mit einer Spur von Hopfenbittere. Pils-

Nicht ‚das' Pilsner

Das Original

ner Urquell wird nach dem deutschen Reinheitsgebot gebraut, hat eine goldgelbe Farbe und einen dichten Schaum.

Pivrnec

Biersorte:	Lager
Alkoholgehalt:	4,55 Vol.-%
Flascheninhalt:	0,5 Liter
Empf. Trinktemperatur:	6 °C
Gärung:	Untergärig
Brauer:	Brauerei Radegast Sedlec, Sedlec

BESONDERHEITEN
Ein helles Bier mit 11 Grad Balling, benannt nach einem tschechischen Comic. Es ist ein goldgelbes Bier mit einem scharfen, etwas würzigen Geschmack und hopfenbitterem Aroma.

Platan 10 %

Biersorte:	Lager
Alkoholgehalt:	3,9 Vol.-%
Flascheninhalt:	0,5 Liter
Empf. Trinktemperatur:	6–8 °C
Gärung:	Untergärig
Brauer:	Brauerei Platan, Protivín, seit 1598

Niemand kann sagen, die Tschechen hätten keinen Sinn für Humor!

Alltagsbier aus Protivín

Das Bier mit etwas mehr Substanz von Platan

BESONDERHEITEN

Das 10 % von der Brauerei in Protivín ist vor allem für den einheimischen Markt bestimmt. Es ist ein dünnes, malziges Bier mit einem leicht bitteren Aroma und einem ähnlichen Nachtrunk.

Platan 11 %

Biersorte:	Lager
Alkoholgehalt:	4,5 Vol.-%
Flascheninhalt:	0,5 Liter
Empf. Trinktemperatur:	6–8 °C
Gärung:	Untergärig
Brauer:	Brauerei Platan, Protivín, seit 1598

BESONDERHEITEN

Platan 11 % ist ein goldgelbes Lager mit einem im Antrunk süßlichen Geschmack, einem leicht bitteren Aroma und einem kurzen, bitteren Nachtrunk.

Primus hell 10 %

Biersorte:	Pilsner
Alkoholgehalt:	3,3 Vol.-%
Flascheninhalt:	0,5 Liter
Empf. Trinktemperatur:	6 °C
Gärung:	Untergärig

Jan Primus oder Herzog Jan von Brabant

Brauer:	Plzeňský prazdroj (Gambrinus), Plzeň

BESONDERHEITEN

Primus ist eine teure Marke der Pilsner Urquell-Gruppe. Die Darstellung des Schutzpatrons der Bierwelt zeigt, dass dieses Bier aus einer Gambrinus-Brauerei stammt. Es ist ein leichtes, neutrales Bier mit einem hopfigen, bitter-süßen Aroma.

Radegast Dark

Biersorte:	Lager
Alkoholgehalt:	3,6 Vol.-%
Flascheninhalt:	0,5 Liter
Empf. Trinktemperatur:	6–8 °C
Gärung:	Untergärig
Brauer:	Brauerei Radegast Sedlec, Sedlec

BESONDERHEITEN

Dunkles, 10 Grad Balling-Bier mit einem süß-malzigen, leicht gerösteten Geschmack.

Radegast Premium

Biersorte:	Lager
Alkoholgehalt:	5,1 Vol.-%
Flascheninhalt:	0,5 Liter

Dunkles Bier aus der Brauerei Radegast in Sedlec

Das Premium-Bier der großen Brauerei Radegast

Die preiswertere Version aus Nošovice

Alltagsbier für die einheimische Bevölkerung

Empf. Trinktemperatur:	6–8 °C
Gärung:	Untergärig
Brauer:	Brauerei Radegast, Nošovice

BESONDERHEITEN

Radegast Premium ist ein 12 Grad Balling-Bier mit einem trockenen, neutralen Geschmack und einem leicht malzigen und fruchtigen Aroma.

Radegast Triumf

Biersorte:	Lager
Alkoholgehalt:	3,9 Vol.-%
Flascheninhalt:	0,5 Liter
Empf. Trinktemperatur:	6–8 °C
Gärung:	Untergärig
Brauer:	Brauerei Radegast, Nošovice

BESONDERHEITEN

Ein helles 10 %-Lager mit einem leichten, süß-malzigen Geschmack.

Regent 10 %

Biersorte:	Lager
Alkoholgehalt:	3,3 Vol.-%
Flascheninhalt:	0,5 Liter
Empf. Trinktemperatur:	6–8 °C
Gärung:	Untergärig
Brauer:	Brauerei Regent, Třeboň, seit 1379

BESONDERHEITEN

Diese Brauerei gehört zusammen mit Platan und Samson zur Südböhmischen Brauereigruppe. Das vorwiegend für den einheimischen Markt gedachte 10 %-Bier hat einen etwas attraktiveren Preis für den ‚Alltagsdurst'. Mit dem 10 % hat Regent ein Bier gebraut, das keinen zu vollen Körper hat, aber ausgeglichen und frisch ist, mit einem neutralen Geschmack und einem leicht hopfigen Aroma.

Regent 12 %

Biersorte:	Lager
Alkoholgehalt:	4,9 Vol.-%

Version aus Třeboň mit vollem Körper

Flascheninhalt: 0,5 Liter
Empf. Trinktemperatur: 6–8 °C
Gärung: Untergärig
Brauer: Brauerei Regent, Třeboň, seit 1379

BESONDERHEITEN
Das hellgelbe Bohemia Regent 12 % ist das von der Brauerei aus Třeboň produzierte Premium-Bier. Dieses runde, bitter-süße Bier ist vollmundig, hat ein hopfiges Aroma und einen leicht bitteren Nachtrunk.

Samson hell 10 %

Biersorte: Lager
Alkoholgehalt: 3,3 Vol.-%
Flascheninhalt: 0,5 Liter
Empf. Trinktemperatur: 6–8 °C
Gärung: Untergärig
Brauer: Braurei Samson, České Budějovice, seit 1795

BESONDERHEITEN
Neutrales helles Bier mit einem frischen, hopfigen Aroma und einem trockenen Nachtrunk.

Samson hell 12 %

Biersorte: Lager
Alkoholgehalt: 5,0 Vol.-%
Flascheninhalt: 0,5 Liter
Empf. Trinktemperatur: 8 °C
Gärung: Untergärig
Brauer: Braurei Samson, České Budějovice, seit 1795

BESONDERHEITEN
Das Premium dieser Brauerei ist ein goldgelbes Bier mit einem süß-malzigen Geschmack, einem leicht hopfenbitteren Aroma und einem kurzen, bitteren Nachtrunk.

Starobrno Drak 14 %

Biersorte: Lager
Alkoholgehalt: 5,7 Vol.-%
Flascheninhalt: 0,5 Liter
Empf. Trinktemperatur: 8 °C
Gärung: Untergärig
Brauer: Brauerei Starobrno, Brno, seit 1872

BESONDERHEITEN
Drak heißt „Drachen“. Dieses Bier ist ein helles Saisonbier. Es ist ein voll-malziges Bier mit einem ausgeglichenen bitter-süßen Aroma; ein Bier mit deutlicher Substanz, die sich mit einem leicht bitteren Nachtrunk verabschiedet. Leider ist der Schaum zu schwach.

Das einfache Samson

Noch ein Premiumbier aus Budweis

Der Drache aus Brno

Starobrno Premium 12 %

Biersorte:	Lager
Alkoholgehalt:	5,2 Vol.-%
Flascheninhalt:	0,5 Liter
Empf. Trinktemperatur:	6–8 °C
Gärung:	Untergärig
Brauer:	Brauerei Starobrno, Brno, seit 1872

BESONDERHEITEN

Dieses Premium ist ein helles, malziges Bier mit einem bitter-süßen Nachtrunk.

Starobrno Tradiční Světlé pivo 10 %

Biersorte:	Lager
Alkoholgehalt:	4,3 Vol.-%
Flascheninhalt:	0,5 Liter
Empf. Trinktemperatur:	6–8 °C
Gärung:	Untergärig
Brauer:	Brauerei Starobrno, Brno, seit 1872

BESONDERHEITEN

Ein helles, für den einheimischen Markt vorgesehene Lager. Das 10 % hat einen weißen, groben Schaum, der nicht lange hält. Der Geschmack ist leicht malzig mit einem trockenen Hintergrund, begleitet von einem leicht bitteren Aroma.

Premiumlager aus Starobrno

Ein helles, leichtes Bier für jeden Tag

Dunkelblondes Bier

Starobrno řezák 10 %

Biersorte:	Lager
Alkoholgehalt:	4,1 Vol.-%
Flascheninhalt:	0,5 Liter
Empf. Trinktemperatur:	6–8 °C
Gärung:	Untergärig
Brauer:	Brauerei Starobrno, Brno, seit 1872

BESONDERHEITEN

Ein dunkles, bernsteinfarbenes Bier mit einem malzigen, süßlichen Geschmack und hopfigem Aroma, das in der Distanz etwas Röstmalz enthält.

Staropramen Dark 11 %

Biersorte:	Lager
Alkoholgehalt:	4,6 Vol.-%
Flascheninhalt:	0,5 Liter
Empf. Trinktemperatur:	6–8 °C
Gärung:	Untergärig
Brauer:	Prager Brauereien, Prag, seit 1869

BESONDERHEITEN

Das dunkle Bier von Staropramen wird nach dem deutschen Reinheitsgebot gebraut. Es hat einen neutralen, freundlichen Geschmack mit einem Hauch von Röstmalz im Aroma. Es gibt keinen betonten Nachtrunk.

Das dunkle Bier aus Prag

Das runde Premiumbier von Staropramen

Die preisgünstige Version für Prag

Ein helles, leichtes Lager aus Brno

Staropramen Premium 12 %

Biersorte:	Lager
Alkoholgehalt:	5,2 Vol.-%
Flascheninhalt:	0,5 Liter
Empf. Trinktemperatur:	6–8 °C
Gärung:	Untergärig
Brauer:	Prager Brauereien, Prag, seit 1869

BESONDERHEITEN

Das heute aus der Produktionsanlage kommende Bier ist ein wunderbares Beispiel für diese Sorte. Es hat einen angenehm runden Geschmack und mundet malzig. Das reiche Aroma ist mit Hopfen und Malz schön ausgeglichen. Der Nachtrunk ist trocken, mit einer betonten Präsenz von Bittere, dennoch kann man es nicht als scharf oder aggressiv bezeichnen. Das Premium wird nach dem deutschen Reinheitsgebot gebraut.

Staropramen 10 %

Biersorte:	Lager
Alkoholgehalt:	4,2 Vol.-%
Flascheninhalt:	0,5 Liter
Empf. Trinktemperatur:	6–8 °C
Gärung:	Untergärig
Brauer:	Prager Brauereien, Prag, seit 1869

BESONDERHEITEN

Mit goldgelber Farbe, einem leichten, süßlichen Geschmack und einem hopfenbitteren Hintergrund ist dieses 10 % besonders als täglicher Durstlöscher der Prager Bevölkerung geeignet.

Zlatý Trumf 10 %

Biersorte:	Lager
Alkoholgehalt:	4,3 Vol.-%
Flascheninhalt:	0,5 Liter
Empf. Trinktemperatur:	6 °C
Gärung:	Untergärig
Brauer:	Brauerei Starobrno, Brno, seit 1872

BESONDERHEITEN

Ein helles, preisgünstiges Lager für den einheimischen Markt. Das Bier ist ziemlich dünn und hat einen leichten, süß-malzigen Geschmack.

Eggenberg Urbock hat eine Reifezeit von fast neun Monaten.

Österreich

An vierter Stelle in der Statistik der europäischen Biertrinker-Nationen steht Österreich – sogar noch vor den Belgiern. Mit einem jährlichen Verbrauch von ungefähr 115 Liter pro Kopf kann man Österreicher getrost als Bierliebhaber bezeichnen. Die große Mehrheit der österreichischen Biere orientiert sich an deutschen und tschechischen Sorten. Eine typisch österreichische Sorte ist das Wiener, ein untergäriges Bier, süß-malzig und kupfer- oder bernsteinfarben mit einem roten Glühen. Diese Sorte soll erstmals von Anton Dreher in seiner Schwechater Brauerei hergestellt worden sein. Obwohl man sie in vielen anderen Teilen der Welt antrifft, so in Mexiko, das einst unter der Herrschaft eines Österreichers stand, oder in den Niederlanden, ist das Bier in Österreich selbst fast unbekannt.

Eggenberger Urbock 23 %

Biersorte:	Bockbier
Alkoholgehalt:	9,9 Vol.-%
Flascheninhalt:	0,33 Liter
Empf. Trinktemperatur:	8 °C
Gärung:	Untergärig
Brauer:	Brauerei Eggenberg, Vorchdorf, seit 1681

Das milde Gösser

Das in ungewöhnliche Flaschen abgefüllte Zipfer

BESONDERHEITEN
Das Urbock 23 Grad ist ein starkes Bier mit vollem Körper. Dieses goldfarbene Bier hat einen süßen Geschmack, ein fruchtiges Aroma mit einem alkoholischen Hintergrund und einen trockenen, bitteren Nachtrunk.

Gösser

Biersorte:	Lager
Alkoholgehalt:	5,0 Vol.-%
Flascheninhalt:	0,33 Liter
Empf. Trinktemperatur:	6–8 °C
Gärung:	Untergärig
Brauer:	Steierbrau AG, Graz

BESONDERHEITEN
Gösser ist ein helles, malziges Bier mit einer leichten Hopfigkeit und einem bitteren, süßen Nachtrunk. Auf dem Etikett ist die Stammwürze, aber nicht der Alkoholgehalt angegeben.

Zipfer

Biersorte:	Lager
Alkoholgehalt:	5,4 Vol.-%
Flascheninhalt:	0,33 Liter
Empf. Trinktemperatur:	6–8 °C
Gärung:	Untergärig
Brauer:	Zipfer – Österreichische Brauerei, Linz, seit 1858

BESONDERHEITEN
Zipfer wird in eine ungewöhnliche Flasche abgefüllt, deren Form fast mit der Flasche des amerikanischen Michelob identisch ist und die auch mit einem ähnlichen, drehbaren Kronkorken verschlossen wird. Das Bier wird nach dem deutschen Reinheitsgebot gebraut. Dieses helle Lager hat einen malzigen Charakter mit einem hopfigen Aroma und einem mild bitteren Nachtrunk.

Schweiz

Die Schweizer sind mäßige Biertrinker, wobei hauptsächlich der deutschsprachige Norden für den Durchschnittskonsum von 63 Liter pro Kopf und Jahr verantwortlich ist. Die Schweiz ist ein souveräner Staat, der sich lange Zeit der ausländischen Konkurrenz verschlossen hat. Auch innerhalb der Landesgrenzen wurden Vereinbarungen getroffen, die den Verkauf von Bier über die Kantonsgrenzen hinweg regulieren. Durch ein Abkommen zwischen BSN-Kronenbourg und der bekanntesten Schweizer Brauerei Feldschlösschen fielen die letzten Mauern des Schweizer Protektionismus. Doch auch dies führte nicht zu steigenden Verkaufszahlen ausländischer Biere, da die Schweizer sehr qualitätsbewusst sind und ihre eigenen Produkte bevorzugen. Die Schweizer waren die Ersten, die alkoholfreies Bier herstellten, dennoch ist ihr ‚stärkstes Bier der Welt' weit bekannter.

Samichlaus Bier

Samichlaus Bier

Biersorte:	Spezialbier
Alkoholgehalt:	14,0 Vol.-%
Flascheninhalt:	0,25 Liter
Empf. Trinktemperatur:	10 °C
Gärung:	Untergärig
Brauer:	Brauerei Hürlimann, Zürich, seit 1836

BESONDERHEITEN
Die Brauerei Hürlimann ist sehr bekannt, wenn es um Hefestämme geht. Einer der hemmenden Faktoren bei der Umwandlung von Zucker durch Hefe ist die Entstehung von Alkohol. Zu viel Alkohol hemmt die Hefetätigkeit. Dank seines großen wissenschaftlichen Verständnisses gelang es dem Brauer, eine Hefekultur zu isolieren, mit der ein Alkoholgehalt von 14 bis 16 Vol.-% erzielt werden kann. Im Jahr 1980 braute Hürlimann dieses Bier für besondere Ereignisse, inzwischen produziert es die Brauerei jedes Jahr am 6. Dezember, dem Fest des Heiligen Nikolaus. Man muss jedoch immer ein Jahr warten, um das Ergebnis genießen zu können, da Samichlaus ein Jahr gelagert wird. Samichlaus ist derzeit im ‚Guinness Buch der Rekorde' als das stärkste Bier der Welt aufgeführt, doch ist diese ‚Ehre' ziemlich umstritten. Es ist ein rotbraunes Bier mit einem malzig-süßen Geschmack, der vom Alkohol dominiert wird.

Mittelmeerraum

Spanien

Die auf der iberischen Halbinsel herrschenden angenehmen Temperaturen locken ganze Scharen von Touristen an die spanischen Küsten, die hier nach Getränken verlangen, die besonders als gute Durstlöscher geeignet sind. Das diese Touristen vor allem aus Ländern mit hohem Bierkonsum kommen, wie aus Deutschland oder den Niederlanden, ist Bier die erste Wahl, wenn es um das Löschen des ersten Durstes geht. Möglicherweise liegt aus diesem Grund der jährliche Bierverbrauch in Spanien bei mehr als 65 Liter pro Kopf, das ist mehr, als die Griechen, Italiener und Franzosen trinken. Spanische Brauer sind stark von den nordeuropäischen Biersorten beeinflusst, und die Mehrheit der spanischen Biere sind daher Lagerbiere nach Pilsener Brauart, manche von ziemlich hoher, viele jedoch von geringer Qualität. Dieser nordeuropäische Einfluss ist nicht nur auf die Biersorten beschränkt: viele einheimische Brauereien wurden von großen Brauereien wie Heineken, BSN und Carlsberg übernommen. Spanien ist für diese Konzerne von großer Bedeutung, da es sich um einen Wachstumsmarkt handelt. Die gesamte spanische Bierproduktion ist viel größer als beispielsweise die in Tschechien, in den Niederlanden oder in Belgien.

San Miguel

Biersorte:	Lager
Alkoholgehalt:	5,4 Vol.-%
Flascheninhalt:	0,33 Liter
Empf. Trinktemperatur:	6–8 °C
Gärung:	Untergärig
Brauer:	Brauerei San Miguel, Madrid

BESONDERHEITEN

San Miguel ist ein helles Lager, gebraut mit Wasser, Malz, Hopfen, Hefe, Antioxydationsmittel und Konservierungsstoffen.

San Miguel ist verwandt mit dem großen philippinischen Bruder.

Das koschere Maccabee

Israel

Israels größte und bedeutendste Brauerei ist die Tempo Beer-Gruppe mit dem Flaggschiff Maccabee. Die Israelis sind keine besonders starken Biertrinker, doch leben mehr Juden außerhalb Israels als im Land selbst, weshalb es einen großen Exportmarkt für koscheres Bier gibt.

Maccabee

Biersorte:	Lager
Alkoholgehalt:	4,9 Vol.-%
Flascheninhalt:	0,33 Liter
Empf. Trinktemperatur:	6 8 °C
Gärung:	Untergärig
Brauer:	Brauerei Tempo Beer, Netanya

BESONDERHEITEN
Maccabee ist ein scharfes und bitteres, helles Bier. Das Besondere an diesem Bier ist, dass es als koscher gilt – dass also alle Zutaten den religiösen Vorschriften genügen und dass die Brauerei an bestimmten Festtagen nicht brauen darf.

Italien

Was den Bierkonsum angeht, ist Italien in Europa ein ziemlicher Außenseiter. Die Franzosen haben zwar den Ruf, viel lieber Wein als Bier zu trinken, doch in dieser Hinsicht übertreffen die Italiener alle. Während die Franzosen pro Kopf und Jahr noch rund 40 Liter Bier trinken, kommen die Italiener gerade auf 25 Liter – und liegen dabei nicht nur im europäischen Vergleich ganz hinten, sondern auch weltweit. Das Vordringen nordeuropäischer Brauereien wie Heineken, BSN, Carlsberg und Interbrew hat an dieser Situation nichts ändern können. Dennoch kann sich die Bierkultur in Italien noch entwickeln, da das Bier bei jungen Leuten immer beliebter wird.

Baffo d'Oro

Biersorte:	Lager
Alkoholgehalt:	4,6 Vol.-%
Flascheninhalt:	0,33 Liter
Empf. Trinktemperatur:	6–8 °C
Gärung:	Untergärig
Brauer:	Brauerei Birra Moretti, San Giorgo Di Nogaro (Udine)

BESONDERHEITEN
Baffo d'Oro ist ein Vollmalzbier und versucht es auch nicht zu verbergen. Der Geschmack ist nachdrücklich süß-malzig, und der erste Eindruck, den es vermittelt, erinnert stark an den typischen Geschmack vieler alkoholfreier Malzbiere.

Menabrea

Biersorte:	Lager
Alkoholgehalt:	4,8 Vol.-%
Flascheninhalt:	0,33 Liter
Empf. Trinktemperatur:	6 °C
Gärung:	Untergärig
Brauer:	Brauerei Menabrea S.p.A., Biella, seit 1846

BESONDERHEITEN
Menabrea ist ein helles Export Lager.

Nastro Azzurro

Biersorte:	Lager
Alkoholgehalt:	5,2 Vol.-%

Baffo d'Oro, mit dem bekannten Mann mit Hut und Schnurrbart und einem vollen Bierglas

Das helle Menabrea

Nastro Azzurro

Flascheninhalt:	0,33 Liter
Empf. Trinktemperatur:	6–8 °C
Gärung:	Untergärig
Brauer:	Brauerei Peroni, Rom

BESONDERHEITEN
Italiens bestes Bier, hellgelb, frisch, mit bittersüßem Nachtrunk.

Malta

Malta nimmt im Mittelmeerraum eine bemerkenswerte Stellung ein. Während andere Länder vor allem Lagerbiere hervorbringen, verfügt Malta, eine frühere britische Kronkolonie, über eine echte Ale-Brauerei; diese ist auch die einzige Brauerei auf der Insel. Neben den hier gebrauten Ales produziert die Farsons-Brauerei unter der Bezeichnung Cisk auch Lagerbiere und besitzt eine Lizenz von Carlsberg.

Farsons Strong

Biersorte:	Ale
Alkoholgehalt:	6,7 Vol.-%
Flascheninhalt:	0,33 Liter
Empf. Trinktemperatur:	8 °C
Gärung:	Obergärig
Brauer:	Simonds Farsons Cisk, Mriehel, Malta, seit 1927

BESONDERHEITEN
Das hier gebraute Bier entspricht den englischen Sorten. Der Brauereiname geht zurück auf Simonds, einen Engländer, der zu den Gründern der Brauerei gehörte; auf Farsons, eine Abkürzung von Farrugia & Sons; und auf Cisk, eine Kurzform des Familiennamens Scicluna, Teilhaber der Brauerei.

Portugal

Wie ihre spanischen Nachbarn löschen auch die Portugiesen ihren Durst nur selten mit Bier. Mit einem jährlichen Pro-Kopf-Verbrauch von fast 65 Liter Bier liegen die Portugiesen mit den Spaniern gleichauf. Die in Portugal gebrauten Sorten haben ihren Ursprung bei den Nordeuropäern. Die Brauwelt Protugals zeigt jedoch ein ganz anderes Bild, da dieser Markt fast völlig von nur zwei großen Brauereien beherrscht wird: Central de Cervejas in Lissabon und Unicer in Porto.

Ein nach englischer Art gebrautes Ale von der Insel Malta

Sagres

Das vollmalzige Super Bock

Sagres

Biersorte:	Lager
Alkoholgehalt:	5,1 Vol.-%
Flascheninhalt:	0,33 Liter
Empf. Trinktemperatur:	6–8 °C
Gärung:	Untergärig
Brauer:	Brauerei Central De Cervejas, Vialonga

BESONDERHEITEN
Sagres ist ein helles Lagerbier mit nicht allzu vollem Körper. Es ist scharf und leicht malzig mit etwas Hopfenbittere.

Super Bock

Biersorte:	Bockbier
Alkoholgehalt:	5,8 Vol.-%
Flascheninhalt:	0,33 Liter
Empf. Trinktemperatur:	8 °C
Gärung:	Untergärig
Brauer:	Brauerei Unicer, Porto

BESONDERHEITEN
Dieses hellgelbe Super Bock mit deutschem Vorbild hat einen vollen, malzigen Geschmack mit süßlichen Nuancen und einem bitteren Hintergrund.

Türkei

Alkohol und Islam passen nicht gut zusammen und die islamischen Länder sind daher auch keine Länder von Biertrinkern. Die Türkei ist ein gemäßigter Staat, und die religiöse Einstellung ist hier nicht so radikal wie zum Beispiel im Irak oder im Iran, wo es überhaupt keine Bierbrauereien gibt. Die größte Brauerei der Türkei ist Efes, die einen Großteil ihrer Produktion zu den türkischen Landsleuten in andere Länder Europas und nach Afrika exportiert.

Efes

Biersorte:	Pilsner
Alkoholgehalt:	5,0 Vol.-%
Flascheninhalt:	0,33 Liter
Empf. Trinktemperatur:	6–8 °C
Gärung:	Untergärig
Brauer:	Efes-Brauerei, Istanbul

BESONDERHEITEN
Ein helles Pilsner mit einem leicht süß-säuerlichen Geschmack und einem blumig-aromatischen Nachtrunk.

Efes

Australien und Neuseeland

Australien

Viele Leute glauben, wenn sie an den australischen Kontinent denken, dass dieses riesige Land auch sehr viele Einwohner hat. In Australien leben jedoch nur etwa 17 Mio. Menschen, und für Bierproduzenten mit ernsthaften Ambitionen ist dies nicht gerade ein ergiebiger Markt. So haben die australischen Brauer, wie auch schon die Niederländer, Iren, Dänen und Belgier, in Übersee nach einer Lösung ihres Problems gesucht, wobei Exporte und Übernahmen ausländischer Brauereien eine sehr große Rolle spielen. Der australische Biermarkt wird von zwei großen Gruppen beherrscht: Carlton and United Breweries Ltd. (CUB), dessen Foster's weltbekannt ist, und die ursprünglich aus Neuseeland stammende Lion Nathan. Für die im Land verkauften Biersorten ist es kaum von Bedeutung, dass ein Großteil der Australier von britischen Vorfahren abstammt, da die meisten Biere alltägliche Lagerbiere sind, außer wenn auf dem Etikett die Bezeichnung ‚bitter' steht. Ein Grund dafür sind sicherlich die in Australien herrschenden, hohen Temperaturen. Australier trinken jedoch etwa die gleiche Menge Bier wie die Briten, im Durchschnitt rund 100 Liter pro Kopf und Jahr. Lager wurde in Australien erstmals von den aus den USA stammenden Gebrüdern Foster gebraut. Im Jahr 1887 gründeten sie die Foster-Brauerei in Melbourne, wobei sie die Kühltechnik anwandten, die zum Brauen eines guten Lagers wichtig ist. Schon nach einem Jahr verkauften sie die Brauerei und kehrten wieder in die USA zurück – doch hatten sie die australische Bierkultur bereits für immer verändert.

Coopers Best Extra Stout

Biersorte:	Stout
Alkoholgehalt:	6,8 Vol.-%
Flascheninhalt:	0,375 Liter
Empf. Trinktemperatur:	10–12 °C
Gärung:	Obergärig
Brauer:	Coopers Brauerei, Leabrook, Adelaide, seit 1862

BESONDERHEITEN
Best Extra Stout wird nur mit Gerste, Hefe, Hopfen und Wasser gebraut. Es gärt in der Flasche nach. Dieses tiefschwarze Bier ist stark und hat einen abgerundeten Röstgeschmack mit einem kaffeeartigen Aroma und einem trockenen Finish.

Links: Das Brauen ist eine moderne Arbeit bei der New Zealand DB Waitemata Brewery, die natürlich auch besonders gut von Frauen ausgeführt werden kann.

Ein australisches Spezialbier: Coopers Best Extra Stout

Cooper's Export

Biersorte:	Ale
Alkoholgehalt:	4,9 Vol.-%
Flascheninhalt:	0,375 Liter
Empf. Trinktemperatur:	8–10 °C
Gärung:	Obergärig
Brauer:	Coopers Brauerei, Leabrook, Adelaide, seit 1862

BESONDERHEITEN
Nur mit Wasser, Hopfen, Gerste und Hefe gebraut. Das Export ist ein goldgelbes Bier mit einem festen Schaum und einem abgerundeten, süß-malzigen Geschmack. Der leicht trockene Hintergrund mit einem Anflug von Hopfen löst sich in einem kurzen, süßlichen Nachtrunk auf.

Coopers Sparkling Ale

Biersorte:	Sparkling Ale
Alkoholgehalt:	5,8 Vol.-%
Flascheninhalt:	0,375 Liter
Empf. Trinktemperatur:	10 °C

Cooper's Export, nach englischem Vorbild gebraut

Das leicht trübe Sparkling Ale von Cooper

Gärung:	Obergärig
Brauer:	Coopers Brauerei, Leabrook, Adelaide, seit 1862

BESONDERHEITEN

Coopers Sparkling Ale ist auf Grund des Gärprozesses in der Flasche leicht trüb. Es hat einen lebendigen Charakter mit einer reichen Fruchtauswahl im Aroma, einschließlich Banane und Zitrus.

Dogbolter

Biersorte:	Lager
Alkoholgehalt:	5,2 Vol.-%
Flascheninhalt:	0,375 Liter
Empf. Trinktemperatur:	6 °C
Gärung:	Untergärig
Brauer:	Matilda Bay Brewery (CUB), Fremantle, seit 1984

BESONDERHEITEN

Dogbolter war ursprünglich ein Ale, wird heute jedoch als ein ‚extra dunkles Lager' angeboten.

Foster's Ice Beer

Biersorte:	Pilsner
Alkoholgehalt:	5,0 Vol.-%
Flascheninhalt:	0,33 Liter
Empf. Trinktemperatur:	4–6 °C
Gärung:	Untergärig
Brauer:	Foster/Carlton & United Brewery, Carlton

BESONDERHEITEN

Ein goldgelbes Bier.

Foster's Lager

Biersorte:	Lager
Alkoholgehalt:	5,0 Vol.-%

Einer der ‚älteren' Markennamen von Matilda Bay

Foster's Ice Beer

Flascheninhalt:	0,33 Liter
Empf. Trinktemperatur:	6 °C
Gärung:	Untergärig
Brauer:	Foster/Carlton & United Brewery, Carlton

BESONDERHEITEN
Foster's Lager ist ein weit verbreitetes, goldgelbes Bier. Es hat einen schönen, festen, weißen Schaum und einen runden, malzig-süßlichen Geschmack mit einem etwas fruchtigen Hopfenaroma.

Freemantle Bitter Ale

Das weltbekannte Foster's Lager

Freemantle Bitter Ale

Biersorte:	Ale
Alkoholgehalt:	4,9 Vol.-%
Flascheninhalt:	0,375 Liter
Empf. Trinktemperatur:	8–10 °C
Gärung:	Obergärig
Brauer:	Matilda Bay Brewery (CUB), Freemantle, seit 1984

BESONDERHEITEN
Fremantle Bitter Ale erinnert die Brauer an die Gründung im Sail & Anchor Hotel in Freemantle.

Hahn Premium

Biersorte:	Lager
Alkoholgehalt:	5,0 Vol.-%
Flascheninhalt:	0,375 Liter
Empf. Trinktemperatur:	4–6 °C
Gärung:	Untergärig
Brauer:	Lion Nathan, Sydney

BESONDERHEITEN
Hahn ist ein vollmalziges Premium-Bier, was man nicht von allzu vielen australischen Lagerbieren behaupten kann. Es wird sorgfältig in Kupferkesseln gebraut und hat eine Reifedauer von fast vier Wochen. Das Ergebnis ist ein malziges Bier mit einem

Das vollmalzige Hahn Premium

hopfigen Hintergrund und einem bitteren Nachtrunk.

James Boag's Premium

Biersorte:	Lager
Alkoholgehalt:	5,0 Vol.-%
Flascheninhalt:	0,35 Liter
Empf. Trinktemperatur:	6–8 °C
Gärung:	Untergärig
Brauer:	Brauerei James Boag & Son, Launceston, seit 1881

BESONDERHEITEN
Tasmanien ist Australiens Gersten- und Hopfeninsel. Dieses helle Bier wird mit diesen Zutaten und mit Wasser aus den Bergen gebraut.

Redback Beer Light

Biersorte:	Weizenbier
Alkoholgehalt:	3,4 Vol.-%
Flascheninhalt:	0,345 Liter
Empf. Trinktemperatur:	4–6 °C
Gärung:	Obergärig
Brauer:	Matilda Bay Brewery (CUB), Freemantle, seit 1984

BESONDERHEITEN
Diese leichte Version von Redback ist ein Weizenbier mit etwas weniger Alkohol als das Original (4,9 %). Es hat einen malzigen Geschmack mit einem trockenen Finish. Der Brauer gibt an, dass zum Trinken keine Zitronenscheibe nötig ist.

James Boag's von der unabhängigen Brauerei in Tasmanien

Die leichte Version des Redback-Weizenbiers

Toohey's

Biersorte:	Lager
Alkoholgehalt:	5,0 Vol.-%
Flascheninhalt:	0,33 Liter
Empf. Trinktemperatur:	6 °C
Gärung:	Untergärig
Brauer:	Toohey-Brauerei, Sydney, seit 1869

„Sydney's favourite": Toohey's

Das Extra Dry der Brauerei in Sydney

BESONDERHEITEN
‚Sydney's favourite' ist die Botschaft, die der Brauer mit diesem hellen Lagerbier verbreitet.

Toohey's Extra Dry

Biersorte:	Lager
Alkoholgehalt:	5,0 Vol.-%
Flascheninhalt:	0,345 Liter
Empf. Trinktemperatur:	4–6 °C
Gärung:	Untergärig
Brauer:	Toohey-Brauerei, Sydney, seit 1869

Toohey's Old Black Ale

BESONDERHEITEN
Das Extra Dry ist ein helles, leicht trinkbares Lagerbier, scharf, mit einem leicht trockenen Hintergrund.

Toohey's Old Black Ale

Biersorte:	Ale
Alkoholgehalt:	4,4 Vol.-%
Flascheninhalt:	0,375 Liter
Empf. Trinktemperatur:	8–10 °C
Gärung:	Obergärig
Brauer:	Toohey-Brauerei, Sydney, seit 1869

BESONDERHEITEN
Eines der älteren Biere der Toohey-Brauerei, gebraut mit einer Ale-Hefe, die laut Aussage des Brauers bereits seit dem 19. Jahrhundert in der Brauerei eingesetzt wird. Das Ergebnis ist ein dunkles, geröstetes Ale.

Toohey's Red Bitter

Biersorte:	Lager
Alkoholgehalt:	4,9 Vol.-%
Flascheninhalt:	0,375 Liter
Empf. Trinktemperatur:	4–6 °C
Gärung:	Untergärig
Brauer:	Toohey-Brauerei, Sydney, seit 1869

BESONDERHEITEN
Tooheys Red Bitter ist extra gehopft, was es für Australier zu einem ‚Bitter' macht. Diese Bezeichnung hat jedoch nichts mit den Britischen Bitter gemein, die, im Gegensatz zu diesem Bier, obergärig sind.

Die australische Version eines ‚Bitter'

Victoria Beer

Biersorte:	Lager
Alkoholgehalt:	4,9 Vol.-%
Doseninhalt:	0,375 Liter
Empf. Trinktemperatur:	4–6 °C
Gärung:	Untergärig
Brauer:	Carlton & United Brewery, Melbourne

BESONDERHEITEN

Das helle Victoria Beer, ein alltägliches Lagerbier, wird vor allem in Dosen verkauft; ein leichtes, süßmalziges Bier mit einem hopfenbitteren Finish.

Victoria Beer

Neuseeland

In Bezug auf Bier unterscheiden sich die Neuseeländer kaum von ihren westlichen Nachbarn, den Australiern. Es überwiegen sehr kalt und in großen Mengen getrunkene Lagerbiere. Dies ist keine Überraschung, da eine der größten Brauereigruppen Australiens, Lion Nathan, etwa die Hälfte des Biermarktes in Neuseeland beherrscht. Die andere Hälfte des neuseeländischen Biermarktes dominieren zum größten Teil die DB Breweries. Versuche, ein nach englischer Art gebrautes ‚Real Ale' einzuführen, sind auf Grund fehlender Nachfrage gescheitert, daher sind heute die leicht trinkbaren, kalten Lagerbiere immer noch am beliebtesten, auch wenn bei der jungen Bevölkerung ein Wiederaufleben von Spezialbieren auszumachen ist. Neuseeländische Brauer habe ihre eigenen Vorstellungen von Bezeichnungen wie Bitter, Ale und Lager, wodurch die Einteilung nach Sorten hier von der in anderen Ländern leicht abweicht, doch ist dies für Neuseeländer kaum von Bedeutung.

DB Bitter

DB Bitter

Biersorte:	Lager
Alkoholgehalt:	4,0 Vol.-%
Flascheninhalt:	0,33 Liter
Empf. Trinktemperatur:	4–6 °C
Gärung:	Untergärig
Brauer:	DB Breweries, Auckland

BESONDERHEITEN
DB Bitter ist ein braunes Bier, leicht trinkbar und sehr gut zum Durstlöschen geeignet.

DB Draught

Biersorte:	Lager
Alkoholgehalt:	4,0 Vol.-%
Doseninhalt:	0,355 Liter
Empf. Trinktemperatur:	4–6 °C
Gärung:	Untergärig

Das leicht malzige DB Draught

Brauer:	DB Breweries, Auckland

BESONDERHEITEN
DB Draught ist ein malziges Lagerbier und eines der meistverkauften Biere Neuseelands.

DB Export Dry

Biersorte:	Lager
Alkoholgehalt:	5,0 Vol.-%
Flascheninhalt:	0,33 Liter
Empf. Trinktemperatur:	4–6 °C
Gärung:	Untergärig
Brauer:	DB Breweries, Auckland

BESONDERHEITEN
Export Dry ist ein Premium Lager, das auf Grund einer ziemlich langen Gärungs- und Reifezeit einen frischen, scharfen Geschmack mit einem trockenen Hintergrund entwickelt.

Das DB Export Dry Premium Lager

Das Export Gold ist ein ausgezeichneter Durstlöscher.

Neuseelands meistverkauftes alkoholarmes Bier

DB Export Gold

Biersorte:	Lager
Alkoholgehalt:	4,0 Vol.-%
Doseninhalt:	0,355 Liter
Empf. Trinktemperatur:	4–6 °C
Gärung:	Untergärig
Brauer:	DB Breweries, Auckland

BESONDERHEITEN

Eines der meistverkauften Lagerbiere Neuseelands ist dieses DB Export Gold. Es ist ein leicht malziges Bier mit einem frischen, neutralen Geschmack.

Mako

Biersorte:	Light Lager
Alkoholgehalt:	2,5 Vol.-%
Doseninhalt:	0,355 Liter
Empf. Trinktemperatur:	4–6 °C
Gärung:	Untergärig
Brauer:	DB Breweries, Auckland

BESONDERHEITEN

Mako ist ein leichtes Bier mit brauner Farbe. Es ist das meistverkaufte leichte Bier in Neuseeland.

Nugget Golden Lager

Biersorte:	Lager
Alkoholgehalt:	5,0 Vol.-%
Flascheninhalt:	0,355 Liter
Empf. Trinktemperatur:	4–6 °C
Gärung:	Untergärig
Brauer:	Monteith's Brauerei (DB), Greymouth, seit 1858

Nugget, für den einheimischen Markt gebraut

BESONDERHEITEN

Monteith's ist eine handwerkliche Brauerei an der Westküste Neuseelands. Monteith's schwimmt auf der Erfolgswelle traditionell hergestellter Biere, die in Neuseeland ‚boutique beers' genannt werden. Nugget ist ein Premium Lager mit vollem Körper und einem leicht trockenen Hintergrund.

Eines der am häufigsten exportierten Lagerbiere Neuseelands

Steinlager

Biersorte:	Lager
Alkoholgehalt:	5,0 Vol.-%
Flascheninhalt:	0,33 Liter
Empf. Trinktemperatur:	6–8 °C
Gärung:	Untergärig
Brauer:	Brauerei Lion Nathan, Auckland

BESONDERHEITEN

Steinlager ist ein Premium Lager mit einem neutralen, frischen Geschmack und einem trockenen Nachhall. Das Bier ist in Neuseeland sehr beliebt und wird in mehr als 50 Länder exportiert.

Afrika

Der Einfluss der früheren Kolonialmächte auf die heute unabhängigen afrikanischen Staaten ist noch sehr groß. Neben den einheimischen Getränken wie Dolo und Kaffir sind Biere in der Art europäischer Lagerbiere fast die einzigen erhältlichen alkoholischen Getränke. Es gibt kaum Konkurrenz von Weinen oder Spirituosen, da diese für die meisten Afrikaner viel zu teuer sind. Biere, vor allem einfache Lagerbiere, sind in den meisten afrikanischen Gesellschaften ein Alltagsgetränk. Die Brauwelt wird von europäischen Brauereien beherrscht, die ihr Bier vor Ort brauen. Konzerne wie Carlsberg, Heineken, Interbrew, Guinness und die französische BGI betreiben auf dem afrikanischen Kontinent ihre eigenen Brauereien, in denen sie ihre Biersorten herstellen. In Afrika gibt es nicht viele Möglichkeiten, gute Braugerste anzubauen, daher muss sie größtenteils importiert werden. Obwohl die Regierungen einzelner afrikanischer Staaten Importbeschränkungen auferlegt haben, damit die Brauereien mehr einheimische Getreidesorten verarbeiten, hat die geringere Qualität dieser Getreide bislang verhindert, dass sich diese Maßnahmen durchsetzen konnten.

Kenias helles Lagerbier Tusker

Kenia

Tusker Premium Lager

Biersorte:	Lager
Alkoholgehalt:	5,0 Vol.-%
Flascheninhalt:	0,355 Liter
Empf. Trinktemperatur:	6–8 °C
Gärung:	Untergärig
Brauer:	Kenya Brewery, Nairobi, Kenia

BESONDERHEITEN

Obwohl die Kenya Brewery einen rein englischen Hintergrund hat, ist dieses Bier nach Pilsener Brauart das wichtigste Produkt dieser Brauerei. Es ist ein sehr ausgeglichenes, sehr helles Bier mit einem frischen, neutralen Geschmack. Tusker hat ein malziges Aroma und einen kurzen, nicht zu aufdringlichen, bitteren Nachtrunk.

Zambezi

Simbabwe

Zambezi

Biersorte:	Lager
Alkoholgehalt:	4,5 Vol.-%
Flascheninhalt:	0,33 Liter
Empf. Trinktemperatur:	6–8 °C
Gärung:	Untergärig
Brauer:	National Breweries, Harare

BESONDERHEITEN

Zambezi ist nach dem längsten Fluss Simbabwes benannt. Es ist ein klares, helles Bier mit einem neutralen Geschmack und einer leichten Hopfenbittere.

Südafrika

Castle Lager

Biersorte:	Lager
Alkoholgehalt:	5,0 Vol.-%
Flascheninhalt:	0,34 Liter
Empf. Trinktemperatur:	6–8 °C
Gärung:	Untergärig
Brauer:	South African Breweries (SAB), Johannesburg, seit 1895

Castle Lager, das meistverkaufte Bier Südafrikas

BESONDERHEITEN

Castle Lager ist eines der bekanntesten Lagerbiere Südafrikas.

Rorke's Real Lager

Biersorte:	Lager
Alkoholgehalt:	5,0 Vol.-%
Flascheninhalt:	0,34 Liter
Empf. Trinktemperatur:	6–8 °C
Gärung:	Untergärig
Brauer:	Rorke's Lager Co., Liphook

BESONDERHEITEN

Rorke's hat ein starkes, körniges Aroma mit einem scharfen, malzigen Geschmack und einem leichten, hopfenbitteren Hintergrund.

Das scharfe, aromatische Rorke's

LAL
TOOFAN
"Red Storm"
Indian
PILSENER
BEER
Rice brewed
The Epic Beer
of India

Der Ferne Osten

Bier hat die Welt erobert. Sogar in Ländern mit einer Kultur, die viel älter ist als jede der ersten westeuropäischen Zivilisationen, hat Bier den Platz des am weitesten verbreiteten alkoholischen Getränks eingenommen. In Ländern wie China und Japan gibt es so manche einheimische Getränke, die als Bier bezeichnet werden können, doch mit Ausnahme von Sake sind die europäischen Sorten nach Pilsener Braurt die beliebtesten. Europäische Brauereien haben daher auf dem riesigen Kontinent einen starken Einfluss, und so begegnet man hier auch vielen großen Namen – entweder auf Grund von Braulizenzen, oder sie sind mit eigenen Brauereien vertreten. Die Kolonialzeit hat in den lokalen Bierkulturen deutliche Spuren hinterlassen. In Indien gibt es eine Vielzahl von Stouts, Indonesien füllt Biere in niederländischen Bügelflaschen ab, und in Vietnam ist die französische BGI-Brauerei vertreten. Selbst der Aufbau der japanischen Kirin-Brauerei lag ursprünglich in den Händen der Amerikaner.

China

Chinesisches Ginseng-Bier

Biersorte:	Lager
Alkoholgehalt:	4,1 Vol.-%
Flascheninhalt:	0,33 Liter
Empf. Trinktemperatur:	6–8 °C
Gärung:	Untergärig
Brauer:	Ginseng Beer Company

BESONDERHEITEN
Ein helles Bier mit den Zutaten Wasser, Hopfen, Ginseng, gerösteter Weizen, Glukose/Maltose, Hefe, Kohlensäure, Karamell, Schaumstabilisator und Ingwer.

Zhu Jiang

Biersorte:	Lager
Alkoholgehalt:	5,2 Vol.-%
Flascheninhalt:	0,25 Liter
Empf. Trinktemperatur:	6–8 °C
Gärung:	Untergärig
Brauer:	Interbrew für die Zhu Jiang Beer Group

BESONDERHEITEN
Zhu Jiang ist ein helles, neutrales Lagerbier.

Links: Lal Toofan, das helle Pilsner aus Indien

Das chinesische Ginseng-Bier

Philippinen

San Miguel Pilsener

Biersorte:	Lager
Alkoholgehalt:	5,0 Vol.-%
Flascheninhalt:	0,33 / 0,64 Liter
Empf. Trinktemperatur:	4–6 °C
Gärung:	Untergärig
Brauer:	San Miguel-Brauereien, Manila, seit 1890

BESONDERHEITEN
San Miguel ist eine der größten Brauereigruppen in Asien mit Hauptsitz in Manila. Die Gruppe braut auch in China und anderen asiatischen Ländern. Der gesamte Bierausstoß beläuft sich auf 15 Mio. Hektoliter, womit die Gruppe zu den 20 größten Brauereien der Welt gehört.

Zhu Jiang

Indien

Cobra

Biersorte:	Lager
Alkoholgehalt:	5,0 Vol.-%
Flascheninhalt:	0,33 Liter
Empf. Trinktemperatur:	6–8 °C
Gärung:	Untergärig
Brauer:	Mysore-Brauerei, Bangalore

BESONDERHEITEN
Cobra ist ein leicht-malziges Lagerbier, etwas süßlich und sparsam gehopft.

Kingfisher

Biersorte:	Lager
Alkoholgehalt:	4,8 Vol.-%
Flascheninhalt:	0,33 Liter
Empf. Trinktemperatur:	4–6 °C
Gärung:	Untergärig
Brauer:	United Breweries, Bangalore, seit 1857

BESONDERHEITEN
Kingfisher gehört zu den bekanntesten Lagerbieren Indiens.

San Miguel gehört nicht mehr zur gleichnamigen spanischen Brauerei.

Das indische Cobra

Lal Toofan

Kingfisher

Lal Toofan

Biersorte:	Pilsner
Alkoholgehalt:	4,6 Vol.-%
Flascheninhalt:	0,33 Liter
Empf. Trinktemperatur:	6–8 °C
Gärung:	Untergärig
Brauer:	Shaw Wallace & Co., Calcutta

BESONDERHEITEN

Der Name dieses Bieres bedeutet ‚Roter Sturm', inspiriert durch die gewaltigen Wüstenstürme in Rajastan. Das Bier jedoch ist ‚einfach' ein helles Pilsner. Lal Toofan wird mit Reis gebraut, hat einen frischen Geschmack und einen trockenen, leicht bitteren Hintergrund mit einem bitteren Nachtrunk.

Japan

Kirin

Biersorte:	Lager
Alkoholgehalt:	4,8 Vol.-%
Flascheninhalt:	0,33 Liter
Empf. Trinktemperatur:	6–8 °C
Gärung:	Obergärig
Brauer:	Kirin-Brauerei, Tokio

Kirin ist ein echtes Pilsner mit Hallertauer und Saazer Hopfen.

BESONDERHEITEN

Kirin ist das beliebteste Bier Japans. Es ist ein untergäriges, in großen Mengen produziertes Bier ohne besonders betonte Geschmacksnoten. Kirin ist ein frisches, helles Bier, gebraut aus Quellwasser, Reis, Gerstenmalz, Mais, Hopfen und Hefe. Die Kirin-Brauerei wurde ursprünglich um 1870 von einem Amerikaner namens Copeland in Yokohama gegründet.

Das berühmte Tiger-Bier

Singapur

Tiger

Biersorte:	Lager
Alkoholgehalt:	5,0 Vol.-%
Flascheninhalt:	0,33 Liter
Empf. Trinktemperatur:	6–8 °C
Gärung:	Untergärig
Brauer:	Asia Pacific Brauerei, Singapur

BESONDERHEITEN

Tiger ist ein helles Lagerbier mit einem leicht süßlichen, malzigen Geschmack und einem etwas blumigen Aroma. Es zählt zu den bekanntesten Bieren Asiens.

Thailand

Singha

Biersorte:	Lager
Alkoholgehalt:	6,0 Vol.-%
Flascheninhalt:	0,355 Liter
Empf. Trinktemperatur:	6–8 °C
Gärung:	Untergärig
Brauer:	Boon Rawd-Brauerei, Bangkok

BESONDERHEITEN

Für ein untergäriges Bier bietet Singha eine besonders angenehme Überraschung. Es besitzt ein angenehmes Gleichgewicht zwischen malziger Süße und hopfiger Bittere. Im Aroma lässt sich sogar ein Hauch von Zitrus deutlich wahrnehmen, wie er bei einigen belgischen Weizenbieren auftritt. Bemerkenswert ist die betonte Bittere im Geschmack, auch wenn sie nicht bis zum Nachtrunk anhält. Singha wird nach deutscher Brauart gebraut, was sich auf die Qualität des Bieres deutlich auswirkt.

Vietnam

BGI Beer

Biersorte:	Lager
Alkoholgehalt:	4,5 Vol.-%
Flascheninhalt:	0,33 Liter
Empf. Trinktemperatur:	6 °C
Gärung:	Untergärig
Brauer:	BGI, My Tho

BESONDERHEITEN

Dieses Lagerbier ist ein Überbleibsel der französischen Kolonialzeit. Es ist ein goldgelbes Lager, gebraut mit Malz und Reis. Das Bier hat einen leichten, neutralen Geschmack mit einem kurzen bitteren, trockenen Nachtrunk. Es mundet wässrig-dünn, hat aber dennoch die Eigenschaften eines hervorragenden Durstlöschers.

Singha aus Thailand

Der französische Einfluss in Vietnam

MICKEYS
FINE MALT LIQUOR
Yakima
RED
HONEY BROWN
Schmidt's
PINK
Champale
Colt 45
MALT LIQUOR
Black Label
BEER
Schmidt's
PREMIUM BEER
SCHLITZ
"JUST THE kiss OF THE HOPS"
Schlitz
THE BEER THAT MADE MILWAUKEE FAMOUS
Colt 45
MALT LIQUOR
12 FL OZ. (355 ml)

Amerika

Mittel- und Südamerika

Die Geschichte der mittel- und südamerikanischen Staaten ist von alten Kulturen und den spanischen und portugiesischen Eroberungen geprägt. Dennoch haben auch hier nach Einführung von Kühlmaschinen die hellen Lagerbiere den Biermarkt überschwemmt. Deutsche, österreichische und tschechische Biersorten sind in Mittel- und Südamerika weit verbreitet. Mexikanische Biere gelangten gerade in jüngster Zeit in Nordamerika und in Europa zu großer Beliebtheit. Zu den 20 weltgrößten Brauereien gehören nicht weniger als fünf mittel- und südamerikanische. Zusammen haben sie einen Ausstoß von mehr als 100 Mio. Hektoliter Bier, daher kann man sich leicht vorstellen, dass der Druck auf die etablierten Brauereien im Segment der beliebten Durst löschenden Lagerbiere in naher Zukunft aus dieser Richtung kommen könnte.

Brasilien

Carioca

Biersorte:	Lager
Alkoholgehalt:	5,0 Vol.-%
Flascheninhalt:	0,33 Liter
Empf. Trinktemperatur:	6 °C
Gärung:	Untergärig
Brauer:	Brauerei Latino do Brasil

Links: Eine Auswahl von Bieren aus den USA

BESONDERHEITEN
Carioca ist ein hellgelbes Lagerbier mit einem neutralen Geschmack, abgefüllt in einer durchsichtigen Flasche.

Kolumbien

Aguila

Biersorte:	Lager
Alkoholgehalt:	4,0 Vol.-%
Flascheninhalt:	0,355 Liter
Empf. Trinktemperatur:	6 °C
Gärung:	Untergärig
Brauer:	Brauerei Aguila, Barranquilla

BESONDERHEITEN
Cerveza Aguila ist ein hellgelbes Lagerbier mit einem leicht malzigen Aroma und einem ungewöhnlichen Geschmack, der weiter unten im Glas nachlässt.

Ancla

Biersorte:	Lager
Alkoholgehalt:	4,8 Vol.-%
Flascheninhalt:	0,35 Liter

Carioca

Cerveza Aquila

Das überraschend gute Ancla

Empf. Trinktemperatur:	6–8 °C
Gärung:	Untergärig
Brauer:	Ancla-Brauerei, Bogotá

BESONDERHEITEN
Ancla wird aus Malz, Quellwasser, Hallertauer Hopfen und Hefe gebraut. Wer eine kühle Flasche Bier aus dem südamerikanischen Land Kolumbien öffnet, erwartet nicht unbedingt ein hervorragend ausgeglichenes Lagerbier mit hopfigem Aroma und einem vollen, malzigen Geschmack. Trotzdem bietet das Ancla all diese Eigenschaften, daneben einen hopfenbitteren Charakter und einen trockenen Hintergrund. Dieses Bier sollte man daher nicht eiskalt trinken; lieber ein bisschen wärmer, damit man das Gleichgewicht dieses Bieres genießen kann.

Kuba

Hatvey

Biersorte:	Lager
Alkoholgehalt:	4,8 Vol.-%
Flascheninhalt:	0,33 Liter
Empf. Trinktemperatur:	6–8 °C
Gärung:	Untergärig

Hatvey aus Kuba

Brauer:	Mayabe-Brauerei, Holguin

BESONDERHEITEN
Hatvey ist ein helles, etwas trübes Lagerbier.

Jamaika

Dragon Stout

Biersorte:	Stout
Alkoholgehalt:	7,5 Vol.-%
Flascheninhalt:	0,284 Liter
Empf. Trinktemperatur:	10 °C
Gärung:	Untergärig
Brauer:	Desnoes & Geddes Ltd., Kingston, seit 1918

BESONDERHEITEN
Dragon Stout ist ein sehr dunkles, undurchsichtiges Bier mit einem vollmundigen, cremigen Antrunk. Der abgerundete, süßliche Röstgeschmack wird von einem fruchtigen, fast kirschartigen Aroma begleitet, dem ein erwärmender Nachtrunk mit einem Hauch von Bitterschokolade folgt.

Red Stripe

Biersorte:	Lager

Dragon Stout von Desnoes & Geddes

Red Stripe von Desnoes & Geddes

Alkoholgehalt:	4,7 Vol.-%
Flascheninhalt:	0,33 Liter
Empf. Trinktemperatur:	6–8 °C
Gärung:	Untergärig
Brauer:	Desnoes & Geddes Ltd., Kingston, seit 1918

BESONDERHEITEN

Die Desnoes & Geddes Brauerei ist eine der größten in der Karibik. Der Betrieb befindet sich immer noch im Besitz dieser beiden Familien, nur Heineken hält einen kleinen Anteil. Red Stripe ist das erfolgreichste Bier dieser Brauerei. Es hat ein leicht blumiges Aroma, wenngleich es nicht überwältigend ist. Der Geschmack ist neutral bis süß-säuerlich mit einem trockenen Hintergrund. Red Stripe ist zwar ein ausgezeichneter Durstlöscher, doch keine Alternative für einen Bierliebhaber, der nach Bittere und Aroma verlangt.

Mexiko

Bohemia

Biersorte:	Lager – Pilsner
Alkoholgehalt:	4,8 Vol.-%
Flascheninhalt:	0,355 Liter
Empf. Trinktemperatur:	6–8 °C
Gärung:	Untergärig
Brauer:	Brauerei Cuauhtémoc, Monterrey, Mexiko

BESONDERHEITEN

Bohemia ist ein helles, nicht besonders volles Bier mit einem bitter-süßlichen Geschmack, einem etwas malzigen Aroma und einem trockenen, leicht säuerlichen Finish.

Corona Extra

Biersorte:	Lager
Alkoholgehalt:	4,6 Vol.-%
Flascheninhalt:	0,33 Liter
Empf. Trinktemperatur:	4–6 °C
Gärung:	Untergärig

Bohemia hat den Namen und den Stil eines guten europäischen Lagers.

Corona besticht mehr durch das Image als durch den Inhalt.

Wiener Brauart in Mexiko

Brauer:	Brauerei Modelo, Mexiko-Stadt

BESONDERHEITEN
Corona ist ein helles Bier, abgefüllt in einer charakteristischen Glasflasche, die nicht mit einem Etikett beklebt, sondern bedruckt ist. Dieses mexikanische Bier war ursprünglich ein Durstlöscher für die ärmeren Bevölkerungsschichten des Landes. Daher ist es sehr verwunderlich, dass es gerade die amerikanischen Yuppies als Kultbier annahmen, was mit großer Begeisterung in Europa nachgeahmt wurde: Das Bier wird aus der Flasche getrunken, während eine halbe Zitronenscheibe im Flaschenhals steckt. Die Mexikaner fanden das zuerst belustigend, da sie diesen ‚ausländischen' Brauch mit der Zitronenscheibe selbst nicht kannten, doch unter dem Einfluss des Fremdenverkehrs wurde dies auch in Mexiko zu einer Gewohnheit. Corona wird mit Wasser, Mais, Reis, Hopfen, Gerste und Ascorbinsäure gebraut. Kühl serviert ist es ein hervorragender Durstlöscher am Ende eines arbeitsreichen Tages.

Dos Equis Beer

Biersorte:	Wiener
Alkoholgehalt:	4,8 Vol.-%
Flascheninhalt:	0,33 Liter
Empf. Trinktemperatur:	8 °C
Gärung:	Untergärig
Brauer:	Brauerei Moctezuma, Monterrey, Mexiko

BESONDERHEITEN
Dieses Bier ist eines der Überbleibsel des Einflusses österreichischer Immigranten in der Neuen Welt: ein Bier nach Wiener Brauart im heißen Klima Mexikos. Die Brauerei Moctezuma stellt diese Spezialität auch für den Export her. Das dunkle, untergärige Bier hat ein fruchtiges Aroma mit einem Anflug von Schokolade.

Dos Equis Special Lager

Biersorte:	Lager
Alkoholgehalt:	4,5 Vol.-%
Flascheninhalt:	0,33 Liter
Empf. Trinktemperatur:	6 °C
Gärung:	Untergärig
Brauer:	Brauerei Moctezuma, Monterrey, Mexiko

BESONDERHEITEN
Ein helles Lager mit einem neutralen, zu Bittere neigenden Geschmack, dem ein bitterer Nachtrunk folgt.

Negra Modelo

Biersorte:	Lager
Alkoholgehalt:	5,3 Vol.-%
Flascheninhalt:	0,33 Liter
Empf. Trinktemperatur:	10–12 °C
Gärung:	Untergärig

Das leicht bittere Dos Equis Special Lager

Das schwarze Bier der Brauerei Modelo

Pacifico Clara

Sol, ein Durstlöscher für mexikanische Arbeiter

Tecate von Cuauhtémoc

Brauer:	Brauerei Modelo, Mexiko-Stadt

BESONDERHEITEN
Negra Modelo ist das Vorzeigebier der Brauerei Modelo. Es ist alles andere als ein traditionelles Bier, aber solange es gut schmeckt und den Verbraucher zufrieden stellt ist das kein Problem. Es ist ein rundes, rotbraunes Bier mit einem süßlichen Geschmack, das nach einem Aroma von Röstmalz in ein trockenes, leicht bitteres Finish mit einem Anflug von Schokolade übergeht.

Pacifico Clara

Biersorte:	Lager
Alkoholgehalt:	4,5 Vol.-%
Flascheninhalt:	0,33 Liter
Empf. Trinktemperatur:	6 °C
Gärung:	Untergärig
Brauer:	Brauerei Pacifico, Mazatlán, Sinaloa

BESONDERHEITEN
Diese Brauerei wurde 1900 von Jacob Scheule gegründet. Das Bier ist hellgelb und hat einen frischen, neutralen Geschmack.

Sol

Biersorte:	Lager
Alkoholgehalt:	4,5 Vol.-%
Flascheninhalt:	0,33 Liter
Empf. Trinktemperatur:	4 °C
Gärung:	Untergärig
Brauer:	Brauerei Moctezuma, Monterrey, seit 1894

BESONDERHEITEN
Sol ist ein helles Bier, das als preisgünstiger Durstlöscher für die Arbeiterklasse gebraut wird. Geschmack und Aroma haben wenig Substanz, der Duft erinnert ein bisschen an Reis, aber sehr kalt getrunken ist es ein hervorragender Durstlöscher, dessen Leichtigkeit zum Weitertrinken animiert.

Tecate

Biersorte:	Pilsner
Alkoholgehalt:	4,6 Vol.-%
Flascheninhalt:	0,355 Liter
Empf. Trinktemperatur:	6–8 °C
Gärung:	Untergärig
Brauer:	Brauerei Cuauhtémoc, Monterrey, Mexiko

BESONDERHEITEN
Tecate ist in erster Linie ein reiner Durstlöscher. Das Bier hat einen neutralen Geschmack mit dünnem Hopfenaroma und trockenem Nachtrunk.

Peru

Cristal

Biersorte:	Lager
Alkoholgehalt:	5,0 Vol.-%
Flascheninhalt:	0,33 Liter
Empf. Trinktemperatur:	6–8 °C
Gärung:	Untergärig
Brauer:	Brauerei Backus Y Johnston, Lima

BESONDERHEITEN
Ein helles, Durst löschendes Bier mit einem neutralen Geschmack. Der Antrunk ist scharf mit einem leicht alkoholischen Aroma.

Das peruanische Cristal

Pilsen Callao

Pilsen Callao

Biersorte:	Pilsner
Alkoholgehalt:	5,0 Vol.-%
Flascheninhalt:	0,33 Liter
Empf. Trinktemperatur:	6–8 °C
Gärung:	Untergärig
Brauer:	Brauerei Nacional de Cerveza, Callao

BESONDERHEITEN
Das positivste Merkmal dieses Lagerbieres ist vielleicht das Fehlen jeglicher negativer Elemente. Es ist ein neutrales Bier mit einer sehr leichten Malzigkeit und einer genau so geringen Hopfenbittere. Es ist jedoch ein sehr mildes Bier, und so wie es in Peru getrunken wird, nämlich eiskalt, ist es ein ausgezeichneter Durstlöscher.

Die Vereinigten Staaten von Amerika (USA)

In keinem anderen Land der Erde wird so viel Bier produziert wie in den USA, und auch die größte Brauerei der Welt, Anheuser-Busch, hat hier ihren Sitz. Die US-Bürger sind im Schnitt recht gute Biertrinker, und die gewaltigen Biermengen werden zum größten Teil auch von den Amerikanern selbst konsumiert. Dennoch gehören sie nicht zu den Top Ten der weltgrößten Biertrinker-Nationen, da bei einem Durchschnitt von 80 bis 85 Liter pro Kopf und Jahr einige Staaten noch vor ihnen liegen. Die US-amerikanischen Brauereien zielen vor allem auf den heimischen Markt, denn die amerikanischen Brauriesen exportieren vergleichsweise wenig, wenngleich sich diese Situation in den letzten Jahren merklich verändert hat. Der Markt wird von großen Brauereien beherrscht, die charakterlose Lagerbiere produzieren, doch in den letzten 10 bis 15 Jahren war auch eine Zunahme kleinerer Brauereien zu beobachten, die interessante Biere auf der Basis englischer Ales, deutscher Bockbiere und belgischer Spezialbiere hervorbringen. Manche dieser kleinen Brauereien haben sogar ein solches Wachstum erfahren, dass man sie eigentlich nicht mehr als „klein“ bezeichnen kann.

Celis

In Brauereien, die mit einer Biersorte so eng verbunden sind wie Celis mit dem Hoegaarden Weißbier, erinnern oft nur noch verschwommene Schwarzweißfotos an ihre Gründer. Pierre Celis jedoch ist gesund und munter, wobei er sowohl die belgische Brauerei De Kluis als auch die Celis-Brauerei in Austin, Texas, ins Leben gerufen hat. In Hoegaarden hauchte Celis dem Weißbier neues Leben ein und zog 1992 nach Austin, wo er ein Jahr später als erster Brauer in den USA Weiß-

Die Celis-Brauerei in Austin, Texas

bier herstellte. Celis hat eine Vertriebsvereinbarung mit Miller getroffen, hält aber weiterhin am Rezept und an den traditionellen Braumethoden fest. Seine Tochter hat inzwischen das Management übernommen, und auch sein Schwiegersohn ist in der Brauerei beschäftigt, was jedoch nicht heißt, dass der 1925 geborene Celis sich zurückgezogen hat – im Gegenteil: Es ist sein fester Wille, bis ans Lebensende seiner Leidenschaft, dem Brauen, zu frönen.

Geary's

Die D.L. Geary Brewing Company wurde 1983 von David und Karen Geary gegründet. Es dauerte jedoch drei Jahre, bis das erste Pint verkauft werden konnte. Geary wollte ein Bier nach echter englischer Brauart brauen und durchlief daher eine lange Ausbildung in mehreren englischen und schottischen Brauereien. Hier machte er sich auch Gedanken darüber, wie sein erstes Ale schmecken sollte. Heute hat die Kleinbrauerei drei feste Sorten und ein Saisonbier im Angebot. Geary's Ales werden in 17 Staaten verkauft. Seine Zutaten sind eine Mischung aus amerikanischen sowie englischen Hopfen- und Malzsorten.

Pete's Wicked Beer

Eine der vermutlich am schnellsten wachsenden amerikanischen Brauereien der letzten Jahre ist Pete's Brewing Company in Palo Alto, Kalifornien. Der Betrieb hat sich wohl sehr ernsthaft mit dem

Das Logo der Kleinbrauerei Geary's

Brauen traditioneller Biere auseinandergesetzt, da es ihm rasch gelungen ist, eine beträchtliche Zahl von Kunden an sich zu binden. Der Brauereigründer Pete Slosberg begann seine Karriere 1979 mit der häuslichen Weinproduktion. Da Wein jedoch lange reifen muss und Slosberg dafür zu ungeduldig war, wandte er sich dem Brauen von Bier zu, und zwar besonders von Ales nach englischer Brauart. Im Jahr 1986, als er schließlich ein amerikanisches braunes Ale hervorbrachte, mit dem er sehr zufrieden war, baute er seine eigene Brauerei auf und

Pete Slosberg und sein Wicked Ale

nannte sein Ale ‚Pete's Wicked Ale'. Heute braut er 12 verschiedene Biere, unter anderem ein Ale, ein Amber Ale, ein echtes Böhmisches Pilsner, ein Pale Ale und mehrere Saisonbiere, wie z. B. Summer Brew und Winter Brew sowie ein Oktoberfestbier. Zur Produktpalette gehören aber auch einige Spezialbiere wie ein Weizenbier und ein Erdbeerbier.

Sierra Nevada

Diese handwerkliche Brauerei wurde von den beiden Privatbrauern Ken Grossman und Paul Camusi gegründet. Beide schlossen 1978 ihre Brauanlagen

Die Sierra Nevada-Brauerei

zusammen und konnten bereits 1980 den Betrieb ihrer Brauerei aufnehmen, mit einer alten Reinigungseinrichtung und einer Abfüllanlage, die sie von einer Limonadenfabrik übernahmen. Die Brauerei wuchs stetig, und 1989 eröffneten sie ihren neuen Brauereibetrieb. Heute findet man in dieser neuen Brauerei auch Kupferkessel und offene Gärtanks, und die Kapazität beläuft sich auf 300 000 Hektoliter pro Jahr. Es liegen bereits Pläne für einen Neubau mit einer Kapazität von 1 Mio. Hektoliter vor, da die Nachfrage nach Sierra Nevada-Bieren das Angebot bei weitem übertrifft.

Stroh

Stroh ist die drittgrößte Brauerei der Vereinigten Staaten. Die Geschichte dieser Brauerei ist eigentlich die Geschichte einer eindrucksvollen Serie von Brauereiübernahmen. Den Beginn der Strohdynastie muss man Ende des 18. Jahrhunderts in Deutschland suchen. Es war Bernard Stroh, der 1850 seine Brauerei in Detroit eröffnete, und heute ist Peter Stroh Vorsitzender der Stroh Brewery Company. Einer der bemerkenswerten Aspekte in Bezug auf das Brauen der Hauptmarke dieser Brauerei ist der mit Feuer erhitzte Braukessel. Daraus resultiert ein etwas anderer Kochprozess als beim Erhitzen mit Dampf. In Folge mehrerer Übernahmen zählt Stroh heute zu den zehn größten Braugiganten der Welt und bietet eine Produktpalette mit mehr als 60 unterschiedlichen Bieren.

Der Gründer Bernard Stroh

Der heutige Vorsitzende Peter Stroh

Widmer Brothers

Das deutsch orientierte Sortiment der Gebrüder Widmer

Widmer Brothers

Wenn eine Brauerei Altbier, Weizen und Hefeweizen produziert, denkt man nicht sofort daran, dass sie ihren Sitz in Portland, Oregon, USA hat. Doch die Brüder Kurt und Rob Widmer, die die Braukunst in Deutschland erlernten, brachten diese Sorten und einen Hefestamm von Weihenstephan nach Amerika und brauen hier seit 1984 ihre Biere nach deutscher Brauart. Das ungefilterte Hefeweizen ist das Hauptprodukt der Brauerei; es wird mit obergäriger Hefe gebraut und kalt gereift. Weitere Erzeugnisse der Brüder sind Widmer Weizen, Widmer Alt, Amberbier, Blackbier, Widberry und eine Reihe von Saisonbieren, so ein Bockbier und ein Oktoberfestbier.

Acme Pale Ale

Biersorte:	Ale
Alkoholgehalt:	4,1 Vol.-%
Flascheninhalt:	0,355 Liter
Empf. Trinktemperatur:	6–8 °C
Gärung:	Obergärig
Brauer:	North Coast Brewing Co., Fort Bragg, Califormia, seit 1988

Das Acme California Pale Ale

BESONDERHEITEN
Acme ist ein helles, leicht trinkbares Ale, süßlich mit einem leicht trockenen Finish.

Alaskan Amber

Biersorte:	Alt
Alkoholgehalt:	5,0 Vol.-%
Flascheninhalt:	0,355 Liter
Empf. Trinktemperatur:	8 °C
Gärung:	Obergärig

Ein Altbier vom Ende der Welt

Das kräftige Alaskan Smoked Porter

Das Flaggschiff der Brooklyn-Brauerei

Brauer:	Alaskan Brewery, Juneau, Alaska

BESONDERHEITEN
Altbier zählte zu den ersten Bieren der Alaskan Brewery. Es wird nach einem alten Rezept gebraut, das bei Juneau zur Jahrhundertwende von einem Deutschen erdacht wurde. Es ist ein mildes, malziges Bier mit einer leichten Hopfigkeit.

Alaskan Seasonal Smoked Porter

Biersorte:	Smoked Porter
Alkoholgehalt:	5,9 Vol.-%
Flascheninhalt:	0,355 Liter
Empf. Trinktemperatur:	10 °C
Gärung:	Obergärig
Brauer:	Alaskan Brewery, Juneau, Alaska, seit 1986

BESONDERHEITEN
Smoked Porter ist auf jeden Fall ein bemerkenswertes Bier. Es wird mit Malz gebraut, das über brennendem Erlenholz gedarrt wird, was ihm den unverwechselbaren rauchigen Geschmack verleiht. Auf dem Etikett ist das Jahr der Flaschenabfüllung angegeben.

Brooklyn Lager

Biersorte:	Lager
Alkoholgehalt:	5,1 Vol.-%
Flascheninhalt:	0,35 Liter
Empf. Trinktemperatur:	6–8 °C
Gärung:	Untergärig
Brauer:	The Brooklyn-Brauerei, New York

BESONDERHEITEN

Diese 1987 von Steven Hindy und Tom Potter gegründete Brauerei hat heute sieben verschiedene Sorten in ihrer Produktpalette. Dieses Lager ist jedoch das Flaggschiff der Brauerei. Es wird mit Wasser, Malz, Hallertauer und Cascade-Hopfen sowie mit Hefe gebraut. Das Ergebnis ist ein komplexes, fruchtiges Bier mit einem blumigen Geschmack und bitterem Finish.

Bud Ice

Biersorte:	Eisbier
Alkoholgehalt:	5,2 Vol.-%
Flascheninhalt:	0,33 Liter
Empf. Trinktemperatur:	6 °C
Gärung:	Untergärig
Brauer:	Anheuser-Busch, St. Louis, seit 1860

BESONDERHEITEN

Bud Ice wird in durchsichtige, kristallähnliche Flaschen abgefüllt, deren Kronkorken sich aufdrehen lassen. Das Eisbier des Biergiganten hat vermutlich auf Grund der Filtermethode einen etwas höheren Alkoholgehalt. ‚Besonders leicht zu trinken' ist der Slogan, den sich die weltgrößte Brauerei für dieses moderne Bier ausgedacht hat. Und das kommt hin: Was übrig geblieben ist, ist ein ‚mineralwasserartiges' Bier ohne Geschmack oder Aroma. Aus der Ferne vermag man einen Hauch Malz und Alkohol zu schmecken. Während der Eiskristallisierung und der Filterung wird alles entfernt, was den Massengeschmack stören könnte. Keine Hopfenbittere, kein süßer Geschmack, kein fruchtiges Aroma und überhaupt keine Vollmundigkeit sind das Ergebnis. Bud Ice ist auf ein Massenpublikum zugeschnitten, das nur den Durst löschen möchte.

Budweiser

Biersorte:	Lager
Alkoholgehalt:	5,0 Vol.-%
Flascheninhalt:	0,33 Liter
Empf. Trinktemperatur:	6–8 °C
Gärung:	Untergärig
Brauer:	Anheuser-Busch, St. Louis, seit 1860

BESONDERHEITEN

'König der Biere' – verheißt das Etikett auf dem meistverkauften Bier der Welt. Budweiser ist ein Bier für Jedermann, mit einem leichten und milden, etwas süßlichen Geschmack. Es wird sowohl mit Reis als auch mit Gerstenmalz gebraut. Das Bier wird nach einer alten Tradition mit Buchenspänen geklärt. Auf dem europäischen Kontinent trifft man dieses Bier unter dem Markennamen Bud an.

Celis Golden

Biersorte:	Pilsner
Alkoholgehalt:	4,8 Vol.-%
Flascheninhalt:	0,355 Liter
Empf. Trinktemperatur:	6 °C
Gärung:	Untergärig
Brauer:	Celis-Brauerei, Austin, Texas, seit 1992

BESONDERHEITEN

Celis Golden ist ein mit Saazer Hopfen gebrautes, helles Lager mit einem leicht trockenen Finish.

Bud Ice ist ein Bier, das fast jedem schmecken sollte.

Budweisers König der Biere

Das Pilsner aus dem Hause Celis

Das starke Grand Cru

Celis Grand Cru

Biersorte:	Spezialbier
Alkoholgehalt:	8,75 Vol.-%
Flascheninhalt:	0,355 Liter
Empf. Trinktemperatur:	10–12 °C
Gärung:	Obergärig
Brauer:	Celis-Brauerei, Austin, Texas, seit 1992

BESONDERHEITEN

Grand Cru ist ein starkes Spezialbier, das mit verschiedenen Gewürzen gebraut wird.

Celis Pale Bock

Biersorte:	Ale
Alkoholgehalt:	4,8 Vol.-%
Flascheninhalt:	0,355 Liter
Empf. Trinktemperatur:	8 °C
Gärung:	Obergärig
Brauer:	Celis-Brauerei, Austin, Texas, seit 1992

BESONDERHEITEN

Celis Pale Bock ist ein kupferfarbenes Ale mit einem guten Ausgleich zwischen malziger Süße und Hopfenbittere.

Celis Pale Bock

Celis Raspberry

Biersorte:	Spezialbier – Fruchtbier
Alkoholgehalt:	4,8 Vol.-%
Flascheninhalt:	0,355 Liter
Empf. Trinktemperatur:	8–10 °C
Gärung:	Obergärig
Brauer:	Celis-Brauerei, Austin, Texas, seit 1992

BESONDERHEITEN

Ein belgisches Himbeerbier aus dem US-Bundesstaat Texas. Pierre Celis hat seiner Produktpalette dieses frische, fruchtige Bier hinzugefügt, das mit 30 % Weizen gebraut wird.

Celis White

Biersorte:	Weizenbier
Alkoholgehalt:	4,8 Vol.-%
Flascheninhalt:	0,355 Liter
Empf. Trinktemperatur:	6–8 °C
Gärung:	Obergärig
Brauer:	Celis-Brauerei, Austin, Texas, seit 1992

BESONDERHEITEN

Celis White ist ein echtes Weizenbier, das auf traditionelle Weise gebraut wird. Zutaten sind ungemälzter Weizen, gemälzte Gerste, amerikanische Hopfensorten, Koriander und Schalen der Curaçao-Pomeranze. Dieses Weißbier ist fruchtig und hat einen milden, süß-säuerlichen Geschmack.

Das im belgischen Stil gebraute Himbeerbier

Coors Extra Gold, der Durstlöscher

Der Name Pierre Celis ist mit diesem Weißbier untrennbar verbunden.

Celis White gärt in der Flasche nach und ist im Glas trüb.

Coors Extra Gold

Biersorte:	Pilsner
Alkoholgehalt:	5,0 Vol.-%
Flascheninhalt:	0,33 Liter
Empf. Trinktemperatur:	6 °C
Gärung:	Untergärig
Brauer:	Brauerei Adolf Coors, Golden, Colorado

BESONDERHEITEN

Wenn man auf Kritiker hört, ist von diesem hellen Pilsner nicht viel zu erwarten. Insbesondere wird gnadenlos immer wieder das Fehlen jeglichen Geschmacks erwähnt. Und es ist wirklich so – Coors weist einen extrem neutralen Geschmack auf. Im Antrunk ist etwas Schärfe zu spüren, danach etwas Süße und im Finish ein Hauch Hopfenbittere. Es ist eher ein Bier für den großen Durst.

Dock Street Bohemian Pilsner

Biersorte:	Pilsner
Alkoholgehalt:	5,3 Vol.-%
Flascheninhalt:	0,355 Liter
Empf. Trinktemperatur:	6 °C
Gärung:	Untergärig

Dock Street Pilsner wird nach dem Reinheitsgebot gebraut.

Brauer:	Brauerei Dock Street, Bala Cynwyd, Philadelphia, seit 1986

BESONDERHEITEN
Bohemia Pilsner ist ein ernsthafter Versuch, ein echtes Pilsner zu brauen. Es wird aus Saazer und Hallertauer Hopfen hergestellt, was ein malziges Bier mit vollem Körper, einem hopfigen Hintergrund und trockenem Finish ergibt. Dock Street gibt auf dem Etikett an, dass das Bier nach dem Reinheitsgebot gebraut wird.

Dock Street Illuminator

Biersorte:	Bockbier
Alkoholgehalt:	7,5 Vol.-%
Flascheninhalt:	0,355 Liter
Empf. Trinktemperatur:	8 °C
Gärung:	Untergärig
Brauer:	Brauerei Dock Street, Bala Cynwyd, Philadelphia, seit 1986

BESONDERHEITEN
Das Illuminator ist ein nach deutscher Brauart gebrautes Doppelbockbier, bei dem Tettnanger und Hallertauer Hopfen verwendet wird. Es ist ein rundes, malziges Bier mit einer ausgeglichenen, milden Hopfigkeit.

Frankenmuth Pilsener

Biersorte:	Pilsner
Alkoholgehalt:	5,18 Vol.-%
Flascheninhalt:	0,355 Liter
Empf. Trinktemperatur:	6 °C
Gärung:	Untergärig
Brauer:	Frankenmuth-Brauerei, Frankenmuth, Michigan, seit 1987

Illuminator Doppelbock

Das Pilsner aus ‚Mini-Bayern'

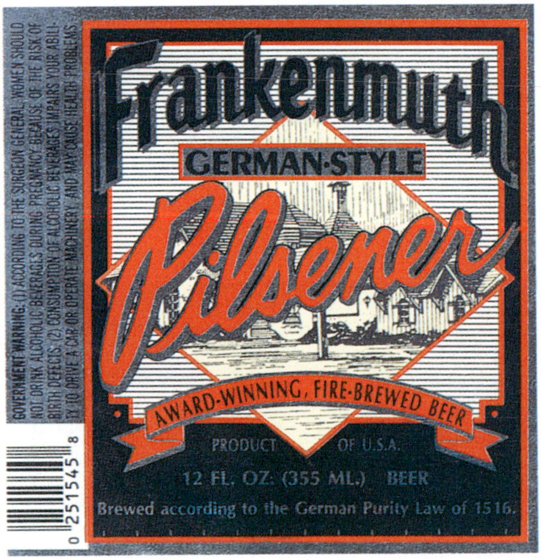

BESONDERHEITEN
Die Frankenmuth-Brauerei, mit der Familie Heine an der Spitze, ist ganz klar deutschen Ursprungs und macht daraus auch keinen Hehl. Frankenmuth wird manchmal auch ‚Mini-Bayern' genannt. Dieses mit deutschem Hopfen gebraute Pilsner wird laut Etikett auch streng nach dem deutschen Reinheitsgebot von 1516 gebraut. Wie viele Amerikaner werden wohl verstehen, was das bedeutet?

Geary's American Ale

Biersorte:	Ale
Alkoholgehalt:	4,8 Vol.-%
Flascheninhalt:	0,355 Liter

Empf. Trinktemperatur:	6 °C
Gärung:	Obergärig
Brauer:	Brauerei D.L. Geary, Portland Maine, Philadelphia, seit 1983

BESONDERHEITEN
Ein goldfarbenes Ale mit einem leicht hopfigen Geschmack.

Geary's London Style Porter

Biersorte:	Porter
Alkoholgehalt:	4,2 Vol.-%
Flascheninhalt:	0,355 Liter
Empf. Trinktemperatur:	8 °C
Gärung:	Obergärig
Brauer:	Brauerei D.L. Geary, Portland Maine, Philadelphia, seit 1983

BESONDERHEITEN
London Porter wird mit Englischem Malz (Pale, Kristall-, Schoko- und Black-Malz) sowie mit Cascade-, Willamette- und Goldings-Hopfen gebraut. Das Ergebnis ist ein sehr dunkles Bier mit einem gerösteten Geschmack und einem reichen Aroma.

Geary's Pale Ale

Biersorte:	Ale
Alkoholgehalt:	4,5 Vol.-%
Flascheninhalt:	0,355 Liter
Empf. Trinktemperatur:	8 °C
Gärung:	Obergärig

Geary's American Ale

Brauer:	Brauerei D.L. Geary, Portland Maine, Philadelphia, seit 1983

BESONDERHEITEN
Pale Ale ist das Flaggschiff von Geary und demonstriert die Beziehung des Brauers zu englischen Ales. Es ist ein kupferfarbenes, fruchtiges Bier mit einem trockenen Hintergrund und einem leicht bitteren Nachtrunk.

London Porter von Geary's

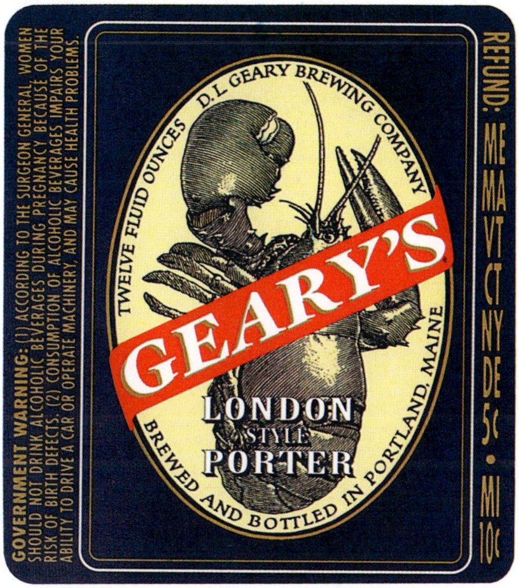

Das Pale Ale nach englischer Brauart

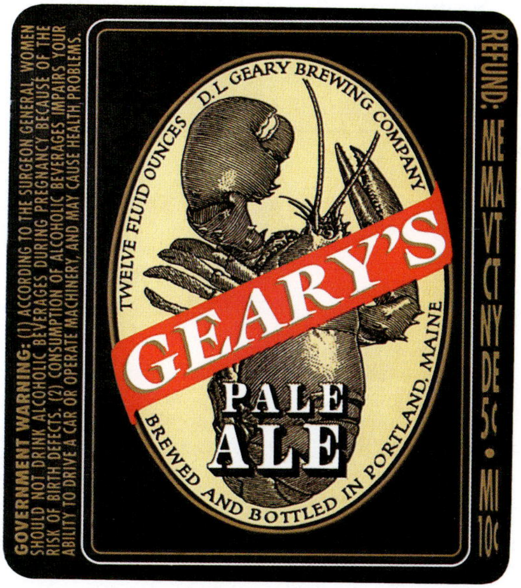

Das untergärige Cream Ale aus Cincinnati

Michelob ist nach der tschechischen Stadt Michalovce benannt.

Das leicht süßliche Michelob Golden

Little Kings Cream Ale

Biersorte:	Ale
Alkoholgehalt:	5,0 Vol.-%
Flascheninhalt:	0,355 Liter
Empf. Trinktemperatur:	8 °C
Gärung:	Obergärig
Brauer:	Brauerei The Schoenling, Cincinnati, Ohio

BESONDERHEITEN
Cream Ale ist ein rein amerikanischer Name für ein mildes, süßliches Ale. Obwohl der Name etwas anderes vermuten lässt, ist dieses Ale untergärig, wenngleich bei etwas höheren Temperaturen. Dieses goldgelbe Bier hat einen blütenweißen Schaum. Es ist ein helles Bier mit einem hauptsächlich neutralen Geschmack, das trocken mundet. Ein ausgezeichneter Durstlöscher für einen großen Durst!

Michelob

Biersorte:	Lager
Alkoholgehalt:	5,0 Vol.-%
Flascheninhalt:	0,33 Liter
Empf. Trinktemperatur:	6–8 °C
Gärung:	Untergärig
Brauer:	Anheuser-Busch, St. Louis, seit 1860

BESONDERHEITEN
Michelob wird in auffallend geformten Flaschen mit Halsetikett und einem drehbaren Kronkorken abgefüllt. Der Name Michelob kommt von der tschechischen Stadt Michalovce. Das Bier enthält etwas weniger Reis als das von derselben Brauerei gebraute Budweiser und hat möglicherweise deswegen ein etwas reicheres Hopfenaroma mit einem leicht malzigen Geschmack und einem bitteren Nachtrunk.

Michelob Golden

Biersorte:	Lager
Alkoholgehalt:	5,0 Vol.-%
Flascheninhalt:	0,33 Liter
Empf. Trinktemperatur:	6 °C
Gärung:	Untergärig
Brauer:	Anheuser-Busch, St. Louis, seit 1860

BESONDERHEITEN
Michelob Golden ist ein hellgelbes Bier mit einem rein weißen Schaum. ‚Außerordentlich mild' versprechen die Produzenten von Anheuser-Busch auf dem Etikett. Und das ist wahr: mit seinem süßlichen Geschmack geht ‚Golden' runter wie Öl. Das Aroma zeigt einen Hauch Malzigkeit, und das Finish ist leicht trocken.

Mickey's

Biersorte:	Lager
Alkoholgehalt:	5,6 Vol.-%
Flascheninhalt:	0,35 Liter
Empf. Trinktemperatur:	6–8 °C
Gärung:	Untergärig
Brauer:	Heileman-Brauerei, La Crosse, Wisconsin, seit 1858

BESONDERHEITEN
‚Big Mouth' steht auf dem Drehverschluss dieser gedrungenen grünen Flasche, die nach europäischen Vorstellungen eher einer Ölflasche als einer Bierflasche ähnelt. ‚American strong beer' verspricht die Aufschrift, doch in Anbetracht des Alkoholgehalts kann dieses Bier gar nicht so stark sein und auch die Zutaten weisen nicht gerade auf einen starken Charakter hin. Dieser Hinweis lässt die andere Bezeichnung in einem anderen Licht erscheinen: Big Mouth („Großmaul"). Mickey's ist ein helles Lager, dünn, frisch und scharf mit einer blumigen Note ohne Nachtrunk.

Big Mouth von Heileman

Miller Genuine Draft

Das Dry Stout von North Coast Brewing

Miller Genuine Draft

Biersorte:	Lager
Alkoholgehalt:	4,7 Vol.-%
Flascheninhalt:	0,33 Liter
Empf. Trinktemperatur:	6 °C
Gärung:	Untergärig
Brauer:	Miller Brewing Company, Milwaukee, seit 1855

BESONDERHEITEN

Miller ist die zweitgrößte Brauerei der USA. Trotz seines Namens gibt es Miller Genuine Draft nur als Flaschenabfüllung. Es ist eines der Biere, mit dem Miller seinen angeschlagenen Ruf in Folge des Unmuts über die Inhaltsstoffe des Miller Lite verbessern wollte.

Old No. 38 Stout

Biersorte:	Dry Stout
Alkoholgehalt:	5,7 Vol.-%
Flascheninhalt:	0,355 Liter
Empf. Trinktemperatur:	8 °C
Gärung:	Obergärig
Brauer:	North Coast Brewing Co., Fort Bragg, California, seit 1988

BESONDERHEITEN

Das No. 38 ist ein fruchtiges, schokoladiges Stout. Der Name stammt von einer alten Diesellokomotive, die früher von Fort Bragg aus losfuhr.

Pete's Wicked Ale

Biersorte:	Ale
Alkoholgehalt:	5,0 Vol.-%
Flascheninhalt:	0,355 Liter
Empf. Trinktemperatur:	8 °C
Gärung:	Obergärig
Brauer:	Pete's Brewing Company, Palo Alto, California, seit 1986

Das Ale, das Pete zum kommerziellen Brauen animierte

BESONDERHEITEN
Pete's Wicked Ale war das erste Bier von Pete Slosberg. Es ist ein kupferfarbenes Bier mit einem leicht gerösteten und hopfenbitteren Geschmack.

Rolling Rock mit seiner charakteristischen, durchsichtigen Flasche

Ruedrich's Red Seal Ale

Red Seal Ale

Biersorte:	American Ale
Alkoholgehalt:	5,6 Vol.-%
Flascheninhalt:	0,355 Liter
Empf. Trinktemperatur:	8 °C
Gärung:	Obergärig
Brauer:	North Coast Brewing Co., Fort Bragg, California

BESONDERHEITEN
Red Seal Ale ist ein bernsteinfarbenes, obergäriges Ale mit einem hopfenbitteren Finish.

Rolling Rock

Biersorte:	Lager
Alkoholgehalt:	5,0 Vol.-%
Flascheninhalt:	0,33 Liter
Empf. Trinktemperatur:	6–8 °C
Gärung:	Untergärig
Brauer:	Old Latrobe, Latrobe, Pennsylvania

BESONDERHEITEN
Rolling Rock ist ein hervorragendes, untergäriges Bier, das auf Grund seines unkomplizierten Geschmacks und der ungewöhnlichen Flasche viele internationale Liebhaber gewinnen konnte.

Sierra Nevada Pale Ale

Biersorte:	Ale
Alkoholgehalt:	5,5 Vol.-%
Flascheninhalt:	0,355 Liter
Empf. Trinktemperatur:	8–10 °C
Gärung:	Obergärig
Brauer:	Sierra Nevada-Brauerei, Chico, California

BESONDERHEITEN
Dieses traditionell gebraute Pale Ale ist ein bernsteinfarbenes, echtes Ale, fruchtig, blumig und vor allem hopfig. Das Aroma weist auch etwas Malzigkeit auf, und Hintergrund sowie Nachtrunk sind von Bittere bestimmt.

Das Pale Ale der Sierra Nevada-Brauerei

Das milde Sierra Nevada Porter

Sierra Nevada braut auch dieses betonte Stout.

Sierra Nevada Porter

Biersorte:	Porter
Alkoholgehalt:	5,9 Vol.-%
Flascheninhalt:	0,355 Liter
Empf. Trinktemperatur:	10 °C
Gärung:	Obergärig
Brauer:	Sierra Nevada-Brauerei, Chico, California

BESONDERHEITEN

Das Porter von Sierra Nevada ist ein mildes, ziemlich vollmundiges Bier mit einem gerösteten, malzigen Geschmack.

Sierra Nevada Stout

Biersorte:	Stout
Alkoholgehalt:	6,0 Vol.-%
Flascheninhalt:	0,355 Liter
Empf. Trinktemperatur:	10 °C
Gärung:	Obergärig
Brauer:	Sierra Nevada-Brauerei, Chico, California

BESONDERHEITEN

Dieses Stout hat einen betont vollen Röstgeschmack.

Stroh's

Biersorte:	Lager
Alkoholgehalt:	5,0 Vol.-%
Flascheninhalt:	0,33 Liter
Empf. Trinktemperatur:	6 °C
Gärung:	Untergärig

Das Flaggschiff der Familienbrauerei Stroh

Das aromatische Widmer Amber

Das Schwarzbier der Gebrüder Widmer

Das ungefilterte Weizenbier der Gebrüder Widmer

Dieses Bier ist weniger an deutschen Sorten orientiert.

Brauer:	Brauerei Stroh, Detroit, Michigan, seit 1850

BESONDERHEITEN

„Family Brewed and Family Owned since 1775" steht auf dem Etikett. Doch dieses Jahr bezieht sich auf die deutschen Vorfahren, die bereits in Deutschland Bier brauten. Dieses Lager ist das Flaggschiff des Braugiganten und ist insofern ungewöhnlich, als es in direkt befeuerten Kesseln gebraut wird. Das Ergebnis ist ein kräftiges, leicht malziges Bier.

Widmer Amberbier

Biersorte:	Amber
Alkoholgehalt:	5,2 Vol.-%
Flascheninhalt:	0,355 Liter
Empf. Trinktemperatur:	8 °C
Gärung:	Obergärig
Brauer:	Brauerei Widmer Brothers, Portland, Oregon, seit 1984

BESONDERHEITEN

Dieses Bier der Gebrüder Widmer ist aromatisch, leicht bitter und malzig und von intensiver Bernsteinfarbe.

Widmer Blackbier

Biersorte:	Spezialbier
Alkoholgehalt:	6,5 Vol.-%
Flascheninhalt:	0,355 Liter
Empf. Trinktemperatur:	6–8 °C
Gärung:	Obergärig
Brauer:	Brauerei Widmer Brothers, Portland, Oregon, seit 1984

BESONDERHEITEN

Der Typ dieses Bieres kommt einem Porter am nächsten. Die Bezeichnung Blackbier lässt, gerade vor dem deutschen Hintergrund, eher ein Schwarzbier vermuten, doch werden Schwarzbiere seit über hundert Jahren untergärig gebraut. Blackbier ist ein kräftiges Bier mit einem reichen, röstigen Geschmack.

Widmer Hefeweizen

Biersorte:	Weizenbier
Alkoholgehalt:	4,3 Vol.-%
Flascheninhalt:	0,355 Liter
Empf. Trinktemperatur:	4–6 °C
Gärung:	Obergärig
Brauer:	Brauerei Widmer Brothers, Portland, Oregon, seit 1984

BESONDERHEITEN

Hefeweizen ist die unfiltrierte Version des Weizenbieres, die einen wichtigen Beitrag zum Erfolg dieser Brauerei liefert. Es ist ein frisches, trübes Bier, und es wird empfohlen, es mit einer Zitronenscheibe zu trinken.

Widmer Widberry

Biersorte:	Spezialbier
Alkoholgehalt:	4,5 Vol.-%
Flascheninhalt:	0,355 Liter
Empf. Trinktemperatur:	8–10 °C
Gärung:	Obergärig
Brauer:	Brauerei Widmer Brothers, Portland, Oregon, seit 1984

BESONDERHEITEN

Kurt Widmer scheint Deutschland wohl über Belgien verlassen zu haben, da zur Angebotspalette der Gebrüder Widmer auch dieses Beerenbier gehört. Es ist obergärig und fruchtig mit einem leicht hopfigen Hintergrund.

Kanada

Der kanadische Biermarkt wird von drei, eigentlich jedoch nur zwei großen Gruppen beherrscht. Molson und Carling haben fusioniert und teilen sich nun ungefähr die Hälfte des kanadischen Marktes. Die andere Gruppe, Labatt, wurde von Interbrew aus Belgien übernommen. Diese Konzentration wurde in gewisser Weise von der Regierung forciert, als sie den Brauereien untersagte, ihre Biere über Provinzgrenzen hinweg zu verkaufen. Daraufhin errichteten die großen Konzerne eine Brauerei in jeder Provinz, und die kleinen Brauereien gingen angesichts dieses wachsenden Konkurrenzdrucks unter. Glücklicherweise bleibt hier aber auch genügend Raum für eine steigende Zahl von Kleinbrauereien, die in vielen Fällen den Markt mit interessanten Ales bereichern, der sonst hauptsächlich von Lagerbieren beherrscht wird. Auch die Zahl der Brauereipubs steigt, was jedoch oft durch lokale Rechtsvorschriften behindert wird. Die Kanadier trinken gerne Bier, obwohl sie mit rund 66 Liter pro Kopf und Jahr immer noch mehr als 15 Liter hinter ihren südlichen Nachbarn liegen.

Moosehead

Es gibt nicht viele Brauereien, deren Geschichte mit einer Frau beginnt. Susannah Oland braute in ihrem Hinterhof Bier nach einem alten Familienrezept. Das dunkle Ale war in ihrem Familien- und Freundeskreis sehr beliebt, so dass sie 1867, ermutigt durch einen Freund der Familie, Captain Frances DeWinton, mit ihrem Gatten James Dunn Oland und mit finanzieller Unterstützung von DeWinton und zwei ansässigen Geschäftsleuten die ‚Army & Navy Brewery' gründete. Als James Dunn Oland 1870 bei einem Unfall ums Leben kam, begann für Susannah eine harte Zeit. Im Jahr 1877 konnte sie die Mehrheit der Firmenanteile erwerben und benannte die Brauerei in ‚S. Oland, Sons & Co.' um. Ein Jahr später brannte die Brauerei bis auf die Grundmauern nieder. Susannah Oland verstarb 1886 im Alter von 67 Jahren. Die Moosehead-Brauerei ist heute immer noch unabhängig und wird von der Familie Oland geführt. Zu den Produkten von Moosehead gehören mehrere Lagerbiere, Ales und Eisbiere für den kanadischen Markt sowie ein Eisbier, das ‚Moosehead Canadian Ice', und ‚Moosehead Canadian Light' für den US-Markt. Für andere ausländische Märkte produziert die Brauerei das ‚Moosehead Canadian Lager'.

Le Cheval Blanc Ambré

Biersorte:	Spezialbier
Alkoholgehalt:	5,0 Vol.-%
Flascheninhalt:	0,33 Liter
Empf. Trinktemperatur:	8 °C
Gärung:	Obergärig
Brauer:	Brauerei Le Cheval Blanc, Montreal

BESONDERHEITEN

Das Amber von Le Cheval gärt in der Flasche nach.

Le Cheval Blancs Rousse

Biersorte:	Spezialbier
Alkoholgehalt:	5,0 Vol.-%
Flascheninhalt:	0,33 Liter
Empf. Trinktemperatur:	8 °C
Gärung:	Obergärig
Brauer:	Brauerei Le Cheval Blanc, Montreal

Das bernsteinfarbene Bier vom „Weißen Pferd"

Das fruchtige, obergärige Rousse

Labatt Ice

Der „Teufel" im Bier

Molson dry

Moosehead

BESONDERHEITEN
Dieses bernsteinfarbene, von der Brauerei ‚Das Weiße Pferd' gebraute Bier hat einen leicht süßlichen Karamellgeschmack mit einer fruchtigen Note. Das Aroma ist anfangs weniger angenehm als der Geschmack.

Labatt Ice

Biersorte:	Eisbier
Alkoholgehalt:	5,6 Vol.-%
Flascheninhalt:	0,33 Liter
Empf. Trinktemperatur:	4–6 °C
Gärung:	Untergärig
Brauer:	Labatt-Brauerei, London, seit 1828

BESONDERHEITEN
Das Eisbier dieser kanadischen Brauerei, die heute zum belgischen Konzern Interbrew gehört, wird nach einem einzigartigen Prozess gebraut. Das Bier wird so lange gekühlt, bis sich Eiskristalle bilden, die dann abgeschöpft werden. Laut Hersteller entsteht dabei ein außergewöhnlich ausgeglichenes und mildes Bier. Der etwas höhere Alkoholgehalt erklärt sich daraus, dass Wasser einen höheren Gefrierpunkt hat als Alkohol.

Maudite

Biersorte:	Spezialbier
Alkoholgehalt:	8,0 Vol.-%
Flascheninhalt:	0,33 Liter
Empf. Trinktemperatur:	8–10 °C
Gärung:	Obergärig
Brauer:	Brauerei Unibroue, Chambly, Québec

BESONDERHEITEN
Maudite („Teufel") ist ein starkes, in der Flasche nachgärendes Bier. Beim Servieren lässt man es vorsichtig in einen Pokal fließen, damit der Hefesatz in der Flasche bleibt.

Molson Dry

Biersorte:	Lager
Alkoholgehalt:	5,0 Vol.-%
Flascheninhalt:	0,33 Liter
Empf. Trinktemperatur:	6–8 °C
Gärung:	Untergärig
Brauer:	Molson-Brauereien, Toronto, seit 1786

BESONDERHEITEN
Molson Dry wird für einen etwas milderen Geschmack gebraut. Das Ergebnis ist ein dünnes, leicht süß-malziges Bier.

Moosehead Beer

Biersorte:	Lager
Alkoholgehalt:	5,0 Vol.-%
Flascheninhalt:	0,355 Liter
Empf. Trinktemperatur:	6 °C
Gärung:	Untergärig
Brauer:	Moosehead-Brauerei, Saint John, New Brunswick & Dartmouth, seit 1867

BESONDERHEITEN
Moosehead Canadian Lager ist ein Bier ohne ausgesprochenen Geschmack. Es besitzt eine angenehme, jedoch leichte Malzsüße und hat einen trockenen Nachtrunk. Moosehead ist mit diesem leichten Geschmack international weit verbreitet.

Register

Bildnachweise und Danksagungen

Der Herausgeber und der Autor möchten folgenden Personen und Einrichtungen danken, ohne deren Hilfe und Zusammenarbeit diese Enzyklopädie nicht möglich geworden wäre:
John van der Gunst von der Wein- und Bierboutique in Den Haag für seine Erlaubnis, seine umfassende Produktpalette fotografieren zu dürfen; Harry van de Louw & Zonen Getränkeshop in Waalwijk für die Erlaubnis, die Produktpalette fotografieren zu dürfen; Ad und Iny, deren Fernreisen uns ungewöhnliche Biere nahe brachten; sowie allen Brauereien für das Material und die Informationen, die sie uns zur Verfügung gestellt haben.